全国高等院校财经类专业改革创新示范规划教材

初级会计学

主　编　张振华　周　洋
副主编　刘庆志　袁红波
　　　　潘　颖　张星艺

中国商业出版社

图书在版编目(CIP)数据

初级会计学 / 张振华,周洋主编. —北京:中国商业出版社,2019.1

ISBN 978-7-5208-0636-7

Ⅰ.①初… Ⅱ.①张…②周… Ⅲ.①会计学-教材 Ⅳ.①F230

中国版本图书馆 CIP 数据核字(2019)第 012987 号

责任编辑:蔡 凯

中国商业出版社出版发行
010-63180647   www.c-cbook.com
(100053 北京广安门内报国寺 1 号)

新华书店经销

涿州市荣升新创印刷有限公司印刷

*

787×1092 毫米 1/16 开 17.5 印张 380 千字

2019 年 1 月第 1 版 2019 年 1 月第 1 次印刷

定价:49.80 元

* * * *

(如有印装质量问题可更换)

前　言

随着中国特色社会主义建设进入新时代，我国的会计理论和会计实务有了新的发展。2016年我国全面推开"营改增"的税制改革，对会计核算产生较大影响；2017年财政部对《企业会计准则》的多项具体准则进行了修订和完善，新增了部分会计科目，调整了会计报表项目列报等，使会计核算更趋科学合理；2019年1月1日将要实施的新《政府会计制度》将对行政事业单位的财务会计核算产生重大变革，这些新的理论和改革成果亟须充实到会计课程教学中去。为了满足高等学校培养"应用型"财经管理人才的需要，我们以多年开展山东省《基础会计》省级精品课程建设的成果为依托，组织山东科技大学有关专家、教授，编写了这本《初级会计学》教材。本书具有以下特点：

1. 知识内容新颖。本教材以最新的会计、税收法规为依据，详细地介绍了会计确认、计量、记录和报告的基本原理和基本方法，完整地讲解了企业会计循环的流程和会计规范。

2. 结构安排合理，易学易懂。本教材在结构安排上科学衔接，不重不漏。按照初级会计学知识体系的逻辑关系和人们的认识规律安排知识结构，注重会计基础知识体系的完整性、科学性、时效性，便于学生学习掌握。书中按照由浅入深、循序渐进的认识规律安排总体结构和各章内容，采用既通俗易懂又规范严谨的语言来阐述复杂的会计问题。

3. 强化练习，注重应用能力培养。教材配有课后练习题，便于使用者边学习边练习，以巩固学习成果，培养专业应用能力和分析问题、解决问题的能力。

本书特别适合以"应用型"人才培养为目标的普通高等学校、独立学院、高职高专学校学习初级会计学理论和知识的教材用书，也是广大企事业单位会计培训，税务、财政人员培训的优秀教材。

本书由山东省省级精品课程《基础会计》课程组成员共同编写完成，由张振华、周洋任主编，刘庆志、袁洪波、潘颖、张星艺任副主编。具体分工是：张振华编写第一章、第十章、第十一章;周洋编写第二章、第三章、第九章;袁洪波编写第四章、第十二章;刘庆志编写第五章、第六章;潘颖编写第七章、第八章。在编写过程中,参考了有关教材,得到了山东科技大学泰安校区教务部等有关部门专家、学者的大力支持,一些会计和税务实际工作者提出了许多宝贵意见,在此一并表示诚挚的感谢!

由于我们水平所限,加之时间仓促,书中如有不当之处,敬请各位读者不吝指正。

编者

2019 年 1 月

目 录

第一章 总 论 ·· (1)
- 第一节 会计的概念 ·· (1)
- 第二节 会计的目标、职能和作用 ··· (5)
- 第三节 会计对象 ··· (8)
- 第四节 会计核算的前提、基础和会计信息质量要求 ··················· (12)
- 第五节 会计计量 ·· (18)
- 第六节 会计核算的方法 ·· (21)
- 练习题 ·· (24)

第二章 会计要素 ·· (28)
- 第一节 会计要素概述 ··· (28)
- 第二节 会计等式 ·· (36)
- 练习题 ·· (41)

第三章 会计科目和账户 ··· (45)
- 第一节 会计科目 ·· (45)
- 第二节 会计账户 ·· (51)
- 练习题 ·· (55)

第四章 复式记账法 ··· (58)
- 第一节 复式记账法原理 ·· (58)
- 第二节 借贷记账法 ··· (61)
- 第三节 总分类账户和明细分类账户的平行登记 ·························· (71)
- 练习题 ·· (75)

第五章 制造业主要交易或事项的核算 .... (80)
第一节 筹资交易或事项的核算 .... (80)
第二节 采购与付款交易或事项的核算 .... (84)
第三节 生产过程交易或事项的核算 .... (92)
第四节 销售与收款交易或事项的核算 .... (102)
第五节 财务成果的核算 .... (108)
练习题 .... (119)

第六章 成本计算 .... (124)
第一节 成本计算概述 .... (124)
第二节 成本计算的程序和方法 .... (129)
练习题 .... (135)

第七章 会计凭证 .... (137)
第一节 会计凭证的意义和种类 .... (137)
第二节 原始凭证的填制和审核 .... (139)
第三节 记账凭证的填制和审核 .... (148)
第四节 会计凭证的传递与保管 .... (156)
练习题 .... (158)

第八章 账簿 .... (162)
第一节 账簿的意义和种类 .... (162)
第二节 账簿的设置和登记 .... (165)
第三节 账簿登记的规则 .... (169)
第四节 对账及错账的查找和更正 .... (171)
第五节 结 账 .... (176)
练习题 .... (178)

第九章 财产清查 .... (181)
第一节 财产清查的意义和种类 .... (181)
第二节 财产物资的盘存制度 .... (183)
第三节 财产清查的方法 .... (185)
第四节 财产清查结果的处理 .... (190)
练习题 .... (195)

第十章　财务报告 ……………………………………………………（199）

第一节　财务报告的意义 ……………………………………………（199）
第二节　财务报告的编制 ……………………………………………（202）
练习题 …………………………………………………………………（220）

第十一章　会计核算程序 ………………………………………………（224）

第一节　会计核算程序的意义 ………………………………………（224）
第二节　记账凭证会计核算程序 ……………………………………（225）
第三节　汇总记账凭证会计核算程序 ………………………………（238）
第四节　科目汇总表会计核算程序 …………………………………（241）
练习题 …………………………………………………………………（244）

第十二章　会计管理 ……………………………………………………（247）

第一节　会计法规体系 ………………………………………………（247）
第二节　会计管理 ……………………………………………………（254）
第三节　会计机构和会计人员 ………………………………………（262）
第四节　会计档案管理 ………………………………………………（268）

第一章 总论

✲ 内容提要

本章介绍了会计的概念、特点、职能、目标和对象，详细阐述了会计核算的基础、会计核算的前提、会计信息质量要求及会计计量属性等会计学的基本原理，概括介绍了会计的方法。

第一节 会计的概念

一、会计的产生和发展

(一) 会计的产生

物质资料的生产是人类赖以生存和发展的基础，生产活动是人类最基本的实践活动，是人类区别于其他动物的本质区别。在物质资料的生产经营活动中，人们既创造出物质财富，取得劳动成果，同时，也必然会发生劳动耗费，引起人力、物力及财力的消耗。只有生产过程中创造的劳动成果大于劳动耗费，才可以进行扩大再生产，才能满足人们不断增长的物质文化生活的需要，社会才能取得进步。所以，在生产实践中人们总是希望"以尽可能少的劳动耗费，获取尽可能多的劳动产出"。为了实现这一目标，人们会非常关心劳动成果和劳动耗费，并对它们进行比较，以便科学、合理地管理生产经营活动过程，提高经济效益。

人类社会产生初期，劳动生产力水平低下，物资极度贫乏，没有剩余产品，也就没有会计产生的土壤。随着生产工具的改进、劳动生产率的提高，出现了剩余产品，也就产生了对劳动成果和劳动耗费进行计量和比较的需要，在人类长期的实践活动中，逐渐产生古代原始的"刻木记数""结绳记数"等计量、计算和记录行为。这种原始的计量、计算、记录行为中蕴含着会计思想,是会计行为的萌芽。

会计在它产生初期只是生产职能的一个组成部分,是人们在生产活动之余,附带地把劳动成果和劳动耗费进行简单的计量和记录。它只是"生产职能的附带部分",而不是一项独立的工作。随着社会生产的发展,生产规模的日益扩大,劳动成果和劳动耗费的计量、计算和记录要求也日益复杂,对劳动成果和劳动耗费的记录及其比较,仅仅靠人们在劳动过程中附带地进行,已不能满足需要。为了适应对劳动成果和劳动耗费进行管理的要求,会计逐渐从生产职能中分离出来,成为特殊的、专门委托有关当事人的独立的职能。

可见,会计是在社会生产实践中,随着生产活动的发展和管理的需要而产生的。

(二)会计的发展

如前所述,进入奴隶社会繁盛时期之前的漫长历史时期产生的最原始的计量、记录行为并不是真正意义上的会计行为和会计方法,而只是生产职能的附带部分,在会计的发展史上,这一时期被称之为会计的萌芽阶段,或者称之为原始计量与记录时代。

会计在我国具有悠久的历史,在夏朝时就开始设置会计,至西周时设有"司会"官职,主管王朝财政经济收支的核算。根据史料记载,"会计"一词产生于3000多年前的西周时期,在古籍《孟子正义》一书中提出了"零星算之为计,总和算之为会",表明那时就使用了"会计"一词。春秋战国至秦代,出现了"籍书"或"簿书"之类的账册,并用"入"、"出"作为记录符号来反映各种交易或事项的增、减。至唐代"账簿"二字已经连用。到宋朝,会计又有了新的发展,会计账簿已有了序时账和分类账、总账和明细账的区别,特别是在政府官员更替交接时,创建和运用了"四柱清册"结算法,为会计的发展作出了贡献。当时封建官厅办理钱粮报销和移交手续时所造的表册叫"四柱清册"。所谓四柱,即旧管、新收、开除、实在,其含义分别相当于现代会计中的"期初结存""本期收入""本期付出""期末结存"。四柱之间的平衡关系,可用会计方程式表示为旧管+新收-开除=实在。"四柱"结算法的创建和运用,是我国会计工作者对会计学术的一项重大贡献。

明清两代,会计方法又有所发展。明朝统一了账簿形式,账页分为收入和支出两部分。上收下支,这种格式一直为中式簿记所沿用。明末清初,我国会计工作者为了适应商品货币经济迅速发展的需要,在"四柱"清册结算法原理的启示下,创建了一种比较完善的会计核算方法,称为"龙门账",它把全部账目划分为"进""缴""存""该"四大类。所谓"进",是指全部收入;"缴"是指全部支出;"存"是指全部资产;"该"是指全部负债。它们之间的平衡关系,可用会计方程式表示为"进-缴=存-该"。年终结账时,一方面根据"进"与"缴"两类账目编制"进缴表",计算差额决定盈亏;另一方面根据"存"与"该"两类账目,编制"存该表",计算差额决定盈亏。两方面计算的盈亏数应该相等,当时人们把这种计算盈亏、核对账目的方法叫做"合龙门","龙门账"因此得名。"龙门账"中的"进缴表""存该表",分别与现代会计的"利润表""资产负债表"的意义与作用颇为相似。

在国外,随着资本主义的萌芽和发展,人们在古代单式簿记的基础上,创建了复式簿记,复式簿记最早产生于意大利的金融资本家的账务处理中。1494年,意大利数学家卢卡·帕乔利对复式记账的原理和方法在其著作《算术、几何、比及比例概要》一书中进行了论述,从而标志着近代会计的开端。在意大利迅速得到普及并不断发展和完善,随着美洲大陆的发现和东西方贸易的进行,加之各国统一货币制度的建立、阿拉伯数字取代了罗马数字、纸张的普遍使用等促使复式簿记传遍整个欧洲,后又传遍世界各国。时至今日,复式簿记方法成为世界通行的记账方法,其方法体系乃至理论体系已得到不断完善。

会计发展的历史表明:会计是随着生产的发展和管理的需要而发展和完善的,经济越发展,会计越重要。正如马克思所说的那样:"过程越是按照社会的规模进行……作为对过程进行控制和观念总结的簿记就越是必要"。因此,簿记对资本主义生产比对手工业和农民的分散生产更为必要;对公有制生产比对资本主义生产更为必要。

二、现代会计的特点

随着市场经济的建立和完善,现代会计逐步形成区别于古代会计、其他核算形式的特征,主要表现在以下三个方面。

(一)以货币为主要计量单位

会计核算主要是从价值量方面反映各单位的交易或事项等经济活动情况。会计在对各单位经济活动进行反映时,主要是从而不是从质量方面进行反映。如企业对固定资产进行反映时,只记录其数量、成本、折旧等变化,而并不反映其技术水平、运行状况等。在会计对数量进行计量时,为了从数量上反映各种经济活动情况,需要运用实物计量(件、千克等)、劳动计量(工时、机械工时等)和货币计量(元)三种计量尺度。其中实物计量是为了核算各种不同的物资实物数量而采用的,它对于提供经营管理上所需的实物指标、保护财产物资的安全与完整具有重要意义。劳动计量是为了核算生产过程中劳动量的消耗,即花费的工作时间的数量,它有助于具体确定某一工作过程中的劳动耗费。但是实物计量和劳动计量相互之间没有统一的计量标准,不便相互比较,不能用来综合反映各种不同的经济活动,不能取得综合的经济指标,不能全面衡量单位的经济效益。因为只有货币是衡量各种商品的价值尺度,是商品交换的手段,是一般等价物,所以,只有采用货币计量,以货币统一计价,才能综合计算和汇总各种不同性质的经济活动,取得经营管理所必需的综合性指标,如实反映经济活动全貌,借以对经济活动进行总体评价,并据以确定和考核经济效益。因而,对于各种经济活动即使已按实物计量、劳动计量进行计算和记录,仍必须采用货币计量进行综合反映,对各种交易或事项的记录主要应使用货币计量。

(二)对经济业务进行连续、系统、完整的核算和监督

所谓连续,就是在核算时以审核无误的凭证为依据,按照经济业务发生的先后顺序,不间断地进行记录;所谓系统,就是在会计核算中既要互相联系地进行记录又要科学分类,先

分类汇总，后加工整理，以便取得各种有用的经济核算指标；所谓完整，就是对属于会计对象的全部交易或事项都要全面记录，不得遗漏，不能任意取舍。这是会计核算有别于统计核算、业务核算等其他核算的重要特征，也是会计信息有用性的重要体现。

（三）会计核算具有一套完整的方法体系

为了有条不紊地进行会计核算，经过几千年的总结和提炼，会计形成了一套完整而科学的方法体系，这是人类共同的宝贵财富，体现了会计的技术性。会计核算采用了一套有别于其他科学的核算方法，主要包括对原始资料的整理和科学分类、记账凭证的应用、账簿的设置和登记、财产清查、成本计算及编制会计报表等一系列工作，都有其特有的科学方法内涵。这些方法密切配合、相互补充，构成了完整的方法体系。

三、会计的概念

什么是会计？或者说，会计的内涵是什么？尽管会计从产生至今已有几千年的历史，但对于这一基本问题，古今中外一直没有一个明确、统一的观点。究其原因，关键在于人们对会计本质的认识存在着不同的看法，而不同的会计本质观点对应着不同的会计含义。针对会计本质问题，中外会计学界主流学派的观点主要有管理工具论、信息系统论和管理活动论三种观点，具体如下：

（一）管理工具论

该观点认为会计是管理经济的一个工具。这个观点来自前苏联，从20世纪50年代初开始在我国流行。持有这种观点的学者认为，会计是一种管理手段，通过记账、算账、报账为经济管理服务，本身并不具有管理职能。

（二）信息系统论

该观点认为会计是一个信息系统。这种观点出现于20世纪70年代末80年代初，主要来自西方会计学者。信息系统论认为会计是一种处理数据或提供经济信息的方法或技术，"是一种旨在传达一个企业的重大财务信息和其他经济信息，以便其使用者据以作出明智的判断和决策的经济信息系统"。这种观点只突出会计的反映职能，突出提供经济信息为管理当局及有关各方制定决策服务，而忽略了会计在经济监督、控制、预测、决策、分析等经济管理中的功能和作用。

会计信息系统论的思想最早起源于美国会计学家A.C.利特尔顿。他在1953年出版的《会计理论结构》一书中指出："会计是一种特殊门类的信息服务"，"会计的显著目的在于对一个企业的经济活动提供某种有意义的信息"。

我国较早接受会计是一个信息系统这一观点的是会计学家余绪缨教授。他于1980年在《要从发展的观点看会计学的科学属性》一文中首先提出了这一观点。而会计"信息系统论"是由葛家澍、唐予华教授于1983年提出的。他们认为："会计是为提高企业和各单位的经济效益，加强经济管理而建立的一个以提供财务信息为主的经济信息系统。"

(三)管理活动论

会计管理活动论认为会计的本质是一种经济管理活动。它继承了会计管理工具论的合理内涵,吸收了最新的管理科学思想,从而成为当前国际会计学界中具有重要影响的观点。将会计作为一种管理活动并使用"会计管理"这一概念在西方管理理论学派中早已存在。"古典管理理论"学派的代表人物法约尔把会计活动列为经营的六种职能活动之一;美国人卢瑟·古利克则把"会计管理"列为管理化功能之一。

我国最早提出会计管理活动论的是杨纪琬、阎达五教授。1980年,在中国会计学会成立大会上,他们做了题为《开展我国会计理论研究的几点意见——兼论会计学的科学属性》的报告。在报告中,他们指出:无论从理论上还是从实践上看,会计不仅仅是管理经济的工具,它本身就具有管理的职能,是人们从事管理的一种活动。

进入新世纪,随着计算机为手段的信息技术的快速发展,会计电算化得到广泛的普及和应用,广大会计人员从传统手工会计下烦琐的记账、算账中解放出来,将主要精力用于企业战略规划、预测、决策、分析、考核等管理职能中。所以,我们赞同"会计管理活动论"的观点,认为:会计是一种管理活动,会计不仅能提供经济信息,为经济管理服务,同时其本身是一种管理经济的管理活动,是经济管理的重要组成部分。管理活动论代表了我国会计改革的思路与方向,是对会计本质问题的科学论断。在"会计管理活动论"的前提下,我们给出会计的定义:会计是以货币为主要计量形式,采用专门方法,对单位的交易或事项进行连续、系统、完整的核算和监督,以提供经济信息和反映受托责任履行情况,促进加强经济管理、提高经济效益的一种经济管理活动。

第二节 会计的目标、职能和作用

一、会计的目标

会计产生和发展的历史告诉我们,人类在社会实践中运用会计的目的是要借助会计对经济活动进行核算和监督,为经营管理提供财务信息,并考核评价经营责任,从而取得尽可能好的经济效益。不同经济主体为了追求经济利益,无不需要利用会计这项经济管理工作。那么,会计能为他们提供些什么信息,这就要明确会计的目标是什么。会计目标概括来讲就是开展会计工作的目的与要求。

按企业会计基本准则规定,财务报告的目标是:"向财务报告的使用者提供与企业财务状况、经营成果和现金流量情况等有关的会计信息,反映企业管理层受托责任履行情况,有助于财务报告使用者作出经济决策。"

企业财务报告使用者主要包括投资人、债权人、政府及有关部门和社会公众等。满足投资者的信息需要是企业财务报告编制的首要出发点,具体包括以下两方面的内容。

(一)向企业财务报告使用者提供决策有用的信息

企业编制财务报告的主要目的是:为了满足财务报告使用者的信息需要,有助于财务报告使用者从财务状况、经营成果及现金流量等方面了解单位的过去、现在,预测未来,作出经济决策。因此,向财务报告使用者提供决策有用的信息是财务报告的基本目标。

(二)反映企业管理层受托责任的履行情况

在现代公司制下,企业所有权与经营权是分离的。企业管理层受投资人、债权人等委托经营企业及各项资产,妥善保管并合理、有效地运用好这些资产,从而负有受托责任。尤其是投资人、债权人等,需要及时了解企业管理层保管、使用资产的情况,以便于评价企业管理层受托责任的履行情况和业绩情况,并决定是否需要调整投资或信贷政策,是否需要加强或改革企业内部控制或其他制度建设,是否需要更换管理层等。因此,财务报告应当能反映企业管理层受托责任的履行情况,以有助于评价企业经营管理责任和资源使用的有效性。

二、会计的职能

所谓职能,是指事物本身所具备的功能。会计的职能是指会计作为一项经济管理活动,在经济管理中所具有的最基本的功能。具体来讲,就是会计是用来做什么的。对于会计的职能,马克思在其《资本论》中有过精辟的论述,他指出:"过程越是按社会的规模进行……作为对过程进行控制和观念总结的簿记就越是必要……"可见,马克思把会计的基本职能归纳为"过程的控制和观念的总结",其中,"观念的总结"就是会计的核算(反映)职能;"过程的控制"就是会计的监督职能。

关于会计的职能虽然理论界有多种观点,但主流观点还是赞同马克思的这一论述。而且,为了发挥会计的核算反映和监督职能,现代会计在发展中逐步构建起实现其职能的两大工作系统,即会计信息系统和会计控制系统。

(一)会计的核算(反映)职能

会计的核算反映职能是指会计具有按照公认会计准则的要求,通过一定的程序和方法,全面、系统、及时、准确地将一个会计主体所发生的交易或事项科学地表达出来,以达到揭示会计事项的本质、为经营管理者提供经济信息的目的。会计的核算反映职能贯穿于单位经济活动的全过程,从核算过程看,它虽然主要是进行事后的核算,但也包括事前、事中的核算。

会计的核算反映职能在客观上体现为通过会计的信息系统对会计信息进行搜集、确认、计量、记录和报告。其具体体现为记账、算账和报账三个阶段。记账就是把一个会计主体所发生的全部交易或事项运用一定的程序和方法在会计凭证、会计账簿上予以记载;算账就是在记账的基础上,运用一定的程序和方法来计算该会计主体在生产经营过程中的资产、负债、所有者权益、收入、成本费用及损益情况;报账就是在记账和算账的基础上,通过编制会计报表等方式将该会计主体的财务状况和经营成果向会计信息使用者报出。

核算反映职能是会计工作的基础,它通过会计信息系统所提供的信息,既服务于国家的宏观调控部门，又服务于会计主体的外部投资者和内部管理者，这种服务功能是能动的，在一定程度上体现了管理功能。

（二）会计的监督职能

监督的内涵是监察、督促，而会计的监督职能是指会计按照一定的目的和要求，利用会计信息系统所提供的信息，对会计主体的经济活动进行控制，使之达到预期的目标。会计的监督职能就是监督经济活动按照有关的法规和计划进行。会计监督较其他经济监督具有显著的特征，具体如下：

（1）会计监督具有强制性和严肃性。会计监督是依据国家的财经法规和财经纪律来进行的，《中华人民共和国会计法》（以下简称《会计法》）既赋予了会计机构和会计人员实行监督的权利，同时又规定了监督者的法律责任，放弃监督，监督不力，情节严重的，将给予行政处分，给公共财产造成重大损失，构成犯罪的，依法追究刑事责任。因此，会计监督是以国家的财经法规和财经纪律为准绳，具有强制性和严肃性。

（2）会计监督具有连续性、系统性和完整性。社会再生产过程不间断，会计核算就要不断地进行下去，在这整个持续过程中，始终离不了会计监督，各会计主体每发生一笔交易或事项，都要通过会计进行反映，在反映的同时，就要审查它们是否符合法律、制度、规定和计划。会计反映具有连续性，因此，会计监督也就具有连续性。

会计监督不仅体现在已经发生或已经完成的业务方面，还体现在业务发生过程中及尚未发生之前，包括事前监督、事中监督和事后监督，所以会计对单位经济活动的监督具有系统性和完整性。监督职能在会计行为实施之前就发挥作用，同时又是会计工作的落脚点。它通过会计信息系统与会计控制系统的有机结合，突出地表现了会计在单位经营管理中的管理控制作用，体现了"会计管理活动论"的基本思想。

（三）会计两大基本职能的关系

就会计两大基本职能的关系而言，核算反映职能是监督职能的前提和基础，没有核算反映职能提供的信息，就不可能进行会计监督，因为如果没有会计核算提供可靠、完整的会计资料，会计监督就会失去客观依据，也就无法进行会计监督；会计监督又是核算反映职能的保证，没有监督职能进行控制，提供有力的保证，就不可能提供真实可靠的会计信息，也就不能发挥会计管理的能动作用，会计核算也就失去了存在的意义。因此，会计的核算反映职能和监督职能是紧密结合，密不可分，相辅相成的，同时又是辩证统一的。

随着社会的发展、技术的进步、经济关系的复杂化和管理理论的提高，会计的基本职能的内涵和外延得到了不断的发展和完善。会计界还有一种会计职能的"多职能论"观点。该观点认为会计职能不但具有核算反映和监督职能，还具有预测、决策、控制、分析、评价等职能。我们认为，核算反映与监督是会计的基本职能，其他职能是会计两项基本职能的细化和延伸。

三、会计的作用

会计的作用是指通过会计职能的发挥所完成的工作,它是会计职能的具体化和发挥作用的体现。具体来说,会计的作用包括以下内容。

(一)核算和监督会计主体对财经法规、会计准则的执行情况,维护财经纪律

贯彻执行国家的财经法规、会计准则,是企业会计主体进行经济活动的首要原则。因此,会计在反映经济活动、提供会计信息的同时,还应以有关的财经法规、准则和制度为依据,对经济活动的合法性、合规性实行必要的监督。对于违反财经法规、准则的行为,及时予以制止和揭露。

(二)核算和监督各会计主体的经济活动和财务收支,提供会计信息,加强经营管理

(1)为国家进行宏观调控、制定经济政策提供信息。

(2)加强会计主体经济核算,为企业经营管理者提供管理决策有用的会计信息。

各会计主体为了管好自身的经济活动、加强经营管理、提高经济效益,必须了解和掌握各项经济活动的进行情况。会计的基本任务就是运用专门的程序和方法,对各项经济活动进行全面、系统、及时、准确的核算,从而为信息使用者提供与决策和管理有关的信息,并揭示经济管理中存在的问题及其产生的原因,进而促使管理当局改进经营管理,提高经济效益。

(3)保护单位资产的安全和完整。

(4)为投资者、债权人、潜在的投资者和债权人进行投资决策提供会计信息,以便于其进行正确的投资决策。

第三节 会计对象

一、会计对象的一般表述

如前所述,会计是一种经济管理活动,在经济管理中具有核算和监督职能。会计在经济管理中核算和监督的内容,称为会计对象,它是会计所要核算和监督的客体。那么,会计核算监督的内容是什么呢?概括地讲,就是社会再生产过程中的经济交易或事项。交易是指双方以货币为媒介的价值的交换,会计上通常是指本会计主体与其他单位或个人的价值交换活动,如采购商品、销售商品等;会计事项是指会计主体内部发生的,导致单位内部各项资产和权益发生变化的经济事项,如固定资产折旧、产品加工完成等。会计主体所发生的交易或事项会引起会计要素的价值存在形态不断地变化,所以,会计的对象也可以表述为社会再生产过程中的价值运动(资金运动),这是对会计对象的一般表述。

会计核算的内容包括以下七个方面的交易或事项:

（1）款项和有价证券的收付。款项是作为支付手段的货币资金，主要包括库存现金、银行存款等。有价证券是指表示一定财产拥有权或支配权的证券，包括各种股票、债券、基金等。

（2）财物的收发、增减和使用。财物是单位财产物资的简称，是反映一个单位具有实物形态的经济资源，一般包括原材料、在产品、商品等存货和房屋、建筑物、机器、设备等固定资产。

（3）债权债务的发生和结算。债权是单位收取款项的权利，一般包括各种应收和预付款项等。债务则是单位承担的，需要以资产或劳务偿付的负债，一般包括各种借款、应付和预收款项等。

（4）资本、基金的增减。资本是投资者为开展生产经营活动而投入的资本金。基金是各单位按照法律、法规的规定而设置或筹集的具有某些特定用途的专项资金，如社会保险基金、教育基金等。

（5）收入、支出、费用、成本的计算。

（6）财务成果的计算和处理。财务成果主要是指企业单位在一定时期内通过从事经营活动而在财务上所取得的结果，具体表现为利润或亏损。

（7）其他事项。其他事项是指除上述六项交易或事项以外的、按照国家统一的会计制度规定应当办理会计手续和进行会计核算的其他交易或事项。

二、企业的会计对象

（一）工业企业的会计对象

企业是组织生产经营活动的基本单位，是按照经济核算的原则，独立进行生产经营活动的经济实体。按在社会再生产过程中的分工，可以将企业划分为工业、商品流通业、农业、建筑业、交通运输业等各种企业，其中工业企业的交易或事项最具有代表性。下面主要说明工业企业的交易或事项。

任何一个企业单位，要从事生产经营活动，必须拥有一定数量的物资资源作为基础，工业企业若想制造出产品，必须拥有厂房、建筑物、机器设备、材料物资等，将这些劳动资料、劳动对象和劳动者相结合后，才能生产出劳动产品。可见，这些物资基础是进行生产经营活动的前提和基础。会计将各项财产物资用货币来计量其价值时，就得到一个会计概念，即资产。工业企业的主要交易或事项是从筹集资产开始的，为了取得生产所必需的劳动对象及为了实现产品的价值，还必须按照等价交换的原则进行购销活动。产品加工完成之后，还要将生产的产品销售出去以实现其价值，然后进行初次分配。所以，工业企业的生产经营活动概括起来可分为以下环节。

1. 筹资交易

工业企业实行独立核算、自负盈亏的现代企业制度，企业资产的所有权与经营权是分离的。工业企业赖以存在和发展的资产，从其来源渠道看不外乎两个：一是投资人投资形成的资本金及经营过程中赚取的利润。资本金是指企业在工商行政管理部门登记的注册资金数额。企业根据国家法律、法规的规定，可以吸收国家、法人、个人、外商投资，形成企业资本金。投资人因投入资产对企业享有的权益，称为企业的所有者权益。二是企业在投资人投入资本不能满足需要时还可以按规定向银行和社会借入资金，以及临时使用各种应交未交、应付未付的款项。债权人因出借资产给企业而对企业资产所享有的权益，构成债权人的权益，称为企业的负债。

2. 资产的循环与周转

企业所拥有的资产不是闲置不动的，而是随着交易或事项的发生而不断地运动、变化的。工业企业的生产经营过程是由供应过程、生产过程、销售过程所组成的，资产运动是顺序通过这三个过程，周而复始地进行的。

(1) 供应过程。供应过程是生产准备过程。这一过程中企业发生的主要交易或事项是材料的采购与储存、固定资产的购置与建造等，这些交易称为采购与付款交易或事项。为了保证生产的正常进行，企业要用货币资金购进固定资产及各种原材料，于是资产由货币资产形态转化为实物资产形态。

(2) 生产过程。生产过程既是产品的制造过程，也是物化劳动和活化劳动的耗费过程。这一过程中要发生材料耗用、固定资产折旧的计提、工资和其他费用的支付等交易或事项，于是资产又从储备资产形态转化为在产品形态。随着生产过程的继续进行，在产品加工成产成品，完成生产过程。

(3) 销售过程。销售过程是产品价值的实现过程，也是再生产过程的最后一个过程。企业将产品销售出去，取得销售收入，收回货币资产，资金又由产成品形态重新回到货币资产形态，这一过程中的交易或事项称为销售与收款交易或事项。

可见，企业的资产从货币形态开始，顺序经过供应、生产、销售三个过程，依次转化为原材料、在产品、产成品，再回到货币资产形态，这称为资产循环。随着生产经营活动不断地进行，上述资产循环也就不断地重复，资产周而复始不断地循环，称为资产的周转。

3. 资产退出企业

处于周转中的资产，有时会离开周转，退出企业。如企业按规定上缴税金、调出不需要的固定资产、归还银行借款、支付利息、偿还应付账款等，都会使资产退出企业，不再参加周转。

综上所述，工业企业因资产的投入、资产在企业内部的循环周转和资产的退出等经济活动而引起的各项资源的增减变化、各项成本费用的发生和支出、各项收入的取得及损益的发生、实现和分配，共同构成了会计对象的内容。与工业企业类似，其他企业的会计对象一般也包括筹资交易、资产在企业内部的循环与周转以及资产退出企业，只是没有工业企业复杂而已。其资金运动的过程见图1-1。

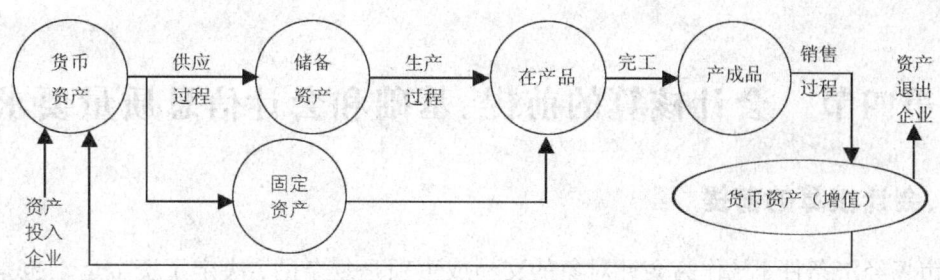

图 1-1 资产运动过程

(二)行政、事业单位的会计对象

行政、事业单位为完成国家赋予的任务,同样需要一定数量的资金,但其资金来源主要是国家财政拨款。行政、事业单位在正常业务活动过程中,所消耗的人力、物力和财力的货币表现,即为行政费用和业务费用。一般来说,行政、事业单位没有或只有很少一部分业务收入,因为费用开支主要是靠国家财政预算拨款。因此,行政、事业单位的经济活动,一方面按预算向国家财政取得拨入资金;另一方面又按预算以货币资金支付各项费用,其资金运动的形式就是资金拨入→资金付出。因此,行政、事业单位会计对象的内容就是预算资金的收入和支出的交易或事项。

综上所述,不论是企业,还是行政、事业单位,都是社会再生产过程中的基层单位,会计反映和监督的对象就是这些基层单位发生的各种交易或事项,以及由此引起的资金运动。

三、会计对象的确认

会计核算的内容,也就是会计所要反映和监督的对象。其具体内容表现为社会再生产过程中的交易或事项。为了进行了科学的分类核算,提供各种有用的会计信息,必须对会计对象的内容进行适当的分类,于是会计要素这一概念应运而生。

会计要素是对会计对象的基本分类,是会计对象的具体化,是反映会计主体财务状况和经营成果的基本单位。

按照国际惯例,我国的《企业会计准则——基本准则》将会计对象进行了科学分类,划分为资产、负债、所有者权益、收入、费用和利润六大会计要素。这六大会计要素又可以划分为两大类,即反映财务状况的会计要素(又称资产负债表要素)和反映经营成果的会计要素(又称利润表要素)。其中,反映财务状况的会计要素包括资产、负债和所有者权益;反映经营成果的会计要素包括收入、费用和利润。会计要素的具体内容及其之间的关系将在第二章介绍。

第四节 会计核算的前提、基础和会计信息质量要求

一、会计核算的前提

在市场经济条件下,作为会计对象的交易或事项是复杂的,决定了资金运动也是一个复杂的过程。面对变化多样的经济环境,会计人员面临一系列基础性问题需要解决,需要对会计核算所处的时间、空间环境,为企业会计进行确认、计量和报告提供前提,做出合理的假设。例如,会计为谁核算,给谁记账,会计核算的范围如何界定等。这就要求在进行会计核算工作时要确定必要的前提,即进行必要的假设。

为了确保会计工作的正常进行和保证会计信息的质量,理论上对会计核算的范围、内容、基本程序和方法做了一些基本假设,这些会计假设是人们在长期的会计实践中逐步认识和总结形成的,具有合理性和公理性。结合我国实际情况,企业在组织会计核算时,应遵循的会计假设包括会计主体假设、持续经营假设、会计分期假设和货币计量假设。

(一) 会计主体

《企业会计准则——基本准则》第5条指出:"企业应当对其本身发生的交易或者事项进行会计确认、计量和报告。"这是对会计主体假设的描述。

会计主体是会计工作服务的特定单位或组织。会计主体假设是指会计核算应当以企业自身发生的各项交易或事项为对象,记录和反映企业本身的各项经济活动。也就是说,会计核算是反映一个特定企业的交易或事项,只记录本主体的业务,并将其与其他经济实体区别开来。每个企业本身的经济活动总是与其他企业、单位或个人相联系的,但对于会计来说,其核算的范围既不包括企业所有者的经济活动,也不包括其他企业的经济活动。会计主体假设的意义在于明确了会计工作的空间范围。

会计主体与法律主体不是同一概念。一般来说,法律主体必然是会计主体,但会计主体不一定就是法律主体。会计主体可以是一个有法人资格的企业,也可以是若干家企业组织起来的集团公司,还可以是企业下属的二级核算单位。独资、合伙形式的企业都可以作为会计主体,但不一定是法人。

会计主体假设是持续经营假设、会计分期假设和许多会计核算理论的基础,因为如果不划定会计的空间范围,会计核算工作就无法进行。

(二) 持续经营

《企业会计准则——基本准则》第6条指出:"企业会计确认、计量和报告应当以持续经营为前提。"这是对持续经营假设的描述。

持续经营是指在可以预见的将来,企业将会按照当前的规模和状态持续经营下去,不会因破产、清算、解散等停业,也不会大规模削减业务。尽管企业会由于激烈的市场竞争、新科

技、新业态层出不穷等原因，客观上常常面临被淘汰的危险，但只有假定作为会计主体的企业是持续、正常经营的，才能保持会计信息处理的一致性和稳定性。持续经营假设明确了会计工作的时间范围。

企业会计核算程序的选择及会计处理方法的使用许多是建立在持续经营假设的基础之上的，例如，只有在持续经营的前提下，固定资产折旧的计提方法、无形资产价值摊销的方法才能得以执行和实施。

（三）会计分期

《企业会计准则——基本准则》第7条指出："企业应当划分会计期间，分期结算账目和编制财务会计报告。会计期间分为年度和中期。中期是指短于一个完整的会计年度的报告期间。"这是对会计分期假设的描述。

会计分期是指将企业持续不断的生产经营过程，人为地按时间划分为一个个连续的、等距的会计期间，以分期进行会计确认、计量和报告。会计分期假设的目的在于通过会计期间的划分，分期结算账目，按期编制财务报告，从而及时地向有关方面提供反映财务状况和经营成果的会计信息，满足有关方面的需要。从理论上来说，在企业持续经营的情况下，要反映企业的财务状况和经营成果只有等到企业所有的生产经营活动结束后，才能通过收入和费用的归集与比较，进行准确的计算，但那样做的话，会计信息的有用性、及时性将大打折扣，无法满足会计信息使用者的需要，因此必须人为地将这个过程划分为较短的会计期间。

会计分期假设是对会计工作时间范围的具体划分，主要是确定会计年度。中外各国所采用的会计年度一般都与本国的财政年度相同。我国以公历年度作为会计年度，即从每年的1月1日至12月31日为一个会计年度。会计年度确定后，还应将会计年度划分为半年度、季度和月度。其中，凡是短于一个完整的会计年度的报告期间均称为会计中期。

会计分期假设有着重要的意义。有了会计分期，才产生了本期与非本期的区别，并为收付实现制和权责发生制的应用提供理论基础，才能准确、及时地提供财务状况和经营成果的资料，进行会计信息的对比。

（四）货币计量

《企业会计准则——基本准则》第8条指出："企业会计应当以货币计量。"这是对货币计量假设的描述。

货币是商品的一般等价物，是衡量一般商品价值高低的价值尺度，其本身具有价值尺度、流通手段、贮藏手段、支付手段的特点。货币计量是指会计主体在会计确认、计量和报告时应采用货币作为计量单位来记录、反映会计主体的经营活动。企业在经济核算中，可以根据需要采用实物、时间和货币等多种计量单位，但为了全面、综合地反映企业的生产经营活动，会计客观上需要一种主要的计量单位作为计量尺度。货币作为商品的一般等价物，能用以计量一切资产、负债和所有者权益及收入、费用和利润，也便于综合。因此，会计必须以货币计量为前提。

在我国，要求企业对所有交易或事项采用同一种货币作为统一尺度来进行计量。若企业的交易或事项有两种以上的货币计量，应该选用一种作为基准，称为记账本位币。记账本位币以外的货币则称为外币。我国有关会计法规规定，企业会计核算以人民币为记账本位币。业务收支以外币为主的企业，也可以选定某种外币作为记账本位币，但编制的会计报表应当折算为人民币反映。

二、会计核算基础

企业的生产经营活动在时间上是持续不断的，不断地取得收入，不断地发生各种成本、费用，定期将收入和相关的费用进行配比，以计算和确定企业生产经营活动所产生的利润（或亏损）。由于企业生产经营活动是连续的，而会计期间是人为划分的，所以难免有一部分收入和费用出现实际收支期间和应归属期间不相一致的情况，在处理这类交易或事项时，应正确选择合适的会计处理基础。会计核算基础是指在会计分期核算的前提下，用于确认、计量、报告收入、费用和利润归属期间的会计处理原则和方法。具体包括权责发生制和收付实现制两种。

（一）权责发生制

《企业会计准则——基本准则》第9条指出："企业应当以权责发生制为基础进行会计确认、计量和报告。"

权责发生制，亦称应收应付制，是以收入的权利和支出的义务是否实际发生而不是以款项是否实际收支为标准，确认收入、费用归属期间的会计核算基础。

在权责发生制下，凡是属于本期实现的收入和已经发生或应当负担的费用，不论款项是否实际收到或实际付出，都应作为本期的收入和费用入账，计入利润表；凡是不属于本期的收入和费用，即使款项在本期收到或付出，也不作为本期的收入和费用处理。由于它不以款项的收付为标准，而以收入和费用是否归属本期为标准，所以又称为应计制。举例说明如下：

【例1-1】泰山股份公司于2018年1月10日销售商品一批，1月20日收到货款，存入银行。

分析：这笔销售收入由于是1月份销售实现的收入，且当月收到货款，按照权责发生制的处理标准，应作为1月份的收入入账。

【例1-2】泰山股份公司于2018年1月10日销售商品一批，2月10日收到货款，存入银行。

分析：这笔销售收入属于1月份实现的收入，虽然在2月份才收到了货款，按照权责发生制的处理标准，应将其作为1月份的收入入账。

【例1-3】泰山股份公司于2018年1月10日收到某购货单位一笔货款，存入银行，但按合同规定于3月份交付商品。

分析：这笔销货业务虽然于1月份收到货款，但由于货物3月份才交付，按照权责发生制的处理标准，不应作为1月份的收入入账，应将其作为3月份的收入入账。

【例1-4】泰山股份公司于2018年12月25日以银行存款预付下年度全年的财产保险费。

分析：这笔款项属于下年各月受益应负担的费用，虽然在本年12月份支付了款项，但按照权责发生制的处理标准，不应将其作为本年12月份的费用入账。

【例1-5】泰山股份公司于2018年12月10日购入办公用品一批并开放，但款项在下年的2月份支付。

分析：这笔费用属于本年12月份应负担的费用，虽然款项是在下年2月份支付，但按照权责发生制的处理标准，应将其作为本年12月份的费用入账。

【例1-6】泰山股份公司于2018年12月31日用银行存款支付本月水电费。

分析：这笔费用由于支付的是本年12月份的水电费，按照权责发生制的处理标准，应将其作为本年12月份的费用入账。

（二）收付实现制

按照有关会计法规的要求，行政、事业单位的财务会计核算实行权责发生制；而行政、事业单位的预算会计核算实行收付实现制，国务院另有规定的，依照其规定。

收付实现制，亦称现收现付制，是以款项是否实际收到或付出作为标准确认收入、费用归属期间的会计核算基础。

在收付实现制下，凡是本期实际收到的款项，不论其是否属于本期实现的收入，都作为本期的收入处理；凡是本期付出的款项，不论其是否属于本期应负担的费用，都作为本期的费用处理。反之，凡本期没有实际收到款项和付出款项的收支，均不得作为本期收入和费用处理。这种会计核算基础，由于款项的收付实际上以现金收付为标准，所以一般称为现金制。现以上面六个例子说明在收付实现制下的会计处理：

在收付实现制下，【例1-1】和【例1-6】收入和费用的归属期间和款项的实际收付同属相同的会计期间，收付实现制确认的收入和费用与权责发生制相同。

【例1-2】这笔款项应作为2月份的收入，因为贷款是在2月份收到；【例1-3】这笔款项应作为1月份的收入，因为是1月份收到款项。

【例1-4】这笔款项应作为本年12月的费用，因为12月支付了有关款项；【例1-5】这笔费用应作为下年2月的费用，因为款项是在下年2月份支付的。

上述可见，采用权责发生制核算本期的收入和费用比较科学、合理，能客观、真实地反映企业的财务状况和经营成果。所以，企业会计核算、行政事业单位的财务核算和税收法规在确认收入和费用时均要求采用权责发生制。但在权责发生制下，会计核算须要考虑预收、预付和应收、应付的经济行为，会计处理相对较复杂。

《中华人民共和国企业所得税法实施条例》第9条规定："企业应纳税所得额的计算，以权责发生制为原则，属于当期的收入和费用，不论款项是否收付，均作为当期的收入和费用；不属于当期的收入和费用，即使款项已经在当期收付，均不作为当期的收入和费用。本条例和国务院财政部、税务主管部门另有规定的除外。"

三、会计信息质量要求

会计作为一项经济管理活动，其主要目的之一是向企业的会计信息使用者提供有用的会计信息。为实现这一目的，就必须要求会计信息具有良好的质量品质。根据《企业会计准则——基本准则》的规定，会计信息质量要求包括可靠性、相关性、可理解性、可比性、实质重于形式、重要性、谨慎性和及时性八项。

(一) 可靠性

《企业会计准则——基本准则》第 12 条规定："企业应当以实际发生的交易或者事项为依据进行会计确认、计量和报告，如实反映符合确认和计量要求的各项会计要素及其他相关信息，保证会计信息真实可靠，内容完整。"

可靠性，也称客观性或真实性，是对会计信息质量的最基本要求。因为会计所提供的会计信息是投资者、债权人、政府及有关部门和社会公众的决策依据，如果会计数据不能客观、真实地反映企业经济活动的实际情况，势必无法满足各有关方面了解企业财务状况和经营成果以进行决策的需要，甚至可能导致错误的决策。

在会计实务中，有些数据只能根据会计人员的经验或对未来的预计予以计算。例如，固定资产的折旧年限、资产减值的估计等，都会受到一定程度的个人主观判断的影响。但是，会计人员应在统一标准的条件下将可能发生的误差降低到最低限度，以保证会计核算提供的会计资料真实可靠。

(二) 相关性

《企业会计准则——基本准则》第 13 条规定："企业提供的会计信息应当与财务会计报告使用者的经济决策需要相关，有助于财务会计报告使用者对企业过去、现在或者未来的情况做出评价或者预测。"

相关性，也称有用性，它也是对会计信息质量的一项基本要求。信息要成为有用的，就必须与使用者的决策需要相关。当信息影响到使用者的经济决策时，信息就具有相关性。

(三) 可理解性

《企业会计准则——基本准则》第 14 条规定："企业提供的会计信息应当清晰明了，便于财务会计报告使用者理解和使用。"

可理解性，也称明晰性，是对会计信息质量的一项重要要求。提供会计信息的目的在于使用，要使用就必须了解会计信息的内涵，明确会计信息的内容。如果无法做到这一点，就谈不上对决策有用。信息是否被使用者所理解，取决于信息本身是否易懂，也取决于使用者理解信息的能力。可理解性是决策者与决策有用性的连接点，它要求会计人员应尽可能传递表达易被人理解的会计信息,而使用者也应设法提高自身的综合素养,以增强理解会计信息的能力。

(四)可比性

《企业会计准则——基本准则》第15条规定:"企业提供的会计信息应当具有可比性。"可比性包括以下两个方面的含义。

(1)纵向可比,即同一企业不同时期会计信息相互可比。为了明确企业财务状况和经营业绩的变化趋势,使用者必须能够比较企业不同时期的财务报表,即进行纵向比较。要实现纵向可比,要求同一企业不同时期发生的相同或者相似的交易或者事项,应当采用一致的会计政策,不得随意变更。但不得随意变更会计政策和会计估计,并非在任何情况下均不能变更会计政策,如果法规要求变更或变更会计政策后可以提供更可靠、更相关的会计信息,可以变更会计政策。但变更会计政策后,应当在会计报表附注中予以说明。

(2)横向可比,即不同企业在同一时期的会计信息相互可比。为了评价不同企业相对的财务状况、经营业绩和现金流量,使用者还必须能够比较不同企业的会计信息,即进行横向比较。要做到会计信息的横向可比,要求不同企业发生的相同或者相似的交易或者事项,应当采用国家统一规定的会计政策、确保会计信息口径一致、相互可比。

(五)实质重于形式

《企业会计准则——基本准则》第16条规定:"企业应当按照交易或者事项的经济实质进行会计确认、计量和报告,不应仅以交易或者事项的法律形式为依据。"

企业发生的交易或事项在大多数情况下,其实质和法律形式是一致的,但在有些情况下会出现不一致,这时,要遵循实质重于形式的要求。例如,对融资租入固定资产的确认与计量。从形式上看,该项固定资产的所有权在出租方,企业只是拥有使用权和控制权。但是,从其经济实质上看,由于融资租入的固定资产,与资产所有权相关的风险和报酬主要转移到承租方,承租方能够控制融资租入资产所创造的未来经济利益,因此,在会计确认、计量和报告时应视同自有固定资产进行核算。再如,企业对售后回购业务和售后回租业务通常不确认收入,而作为融资业务确认为负债。

(六)重要性

《企业会计准则——基本准则》第17条规定:"企业提供的会计信息应当反映与企业财务状况、经营成果和现金流量等有关的所有重要交易或者事项。"

如果某会计信息的省略或者错报会影响投资者等财务报告使用者据此作出决策,则该信息具有重要性。重要性的应用需要依赖会计人员的职业判断,并应当区别交易或事项的重要程度,采用不同的会计处理程序和方法。具体来说,对于重要的交易或事项,应单独核算、分项反映,力求准确,并在财务报告中做重点说明;对于不重要的交易或事项,在不影响会计信息真实性的情况下,可适当简化会计核算或合并反映,以便集中精力抓好关键。

(七) 谨慎性

《企业会计准则——基本准则》第18条规定:"企业对交易或者事项进行会计确认、计量和报告应当保持应有的谨慎,不应高估资产或者收益、低估负债或者费用。"

谨慎性,又称稳健性,是指企业在处理不确定性交易或事项时,应保持谨慎态度。随着中国特色社会主义建设深入推进,市场在资源配置中的决定性作用愈加显现,在激烈的市场竞争环境下,企业的生产经营活动面临诸多来自政策、技术、市场的风险和不确定性,当企业面临不确定因素需要做出职业判断时,应当保持应有的职业谨慎,充分估计可能的风险和损失。如果一项交易或事项有多种处理方法可供选择时,应选择不会导致夸大资产或收益、缩小负债或费用的方法。在进行会计核算时,应当合理预计可能发生的费用和损失,而不应预计可能实现的收入和利得。

谨慎性的要求体现于会计核算的全过程,在会计上的应用是多方面的。例如,对应收账款、存货等企业持有的资产期末按照"成本与市价孰低法"计价,必要时提取资产减值准备,对固定资产选择加速折旧法计提折旧,将或有事项确认为预计负债等。

企业遵循谨慎性要求进行会计处理,对防范风险起到预警作用,有利于保护投资者和债权人的利益,有利于提高企业在市场上的竞争能力。但是,企业不得滥用谨慎性原则,不能以谨慎性原则为由计提秘密准备。

(八) 及时性

《企业会计准则——基本准则》第19条规定:"企业对于已经发生的交易或者事项,应当及时进行会计确认、计量和报告,不得提前或者延后。"

会计信息的价值在于帮助信息使用者进行正确的经济决策,因此具有很强的时效性。即使是可靠、相关的经济信息,如果不能及时提供,对于使用者的效用就会大大降低,甚至不再具有任何意义。时效性要求企业会计工作要及时收集会计信息、及时处理会计信息和及时传递会计信息。

上述八项会计信息的质量要求,在实务中,常常需要在各要求之间权衡或取舍。其目的一般是为了达到质量要求之间的适当平衡,以便实现财务报告的目标。质量要求在不同情况下的相对重要性,属于会计人员的职业判断问题。

第五节 会计计量

一、会计要素的计量属性

会计通常被认为是一个对会计要素进行确认、计量和报告的过程,其中,会计计量在会计确认和会计报告之间起着十分重要的作用。

会计计量是将符合确认条件的会计要素登记入账并列报于财务报告而确定其金额的过

程。计量属性反映的是会计要素金额的确认基础和方法,会计计量属性主要包括历史成本、重置成本、可变现净值、现值和公允价值。

(一)历史成本

历史成本又称为实际成本,是指取得或制造某项财产物资时所实际支付的现金或现金等价物。在历史成本计量下,资产按照其购置时支付的现金或现金等价物的金额,或者按照购置资产时所付出的对价的公允价值计量。负债按照其因承担义务时而实际收到的款项或者资产的金额,或者承担现时义务的合同金额,或者按照日常活动中为偿还负债预期需要支付的现金或现金等价物的金额计量。

历史成本计量,要求对企业资产、负债和所有者权益等项目的计量,应当基于经济业务的实际交易成本,而不考虑随后市场价格变动的影响。比如,在企业外购固定资产的计量中,外购固定资产的成本包括购买价款、相关税费及使固定资产达到预定可使用状态前发生的可归属于该项资产的包装费、运输费、装卸费、安装费等一切合理而必要的支出。例如,企业购买不需要安装的设备一台,价款100万元,另支付运输费1万元,包装费0.5万元。款项以银行存款支付。则该固定资产应按历史成本计价,其金额为101.5万元(100+1+0.5)。历史成本计量是最基本的会计计量属性。

(二)重置成本

重置成本又称现行成本,是指按照当前市场条件,重新取得同样一项资产所需支付的现金或现金等价物金额。在重置成本计量下,资产按照现在购买相同或者相似资产所需支付的现金或现金等价物的金额计量;负债按照现在偿付该项债务所需支付的现金或现金等价物的金额计量。

重置成本是现在时点的成本,它强调站在企业主体角度,以当前某项资产上的价值作为重置成本。在实务中,重置成本多应用于盘盈固定资产、存货的计量等。例如,企业在年末财产清查中,发现8成新的未入账的设备一台,该类设备全新市场价格为40 000元,二手设备市场价格为30000元,则企业对这台设备按重置成本计价为30 000元。

(三)可变现净值

可变现净值,是指在正常生产经营活动中,以预计售价减去进一步加工成本和预计销售费用以及相关税费后的净值。在可变现净值计量下,资产按照其正常对外销售所能收到现金或现金等价物的金额扣减该资产至完工时估计将要发生的成本、估计的销售费用以及相关税费后的金额计量。

可变现净值是在不考虑资金时间价值的情况下,计量资产在正常经营过程中可带来的预期净现金流入或流出。可变现净值通常应用于流动资产中存货的期末计价,按照企业会计准则规定,企业应当每期期末,至少每年终了对期末库存的存货按照"成本与市价孰低法"进行后续重新计价,并按谨慎性原则要求,在市价低于成本时,计提资产减值损失,以向报告使用者提供更加及时、有用的会计信息。就存货而言,这里的市价不是存货的市场销售价格,而是存货的可变现净值。不同资产的可变现净值确定方法有所不同。以库存商品为例,假设期末企业 A 商品的账面价值为 100 万元,该批商品市场销售价为 85 万元(不含增值税),估计销售 A 商品需要发生销售费用等相关税费 10 万元(不含增值税)。则 A 商品按可变现净值计价为 75 万元(85 - 10)。

(四)现值

现值,是指对未来现金流量以恰当的折现率进行折现后的价值,是考虑资金时间价值的一种计量属性。在现值计量下,资产按照预计从其持续使用和最终处置中所产生的未来净现金流入量的折现金额计量;负债按照预计期限内需要偿还的未来净现金流出量的折现金额计量。

在会计计量中使用现值的目的是为了尽可能地捕捉和反映各种不同类型的未来现金流量之间的经济差异。在不使用现值计量的情况下,很难看出今天的 100 元现金流量和十年后的 100 元现金流量之间的区别,若用现值计量就很容易区分出十年后的 100 元现金流量肯定小于今天的 100 元现金流量。所以与未折现的现金流量相比,以未来预计现金流量的现值为基础的会计计量能够提供与决策更相关的信息。

现值通常用于非流动资产(固定资产、无形资产等长期资产)的期末按"成本与可收回金额孰低法"计价,分期收款销售商品收入的确认,分期付款采购资产和融资租入资产入账价值的确定等。比如,企业采取分期付款的方式购买资产,且在合同中规定的期限较长,超过了正常信用条件。这时,购入资产的成本不能以未来各期付款之和确定,而应以未来各期付款额的现值之和来确定。例如,企业分期付款购买某项资产,合同约定总金额为 300 万元,在未来三年每年年末支付 100 万元。假定折现率为 10%,那么按现值计算该资产总价值为 248.69 万元(300 ÷ 3 × 2.4869,其中 2.4869 为年金现值系数可查表取得)。

(五)公允价值

公允价值,是指市场参与者在计量日发生的有序交易中,出售一项资产所能收到或者转移一项负债所需支付的价格。在公允价值计量下,资产和负债按照在公平交易中熟悉情况的交易双方自愿进行资产交换或者债务清偿的金额计量。

公允价值强调独立于企业主体之外,站在市场的角度以交易双方达成的市场价格作为公允价值,是对资产和负债以当前市场情况为依据进行价值计量的结果。公允交易价值主要应用于交易性金额资产、可供出售金融资产的期末计量以及债务重组和非货币资产的计价等。例如,某企业持有 A 上市公司的流通股 100 万股,公司将其作为交易性金融资产处理。20××年 12 月 31 日,该股票在证券交易市场的成交价格为每股 25 元。则该交易性金融资产按公允价值入账的价值为 2 500 万元(25 × 100)。

二、会计计量属性的选择

《企业会计准则——基本准则》第 43 条规定:"企业在对会计要素进行计量时,一般应当采用历史成本,采用重置成本、可变现净值、现值、公允价值计量的,应当保证所确定的会计要素金额能够取得并可靠计量。"这是对会计计量属性选择的一种限定性条件。

以历史成本为计价基础有助于对各项资产、负债项目的确认和对计量结果的验证和控制,同时,用历史成本计价比较客观,有原始凭证作证明,可以随时查证和防止随意更改。但这样做是建立在币值稳定假设基础之上的,如果发生物价变动导致币值出现不稳定情况,则需要研究、使用其他的计价基础,如重置成本等。

第六节 会计核算的方法

一、会计方法体系

会计的方法是用来反映和监督会计对象,完成会计任务的手段。研究和运用会计方法是为了实现会计的目标,更好地完成会计任务。

会计的方法是从会计实践中总结出来的,并随着社会实践的发展、科学技术的进步及管理要求的提高而不断地发展和完善的。会计方法是用来反映和监督会计对象的,由于会计对象多种多样,错综复杂,从而决定了预测、反映、监督、检查和分析会计对象的手段不是单一的方法,而是由一个方法体系构成的。随着会计职能的扩展和管理要求的提高,这个方法体系也将不断地发展和完善。

会计方法主要是用来反映会计对象的,而会计对象是会计主体发生的各项交易或事项。会计为了反映各项交易或事项,使其按照人们预期的目标运行,必须首先具备提供已经发生或已经完成交易或事项的方法体系;会计要利用经济活动的历史信息,预测未来,分析和检查过去,因而,会计还要具备条件提供反映预计发生的经济活动情况,即未来会计信息的方法体系;为了检查和保证历史信息和未来信息的质量,并对检查结果作出评价,会计还必须具备检查的方法体系。长期以来,人们把评价历史信息的方法归结为会计分析的方法。因此,会计对交易或事项的管理是通过会计核算、会计分析和会计检查等方法来进行的。

会计核算方法是对各单位已经发生的交易或事项进行连续、系统、完整的反映和监督所应用的方法。

会计分析方法主要是利用会计核算的资料,考核并说明各单位经济活动的效果,在分析过去的基础上,提出指导未来经济活动的计划、预算和备选方案,并对它们的报告结果进行分析和评价。

会计检查方法,亦称审计,主要是根据会计核算,检查各单位的经济活动是否合理合法,会计核算资料是否真实正确,根据会计核算资料编制的未来时期的计划、预算是否可行、有效等。

上述各种会计方法紧密联系,相互依存,相辅相成,形成了一个完整的会计方法体系。

其中，会计核算方法是基础，会计分析方法是会计核算方法的继续和发展，会计检查方法是会计核算方法和会计分析方法的保证。

学习会计首先应从基础开始，即要从掌握会计核算方法入手，而且，通常所说的会计方法一般是指狭义的会计方法，即会计核算方法。本书主要阐述会计核算方法，至于会计分析方法、会计检查方法及其他会计方法将在有关后续教材中分别加以介绍。

二、会计核算方法

会计核算方法是指会计对企事业、机关单位已经发生的经济活动进行连续、系统和全面的核算和监督所采用的方法。会计核算方法是用来反映和监督会计对象的，由于会计对象的多样性和复杂性，就决定了用来对其进行反映和监督的会计核算方法不能采用单一的方法形式，而应该采用方法体系的模式，因此，会计核算方法由设置账户、复式记账、填制和审核凭证、登记账簿、成本计算、财产清查和编制财务会计报告七种方法构成。这七种方法构成了一个完整的、科学的方法体系。

（一）设置账户

账户是根据会计科目开设的，具有一定的结构，用来分类、连续、系统地记录各项交易或事项，反映各个会计要素增减变化情况及其结果的一种工具。设置账户就是根据会计对象的特点和经济管理的要求来科学地确定这些项目的一种手段。进行会计核算之前，首先应将多种多样、错综复杂的会计对象的具体内容进行科学的分类，通过分类的核算和监督，提供管理所需要的各种指标。每个会计账户只能反映一定的经济内容，将会计对象的具体内容划分为若干项目，即设置若干个会计账户，就可以使所设置的账户既有分工又有联系地反映整个会计对象的内容，提供管理所需要的各种信息。

（二）复式记账

复式记账就是对每笔交易或事项都以相等的金额在相互联系的两个或两个以上账户中进行登记的一种专门方法。复式记账有着明显的特点，即它对每项交易或事项都必须以相等的金额，在相互联系的两个或两个以上账户中进行登记，使每项交易或事项所涉及的两个或两个以上的账户之间产生对应关系；同时，在对应账户中所记录的金额又平行相等；通过账户的对应关系，可以了解交易或事项的内容；复式记账可以相互联系地反映交易或事项的全貌，也便于检查账簿记录是否正确。例如，到银行提取500元现金。这笔经济事项，一方面要在"库存现金"账户中记增加500元；另一方面又要在"银行存款"账户中记减少500元。使"库存现金"账户和"银行存款"账户相互联系地分别记入500元。这样既可以了解这笔交易或事项的具体内容，又可以反映该项经济活动的来龙去脉，完整、系统地记录资金运动的过程和结果。

（三）填制和审核凭证

填制和审核凭证是指为了审查交易或事项是否合理合法，保证账簿记录正确、完整而采用的一种专门方法。会计凭证是记录交易或事项，明确经济责任的书面证明，是登记账簿的重要依据。交易或事项是否发生、执行和完成，关键看是否取得或填制了会计凭证，取得或填制了会计凭证，就证明该项交易或事项已经发生或完成。对已经完成的交易或事项还要经过会计部门、会计人员的严格审核，在保证符合有关法律、制度、规定而又正确无误的情况下，才能据以登记账簿。填制和审核凭证可以为经济管理提供真实可靠的会计信息。

（四）登记账簿

登记账簿亦称记账，就是把所有的交易或事项按其发生的顺序，分门别类地记入有关账簿。账簿是用来全面、连续、系统地记录各项交易或事项的簿籍，也是保存会计信息的重要工具。它具有一定的结构、格式，应该根据审核无误的会计凭证序时、分类地进行登记。在账簿中应该开设相应的账户，把所有的交易或事项记入账簿中的账户后，还应定期计算和累计各项核算指标，并定期结账和对账，使账证之间、账账之间、账实之间保持一致。账簿所提供的各种信息，是编制会计报表的主要依据。

（五）成本计算

成本计算是指归集一定计算对象上的全部费用，借以确定各对象的总成本和单位成本的一种专门方法。它通常是指对工业产品进行的成本计算。例如，按工业企业供应、生产和销售三个过程分别归集经营所发生的费用，并分别与其采购、生产和销售材料、产品的品种、数量联系起来，计算它们的总成本和单位成本。通过成本计算，可以考核和监督企业经营过程中所发生的各项费用是否节约，以便采取措施，降低成本，提高经济效益。成本计算对确定生产补偿尺度、正确计算和分配国民收入、确定价格政策等具有重要作用。

（六）财产清查

财产清查是指通过盘点实物、核对账目来查明各项财产物资和货币资金的实有数，并查明实存数与账存数是否相符的一种专门方法。在日常会计核算过程中，为了保证会计信息真实正确，必须定期或不定期地对各项财产物资、货币资金和往来款项进行清查、盘点和核对。在清查中，如果发现账实不符，应查明原因，调整账簿记录，使账存数额同实存数额保持一致，做到账实相符。通过财产清查，还可以查明各项财产物资的保管和使用情况，以便采取措施挖掘物资潜力和加速资金周转。总之，财产清查对保证会计核算资料的正确性、监督财产的安全与合理使用等具有重要的作用，它是会计核算必不可少的方法之一。

（七）编制财务会计报告

财务会计报告是指企业对外提供的反映企业某一特定日期财务状况和某一会计期间经营成果、现金流量的文件。编制财务会计报告是对日常会计核算资料的总结，就是将账簿记录的内容定期地加以分类、整理和汇总，形成会计信息使用者所需要的各种指标，再报送给会计信息使用者，以便据此进行决策。财务会计报告所提供的一系列核算指标，是考核和分析财务计划和预算执行情况及编制下期财务计划和预算的重要依据，也是进行国民经济综合平衡所必不可少的资料。编制完成财务会计报告，就意味着这一期间会计核算工作的结束。

上述会计核算的各种方法是相互联系、密切配合的,在会计对交易或事项进行记录和反映的过程中,不论是采用手工处理方式,还是使用计算机数据处理系统,对于日常所发生的交易或事项,首先要取得合法的凭证,按照所设置的账户,进行复式记账,根据账簿的记录,进行成本计算,在财产清查、账实相符的基础上编制财务会计报告。会计核算的这七种方法相互联系,缺一不可,形成一个完整的方法体系。

练习题

一、单项选择题

1. 最初,会计只是( )的附带部分,而后才逐渐地分离出来,成为一种独立的职能。
   A. 管理职能　　　B. 决策职能　　　C. 生产职能　　　D. 核算职能

2. 会计的基本职能是( )。
   A. 核算和考核　　B. 核算和监督　　C. 预测和决策　　D. 分析和管理

3. 会计应当以( )作为基本计量形式。
   A. 实物计量　　　B. 货币计量　　　C. 时间计量　　　D. 劳动计量

4. 会计对象的一般表述概括为( )。
   A. 预算资金的收支　　　　　　　　B. 商品流通领域的资金运动
   C. 生产领域的资金运动　　　　　　D. 社会再生产过程中的交易或事项

5. 近代会计形成的标志是( )。
   A. 账簿的产生　　　　　　　　　　B. 单式记账法的产生
   C. 单式记账法过渡到复式记账法　　D. 会计电算化的应用

6. 各种会计核算方法的关系是( )。
   A. 彼此孤立存在　　　　　　　　　B. 一经形成,便不可改变
   C. 必须相互配合地加以运用　　　　D. 是构成会计报表的基础

7. 关于会计主体下列说法正确的是( )。
   A. 企业单位　　　　　　　　　　　B. 法律主体
   C. 企业法人　　　　　　　　　　　D. 会计工作服务的特定单位或组织

8. 企业对应收款项按规定的标准提取坏账准备,并将坏账带来的损失计入当期费用,是依据( )质量要求。
   A. 配比性　　　　B. 重要性　　　　C. 谨慎性　　　　D. 权责发生制

9. 按企业会计准则规定,企业在确认收入和费用归属期间时,遵守( )会计核算基础。
   A. 重要性　　　　B. 谨慎性　　　　C. 权责发生制　　D. 收付实现制

10. 企业会计核算应当按国家规定的处理方法进行,会计指标应当口径一致,以便在不同企业之间进行横向比较,这是( )会计信息质量的要求。
    A. 可理解性　　　B. 横向可比性　　C. 纵向可比性　　D. 客观性

11. 持续经营假设,明确了会计工作的( ),为许多会计核算的方法应用奠定理论基础。
   A.空间范围   B.时间范围   C.货币计量   D.记账本位币
12. 会计核算应当以实际发生的交易或事项为依据,如实反映财务状况和经营成果,这符合( )质量信息要求。
   A.可比性   B.一贯性   C.明晰性   D.可靠性
13. 企业4月初,用银行存款3 600元支付第二季度房租,月末仅将其中的1 200元计入本月费用,这符合( )质量信息要求。
   A.配比性   B.按历史成本计价   C.权责发生制   D.收付实现制
14. 下列企业会计处理方法符合权责发生制核算基础要求的是( )。
   A.当月收到甲公司所欠货款100 000元,确认为本月收入100 000元
   B.当月支付上月欠交的修理费50 000元,确认为本月费用50 000元
   C.当月赊销产品给乙公司351 000元,确认本月收入351 000元
   D.当月预收货款30 000元,确认本月收入30 000元
15. 下列单位的预算会计核算应当采用收付实现制的是( )。
   A.国有企业甲   B.个人独资企业乙
   C.财政局   D.学校校办产业公司
16. 根据交易或事项对经济决策的影响大小重要程度来选择合适的会计方法和程序,使提供的信息符合成本效益原则,这体现了( )要求。
   A.可比性   B.实质重于形式   C.重要性   D.可理解性
17. 企业有权将所有权已经转移但能实际控制、支配的资源确认为本企业资产,所依据的会计信息质量要求是( )。
   A.实质重于形式   B.重要性   C.谨慎性   D.相关性
18. 下列不属于企业会计准则规范的会计要素计量属性的是( )。
   A.历史成本   B.重置成本   C.现金流量   D.公允价值
19. 资产按购置资产时所付出的对价的公允价值计量,其会计计量属性是( )。
   A.重置成本   B.历史成本   C.公允价值   D.现值
20. 如果企业延期支付的固定资产购买价款超过正常信用条件,实质上具有融资性质,则确定该固定资产入账成本时应当采用的计量属性为( )。
   A.现值   B.重置成本   C.历史成本   D.可变现净值

二、多项选择题
1. 会计核算可以采用多种计量形式进行计量,如( ),但主要采用货币计量。
   A.空间计量   B.货币计量   C.实物计量   D.时间计量
2. 工业企业的交易或事项(经济活动)主要有( )等业务。
   A.资金筹集   B.采购   C.生产   D.销售和利润分配

3. 下列各种方法,属于会计核算方法的有( )。

A. 填制和审核凭证 B. 登记会计账簿

C. 编制会计报告 D. 编制财务预算

4. 我国的会计期间的划分主要有( )。

A. 会计旬度 B. 会计月度 C. 会计季度 D. 会计年度

5. 用于确认收入、费用归属期间的会计核算基础有( )。

A. 权责发生制 B. 按历史成本计价

C. 收付实现制 D. 谨慎性原则

6. 在会计核算中,下列属于谨慎性质量要求典型适用的有( )。

A. 会计分期 B. 计提坏账准备金

C. 固定资产采用加速折旧 D. 按历史成本计价

7. 按权责发生制核算基础的要求,下列收入和费用应当归属本期的有( )。

A. 预付下年的保险金 B. 对方暂欠的本月销货款

C. 尚未付款的本月借款利息 D. 本月收回的上月销货款

8. 在有不确定因素情况下作出合理判断时,下列事项符合谨慎性会计信息质量要求的有( )。

A. 设置秘密准备,在利润计划完成不佳的年度转回

B. 不要高估资产和预计收益

C. 合理估计可能发生的损失和费用

D. 尽可能低估负债和费用

9. 关于会计计量属性的规定,下列说法正确的有( )。

A. 会计可以根据管理的需要采用多种计量属性,以提供决策有用的信息

B. 历史成本计量是最基本的会计计量属性

C. 可变现净值适用于存货、固定资产的期末计价

D. 现值是不考虑货币时间价值的一种计量属性

10. 可比性要求( )。

A. 企业提供的会计信息应当具有可比性

B. 同一企业不同时期发生的相同或者相似的交易或者事项,应当采用一致的会计政策,不得随意变更

C. 不同企业发生的相同或者相似的交易或者事项,应当采用国家规定的会计政策,确保会计信息口径一致、相互可比

D. 企业对于已经发生的交易或者事项,应当及时进行会计确认、计量和报告,不得提前或者延后

11. 在历史成本计量属性下,资产的计量方法主要有( )。
   A. 按照购置时支付的现金计量
   B. 按购置时供货方的账面价值计量
   C. 按照购置时所付出的对价的公允价值计量
   D. 按照购置时支付的现金等价物的金额计量

三、判断题

1. 会计核算必须而且只能采用价值计量的形式。( )
2. 会计发展的历史证明,会计是在社会政治变革中产生的。( )
3. 经济越发展,会计越重要。( )
4. 作为会计对象的交易或事项是指企业、单位所发生的全部经济活动。( )
5. 工业企业的生产经营过程可以划分为供应过程、生产过程和销售过程。( )
6. 会计核算和监督职能二者相辅相成,不可分割。( )
7. 会计主体与企业法人是同一概念。( )
8. 会计主体假设为会计核算划定了空间范围。( )
9. 谨慎性原则是指企业可以合理地预计可能发生的收入和费用。( )
10. 为体现及时性原则,会计核算对会计事项的处理可以提前到前期进行。( )
11. 会计谨慎性信息质量要求就是对于具有估计性质的会计事项应当谨慎从事,具体地说,就是应高估损失和费用,低估可能带来的收益和收入。( )
12. 按照重要性要求,企业会计核算时可以将某项价值较低、使用时间较短的劳动资料划分为低值易耗品。( )
14. 可靠性是会计信息首要的质量特征。( )

四、实务题

【资料】某企业为一般纳税人,2018 年 6 月发生以下交易或事项(售价均为不含税价格):
(1)销售商品 50 件,总售价 55 000 元已收讫。
(2)预收货款 20 000 元,商品将在下月交付。
(3)预付下季度仓库租金 7 200 元。
(4)出售商品 35 件,总售价 63 000 元将于下月收到。
(5)支付本月水电费 22 500 元。
(6)摊销 3 月份已预付第二季度的财产保险费 27 000 元。

【要求】分别采用权责发生制和收付实现制计算该企业 6 月份净损益。

第二章 会计要素

❋ 内容提要

本章从会计要素的含义分析着手,详细阐述了会计要素的构成内容及各要素之间的内在关系,从企业交易或事项的变化类型上,着重剖析了会计要素之间的数量关系,即"会计恒等式"。

第一节 会计要素概述

如前所述,会计要素是对会计对象(交易或事项)按照经济特性所作的基本分类。通过会计要素对会计对象的分类,以便更好地确认、计量、记录和报告。国际会计准则认为,会计要素是指交易或其他事项的财务影响按其经济特性分成的类别,也就是从大量的交易或事项中把不同性质的交易或事项归纳出的若干类具有独特性质的会计元素。

我国的《企业会计准则——基本准则》将会计要素按照性质分为资产、负债、所有者权益、收入、费用和利润六大类,即会计六要素。会计六要素又可以划分为两大类,一是反映特定日期财务状况的会计要素(又称资产负债表要素),包括资产、负债和所有者权益;二是反映一定会计期间经营成果的会计要素(又称利润表要素),包括收入、费用和利润。

一、资产

(一)资产的定义和确认

资产是指企业过去的交易或者事项形成的、由企业拥有或者控制的、预期会给企业带来经济利益的资源。资产具有以下三个方面的特征。

第一，资产是企业过去的交易或者事项所形成的，包括购买、生产、建造行为或其他交易或事项。预期在未来发生的交易或者事项不形成资产。例如，已经发生的原材料购买交易会形成企业的资产，而计划中的原材料购买交易则不会形成企业的资产。

第二，资产是企业拥有或者控制的资源。由企业拥有或者控制，是指企业享有某项资源的所有权，或者虽然不享有某项资源的所有权，但该资源能被企业所控制。这里，拥有是指企业对某项资产拥有所有权，而控制则是指企业实质上已经掌握了某项资产的未来收益和风险，但是目前并不对其拥有所有权。前者泛指企业的各种财产、债权和其他权利，而后者则指企业只具有使用权而没有所有权的各项经济资源，如企业融资租入的固定资产等。

第三，资产预期会给企业带来经济利益。它直接或者间接地影响着现金或现金等价物流入企业的多少。资产预期对企业经济利益的影响可以体现在企业日常的生产经营活动中，也可以体现在非日常生产经营活动中。例如，产品或材料的出售、以资产抵偿债务、以资产交换其他资产，等等。如果某项目预期不能给企业带来经济利益，就不能作为企业的资产。

符合资产的定义，而且同时满足以下两个条件时，就被确认为资产：(1)与该资源有关的经济利益很可能（可能性大于50%）流入企业；从资产的定义可以看出，预期能给企业带来经济利益是资产的一个本质特征，但在现实生活中，由于经济环境瞬息万变，与资源有关的经济利益能否流入企业或者能够流入企业的多少实际上带有不确定性，所以，资产的确认还要与经济利益流入企业的不确定性程度的判断结合起来。(2)该资源的成本或者价值能够可靠地计量。实务中，企业取得的许多资产都需要付出成本，例如，企业购买或生产商品，购置厂房和设备等，对于这些资产，只有实际发生的成本或者价值能够可靠地计量时，才符合资产确认的计量性条件。

（二）资产的分类和内容

企业的资产按其流动性的不同可以划分为流动资产和非流动资产。

1. 流动资产

流动资产是指在一年或超过一年的一个营业周期之内变现或被耗用的资产，它包括库存现金及各种存款、交易性金融资产、应收及预付款项、存货等。

库存现金是指企业持有的现款，也称现金。库存现金主要用于支付日常发生的小额、零星的费用或支出。

银行存款是指企业存在银行账户的各项款项。

交易性金融资产是指企业为了出售获利而持有的，期限较短的金融资产，比如企业以赚取差价为目的从二级市场购入的股票、债券、基金等。

应收及预付款项是指企业在生产经营过程中形成的各项债权，包括因赊销商品或劳务而形成的应收票据、应收账款，因对外投资而产生的应收股利、应收利息，因采用预付款方式购买商品或劳务形成的预付账款，以及除上述原因之外其他原因形成的各种应收预付款——其他应收款等。

存货是指企业在日常生产经营过程中持有以备出售的产成品或商品,处在生产过程中的在产品,或者在生产或提供劳务的过程中将要耗用的各种材料或物料。它包括原材料、周转材料、在产品、半成品、库存商品等。

2. 非流动资产

非流动资产是指在一年或超过一年的一个营业周期以上被耗用或变现的资产,包括各种长期投资、固定资产、无形资产及其他资产等。

各种长期投资包括持有至到期投资、长期股权投资、可供出售金融资产等。

固定资产是指为生产商品、提供劳务、出租或经营管理而持有的使用寿命超过一年的各种有形资产,包括房屋、建筑物、机器设备、运输工具等。作为企业的一项劳动资料或劳动手段,固定资产的特点是,在较长的使用周期内能够保持其原有的实物形态,但其价值则将会由于使用而逐步地减少,即逐渐地从其实物形态中分离出来。

无形资产是指企业拥有或者控制的没有实物形态的可辨认非货币性资产,包括专利权、非专利技术、商标权、著作权、土地使用权、特许权等。

其他资产是指除以上各项目以外的资产,如长期待摊费用。长期待摊费用是指企业已经支付或发生,但由于受益期较长,需在以后期间分期摊销,摊销期在一年以上的费用,包括开办费、租入固定资产的改良支出等。

二、负债

(一)负债的定义和确认

负债是指由过去的交易或者事项形成的、预期会导致经济利益流出企业的现时义务。负债具有以下三个方面的特征。

第一,负债是由过去的交易或事项形成的。过去的交易或事项包括购买货物、使用劳务、接受银行贷款等。只有过去的交易或事项才形成负债,企业预期未来发生的交易或事项不形成负债。

第二,负债是企业承担的现时义务。现时义务是指企业现时条件下已经承担的义务。而在未来发生的交易或者事项形成的义务是不属于现时义务的,不应当确认为负债。

第三,负债的清偿预期会导致经济利益流出企业。这是负债的本质特征所在。负债将来必须以债权人所能接受的经济资源加以清偿,在履行以现实义务清偿负债时,导致经济利益流出企业的形式多种多样,比如以现金偿债,以实物抵债,以劳务抵债,或上述几种方式的组合方式偿债。

将一项现时义务确认为负债,除了符合负债的定义,还应该同时满足以下两个条件:(1)与该义务有关的经济利益很可能流出企业;在实务中,企业履行偿债义务所需要流出的经济利益带有不确定性,特别是涉及推定义务时,需要依赖职业判断和估计。因此,负债的确认应当与经济利益很可能流出企业的不确定性程度的判断结合起来。(2)未来流出的经济利益能够可靠地计量。具有可计量性是会计要素确认的前提。

(二)负债的分类和内容

企业的负债按照其流动性不同,可以分为流动负债和非流动负债。

1. 流动负债

流动负债是指将在一年(含一年)或者超过一年的一个营业周期内偿还的债务,包括短期借款、各种应付及预收款项。

短期借款是指企业从银行或其他金融机构借入的期限在一年以内的各种借款。如企业从银行取得的、用来补充流动资金不足的临时性借款。

应付及预收款项是指企业在日常生产经营过程中形成的各项债务,包括因购买商品、接受劳务应支付但尚未支付的应付票据、应付账款;采用预收款结算方式销售商品,已收取货款或劳务款,但尚未发货或提供劳务形成的预收账款;企业为获得职工提供的服务或解除劳务关系而应给予职工但尚未实际支付的各种形式的报酬或补偿,即应付职工薪酬;企业按税法规定应缴纳但尚未实际缴纳的各项税费称为应交税费;因吸收投资人投资和向债权人借入资金应支付但尚未实际支付的应付股利、应付利息;除上述原因之外其他原因形成的偿还期限在一年之内的各种应付、暂收款称为其他应付款。

2. 非流动负债

非流动负债是指偿还期在一年或者超过一年的一个营业周期以上的债务,包括长期借款、应付债券和长期应付款等。

长期借款是指企业从银行或其他金融机构借入的期限在一年以上的各项借款。

应付债券是指企业为筹集长期资金而实际发行的长期债券。

长期应付款是指除长期借款和应付债券以外的其他长期应付款项,包括分期付款购买固定资产、无形资产、存货等付款期在一年以上的各种应付款,融资租入固定资产应付款等。

三、所有者权益

(一)所有者权益的定义和确认

所有者权益是指企业资产扣除负债后由所有者享有的剩余权益。股份公司的所有者权益又称为股东权益。所有者权益是企业全部资产扣除债权人权益后应为所有者享有的部分,这一定义既反映了所有者投入资本的保值增值情况,又体现了优先保护债权人权益的理念。所有者权益具有以下三个方面的特征。

第一,所有者权益不像负债那样需要偿还,除非发生减资、清算,企业不需要偿还所有者权益。

第二,企业清算时,所有者权益只有在清偿所有的负债后才返还给所有者。

第三,所有者凭借所有者权益能够参与利润的分配,同时也承担企业的经营风险。

所有者权益的来源由所有者投入资本、其他综合收益、留存收益等构成,具体包括实收资本(股本)、资本公积(资本溢价、其他资本公积)、其他综合收益、盈余公积和未分配利润等。

所有者权益是企业所有者在企业中的剩余权益,其确认和计量主要依赖于资产和负债的确认和计量。

(二)所有者权益的来源和内容

1. 投资者投入资本

投资者投入资本是指企业的所有者(投资人)按照企业章程,或者合同、协议的约定,实际投入企业的资本。

投资者投入资本既包括构成企业注册资本(股本)的金额部分,即实收资本或称股本;也包括投资人实际投入的资本大于其注册资本(股本)的金额部分,即资本溢价或股本溢价,这部分投资人投入的资本称为资本公积。

按投入资本时企业所处经营阶段包括企业创办阶段投资人的初始投资和企业经营期间投资人的追加投资。它是企业注册成立的基本条件之一,也是企业承担民事责任的财力保证。

2. 其他综合收益

其他综合收益,是指企业根据会计准则规定未在当期损益中确认的各项利得或损失。

3. 留存收益

留存收益,是指企业从历年实现的利润中提取或形成的留存于企业的内部积累,包括盈余公积和未分配利润。

盈余公积是指企业按照规定从净利润中提取形成的各种积累资金,其又包括法定盈余公积金和任意盈余公积金。法定盈余公积金,指企业按照《公司法》规定的比例从净利润中提取的盈余公积金;任意盈余公积金,指企业经股东大会或类似机构批准后按照规定的比例从净利润中提取的盈余公积金。

未分配利润是企业已经实现留待以后年度分配的利润。

四、收入

(一)收入的定义和确认

收入是指企业在日常活动中形成的、会导致所有者权益增加的、与所有者投入资本无关的经济利益的总流入。收入只有在经济利益很可能流入从而导致企业资产增加或者负债减少而且经济利益的流入额能够可靠计量时才能予以确认。符合收入定义和收入确认条件的项目,应当列入利润表。收入具有以下三个方面的特征。

第一,收入从企业的日常经营活动中产生,而不是从偶发的交易或事项中产生。日常经营活动是指企业为完成其经营目标所从事的经营性活动,以及与之相关的活动。不同行业的日常经营活动表现不同,按照企业所从事日常经营活动的性质,收入有三种来源:一是销售商品取得的收入;二是提供劳务取得的收入;三是让渡资产使用权取得的收入,包括利息收入、使用费收入等。

第二，收入是与所有者投入资本无关的经济利益的总流入。收入的实现会导致经济利益的流入，具体可能表现为企业资产的增加，或负债的减少，或二者兼而有之。比如销售商品一批，收到货币资金或形成应收款项，就表明收入实现，是以货币资产或债权资产增加来表现的。但并非经济利益的流入都是因收入引起的，所有者投入资本等因素也会引起经济利益流入企业，这时经济利益流入就不应确认为收入，而应该直接确认为所有者权益。

第三，收入最终能导致企业所有者权益的增加。收入表现为资产的增加或负债的减少，或二者兼而有之，而所有者权益是资产扣除负债后的剩余权益，所以，收入会导致所有者权益增加，不会导致所有者权益增加的经济利益的流入不符合收入的定义，不应确认为收入。比如企业向银行借入款项的交易，虽然会导致经济利益流入企业，增加企业的资产，但同时导致企业负债增加，并不导致企业所有者权益增加，所以不应将其确认为收入。

企业收入来源渠道和原因多种多样，但其确认条件具有共性和标准。当企业与客户之间的合同同时满足下列条件时，企业应当在客户取得相关商品控制权时确认收入：（1）合同各方已批准该合同并承诺将履行各自义务；（2）该合同明确了合同各方与所转让商品或提供劳务相关的权利和义务；（3）该合同有明确的与所转让商品或提供相关的支付条款；（4）该合同具有商业实质，即履行该合同将改变企业未来现金流量的风险、时间分布或金额；（5）企业因向客户转让商品或提供劳务而有权取得的对价很可能收回。

（二）收入的分类和内容

按照日常经营活动在企业经营中所处的地位，收入可分为主营业务收入和其他业务收入、投资收益。

1. 主营业务收入

主营业务收入也称基本业务收入，是指企业为完成其经营目标所从事的经常性活动所实现的收入，如工商企业销售商品等。

2. 其他业务收入

其他业务收入是指来自主营业务以外的其他日常活动所实现的收入，比如制造企业销售原材料、转让无形资产使用权、包装物出租、对外出租固定资产等活动所实现的收入。

3. 投资收益

投资收益是指企业对外投资所取得的收益减去发生的投资损失后的净额。

五、费用

（一）费用的定义和确认

费用是指企业在日常经营活动中发生的、会导致所有者权益减少的、与向所有者分配利润无关的经济利益的总流出。

第一，费用是企业在日常经营活动中发生的经济利益的流出。费用的发生必须与日常经营活动的开展和进行相关，其日常经营活动界定与收入定义中对日常经营活动的界定一致。费用不是从偶发的交易或事项中发生的经济利益的流出，即费用与损失是两个不同概念。

第二，费用是与向所有者分配利润无关的经济利益的总流出。费用的发生导致经济利益流出形式，可能表现为资产的减少，或负债的增加，或二者兼而有之。比如企业以银行存款支付产品广告费，销售费用的发生（增加），导致企业银行存款资产的流出（减少）。需要注意的是，企业向所有者分配利润，虽然也会导致企业经济利益流出，但其直接减少所有者权益，不能确认为费用。

第三，费用能导致企业所有者权益的减少。费用的发生会导致企业资产的减少，或者负债的增加，根据所有者权益等于资产扣除负债后的剩余权益的定义，费用的发生会导致企业所有者权益的减少。不会导致企业所有者权益减少的经济利益流出，不符合费用定义，不应确认为费用，比如企业以银行存款偿还欠款虽引起经济利益流出，但不是费用。

费用的确认除了符合上述定义外，还应该至少符合下列条件：（1）与费用相关的经济利益很可能流出企业；（2）经济利益流出企业的结果会导致企业资产减少或者负债增加；（3）经济利益流出的金额能够可靠计量。

（二）费用的分类和内容

费用可分为广义费用和狭义费用，广义费用包括两方面内容，即成本和狭义费用。狭义费用是指会计准则定义的费用。

1. 成本

成本是指企业为生产产品、提供劳务而发生的各种耗费，包括为生产产品、提供劳务而发生的直接材料费用、直接人工费用和各种间接费用。计入成本的耗费在发生时，构成所加工产品或所提供劳务的价值，形成企业的资产，并未引起经济利益流出企业，不能确认为费用。企业应当在产品或劳务对外销售或提供并确认收入时，将已销售产品或已提供劳务的成本确认为费用，从当期收入中扣除，并同时减少发出商品或劳务的资产价值。

2. 费用

这里所说的费用是指经济利益的总流出，是指企业在日常经营活动中发生的营业成本（主营业务成本和其他业务成本）、税金及附加、销售费用、管理费用、财务费用和资产减值损失等。

营业成本是指随同产品销售、提供劳务而引起和发生的主营业务成本、其他业务成本。

税金及附加也称销售税金，是指企业营业活动应当负担并根据销售收入确定的各种税费，如消费税、城建税和教育费附加等。

销售费用是指企业在销售商品的过程中发生的各项费用，包括销售商品的运输费、装卸费、包装费、保险费、展览费和广告费，以及为销售本企业自产商品而专设的销售机构（含销售网点、售后服务网点等）的职工薪酬等经营费用。

管理费用是指企业为组织和管理生产经营活动而发生的各项费用，包括企业的董事会和行政管理部门的职工薪酬、修理费、办公费和差旅费等公司经费，以及聘请中介机构费、咨询费、业务招待费等费用。

财务费用是指企业为筹集生产经营所需资金而发生的各项费用,包括应当作为期间费用的利息支出及相关的手续费等。

资产减值损失是指企业计提坏账准备、存货跌价准备和固定资产减值准备等形成的损失。

所得税费用是指企业按所得税法规定,从企业利润总额中计算缴纳的税金。

成本与费用既有联系又有区别。费用是和期间相联系的,而成本是和产品相联系的;成本要有实物承担者,而费用一般没有实物承担者。

费用只包括上述营业费用,非营业活动发生的营业外支出称为损失,不包括在费用中。

六、利润

(一)利润的定义

利润是指企业在一定会计期间的经营成果。利润的实现会相应地表现为资产的增加或负债的减少,其结果是所有者权益的增加;反之,如果企业发生亏损(利润为负数),则表明企业所有者权益的减少,利润项目应当列入利润表。

利润包括收入减去费用后的净额、直接计入当期利润的利得和损失等。

利得是指由企业非日常经营活动所形成的、会导致所有者权益增加的、与所有者投入资本无关的经济利益的总流入。利得的定义与收入的定义表述类似,相同之处是都会导致所有者权益增加,会引起与所有者投入资本无关的经济利益流入;不同之处是收入源于日常经营活动,利得源于非日常经营活动。日常经营活动是企业为实现其经营目标所从事的经营性活动,包括销售商品、提供劳务、让渡资产使用权的活动。非日常经营活动是指除日常经营活动之外企业偶然发生的经济活动。利得分为两种:一是直接计入所有者权益利得,计入"其他综合收益"项目,如可供出售金融资产公允价值变动形成利得、持有至到期投资重分类形成的利得;二是计入当期损益的利得。常见的有接受捐赠利得、罚款收入利得、税费返还利得、资产盘盈利得、非货币性交易利得和债务重组利得等。

应该强调的是,会计准则所说的收入是指狭义的收入,即营业收入。广义的收入还包括应计入当期损益的利得,即营业外收入。

损失是指由企业非日常经营活动所发生的、会导致所有者权益减少的、与向所有者分配利润无关的经济利益的总流出。损失的定义与费用的定义表述类似,相同之处是都会导致所有者权益减少,会引起与向所有者分配利润无关的经济利益流出;不同之处是费用发生于日常经营活动,损失发生于非日常经营活动。损失也分为直接计入所有者权益"其他综合收益"的损失和计入当期损益的损失。

(二)利润的确认

利润金额取决于收入和费用、直接计入当期利润的利得和损失金额的计量比较,所以利润的确认依赖于收入和费用,以及利得和损失的确认。

利润具体指营业利润、利润总额和净利润。

1. 营业利润

营业利润是指企业在其日常生产经营过程中产生的经营成果,它是狭义收入与狭义费用配比后的结果。其计算公式为:

营业利润 = 营业收入 − 营业成本 − 税金及附加 − 销售费用 − 管理费用 − 财务费用 − 资产减值损失 + 公允价值变动收益(− 公允价值变动损益) + 投资收益(− 投资损失) + 其他收益

公式中,营业收入等于主营业务收入加上其他业务收入;营业成本等于主营业务成本加上其他业务成本。

2. 利润总额

利润总额是指营业利润加上营业外收入减去营业外支出后的金额。

营业外收入反映企业发生的营业利润以外的收益,主要包括债务重组利得、与企业日常经营活动无关的政府补助、盘盈利得、捐赠利得等。

营业外支出反映企业发生的营业利润以外的支出,主要包括债务重组损失、公益性捐赠支出、非常损失、盘亏损失、非流动资产毁损报废损失等。利润总额的计算公式为:

利润总额 = 营业利润 + 营业外收入 − 营业外支出

3. 净利润

净利润是指利润总额减去所得税后的金额。它是广义收入与广义费用配比后的结果。

所得税费用是指企业按税法规定向国家缴纳的所得税。

净利润的计算公式为:

净利润 = 利润总额 − 所得税费用

第二节 会计等式

会计等式也称为会计恒等式或会计平衡公式,它是表明各会计要素之间基本关系的恒等式。在资金运动过程中,不管其如何变化,都是各种资金周而复始参加循环周转的过程。即货币资金→储备资金→生产资金→成品资金→货币资金。同其他事物的运动一样,资金的运动也存在两种状态:相对静止状态和显著变动状态。这两种状态表现出的会计要素之间的数量关系被称为会计恒等式,简称为会计等式。

一、会计基本等式

任何企业为了实现其经营目标,都需要拥有一定数量的、预期会给企业带来经济利益的资源,这些资源在会计上称为资产。企业的资产来源于所有者的投入和债权人的借入及其在生产经营中所产生的效益,分别归属于所有者和债权人。归属于所有者的部分形成所有者权益;归属于债权人的部分形成债权人权益(即企业的负债)。资产来源于权益(包括债权人权益和所有者权益),资产与权益必然相等。这一等式体现了在某一特定时日企业所运用的资源和应承担的使用资源的经济义务,也是企业享有的经济权利和应承担的经济义务的数量界限,权利和义务是对立的统一。

可见,资产表明企业拥有什么资源和拥有多少资源,权益则表明企业拥有资源的来源渠道归属,即谁提供了这些经济资源,谁对这些资源拥有要求权。既然权益是对资产的要求权,那么,资产与权益之间就是相互依存的关系。从数量上看,有一定数额的资产,就必定有一定数额的权益;反之亦然。即一个企业的资产总额与权益总额必定彼此相等,从任何一个时点来看,二者之间都必然保持数量上的平衡关系。资产与权益的这种平衡关系,可用下列等式表示:

$$资产 = 权益 = 债权人权益 + 所有者权益 = 负债 + 所有者权益$$

上项等式称为会计基本等式,它反映了会计基本要素(资产、负债、所有者权益)之间的基本数量关系,该等式被称为会计基本等式,又称为财务状况等式或资产负债表等式。

下面举例说明资产与权益之间的平衡关系。

假设泰山公司20××年5月1日资产与权益各要素项目的期初余额见表2–1。

由表2–1可以看出,企业期初的资产总额是800 000元,权益总额也是800 000元,二者平衡相等。

表2–1　　　　2018年5月1日泰山公司资产与权益各要素的期初余额　　　　单位:元

资产		权益(负债+所有者权益)	
项　目	金　额	项　目	金　额
库存现金	3 700	短期借款	10 000
银行存款	146 000	应付票据	21 000
交易性金融资产	27 000	应付账款	45 000
应收票据	15 000	应付职工薪酬	5 700
应收账款	10 300	应交税费	3 000
其他应收款	2 000	应付股利	21 300
原材料	110 000	其他应付款	9 000
生产成本	20 000	长期借款	36 000
库存商品	36 000	实收资本	500 000
长期股权投资	100 000	资本公积	81 000
固定资产	300 000	盈余公积	10 000
无形资产	30 000	未分配利润	58 000
资产合计	800 000	负债及所有者权益合计	800 000

企业在生产经营活动中,随着交易或事项的发生,必然要引起资产、负债和所有者权益等会计要素发生增减变动。但不论发生何种交易或事项,各会计要素怎样变动,都不会破坏会计基本等式所反映的会计要素之间的平衡关系。正因为如此,会计基本等式也称"会计恒等式"。

现举例说明交易或事项的发生对资产与权益(负债+所有者权益)平衡关系的影响。

企业的交易或事项是频繁发生的,而且是多种多样的。但从其引起资产、负债和所有者权益的增减变动情况来看,可以归纳为以下九种类型:

(1)交易或事项的发生,引起资产和负债同时增加。

【例2-1】企业购入材料一批,货款20 000元,材料已验收入库,货款暂欠。

这项交易或事项的发生,使企业的资产(原材料)增加20 000元,同时也使负债(应付账款)增加20 000元。资产与权益等额增加,不破坏二者之间的平衡关系。

(2)交易或事项的发生,引起资产和所有者权益同时增加。

【例2-2】企业收到A单位投入新设备一台,价值30 000元。

这项交易或事项的发生,使企业的资产(固定资产)增加30 000元,同时也使所有者权益(实收资本)增加30 000元。资产与权益等额增加,不破坏二者之间的平衡关系。

(3)交易或事项的发生,引起资产和负债同时减少。

【例2-3】企业以银行存款10 000元偿还前欠B单位货款。

这项交易或事项的发生,使企业的资产(银行存款)减少10 000元,同时也使负债(应付账款)减少10 000元。资产与权益等额减少,不破坏二者之间的平衡关系。

(4)交易或事项的发生,引起资产和所有者权益同时减少。

【例2-4】C单位与企业联营到期,企业退回其投资50 000元,以银行存款支付。

这项交易或事项的发生,使企业的资产(银行存款)减少50 000元,同时也使所有者权益(实收资本)减少50 000元。资产与权益等额减少,不破坏二者的平衡关系。

(5)交易或事项的发生,使资产不同项目之间此增彼减。

【例2-5】企业从银行提取现金2 000元。

这项交易或事项的发生,使企业的一项资产(库存现金)增加2 000元,而使另一项资产(银行存款)减少2 000元,增减金额相等,企业资产总额不变,权益总额也不变,不破坏资产与权益的平衡关系。

(6)交易或事项的发生,使负债不同项目之间此增彼减。

【例2-6】企业从银行取得短期借款20 000元直接偿还前欠C单位货款。

这项交易或事项的发生,使企业的一项负债(短期借款)增加20 000元,而使另一项负债(应付账款)减少20 000元,增减金额相等,企业权益总额不变,资产总额也未变,不破坏资产与权益的平衡关系。

(7)交易或事项的发生,使所有者权益不同项目之间此增彼减。

【例2-7】企业将资本公积20 000元转增资本金。

这项交易或事项的发生,使企业的一项所有者权益(实收资本)增加20 000元,而使另一项所有者权益(资本公积)减少20 000元,增减金额相等,企业权益总额不变,资产总额也未变,不破坏资产与权益的平衡关系。

(8)交易或事项的发生,使负债增加和所有者权益减少。

【例2-8】企业按股东大会决议，宣告向投资者分配利润50 000元，款项未付。

这项交易或事项的发生，使企业的负债（应付股利）增加50 000元，而使所有者权益（未分配利润）减少50 000元，增减金额相等，企业权益总额不变，资产总额也未变，不破坏资产与权益的平衡关系。

(9)交易或事项的发生，使负债减少和所有者权益增加。

【例2-9】企业将欠甲公司的货款30 000元转作甲公司向企业的投资。

这项交易或事项的发生，使企业的负债（应付账款）减少30 000元，而使所有者权益（实收资本）增加30 000元，增减金额相等，企业权益总额不变，资产总额也未变，不破坏资产与权益的平衡关系。

以上九项交易或事项对资产、负债和所有者权益的影响见表2-2。

表2-2　　　　　企业的交易或事项引起资产、负债和所有者权益变动　　　　　单位：元

资产					权益（负债+所有者权益）				
项目	期初余额	增加额	减少额	期末余额	项目	期初余额	增加额	减少额	期末余额
库存现金	3 700	(5)2 000	—	5 700	短期借款	10 000	(6)20 000		30 000
银行存款	146 000	—	(3、4、5)62 000	84 000	应付票据	21 000	—	—	21 000
交易性金融资产	27 000	—	—	27 000	应付账款	45 000	(1)20 000	(3、6、9)60 000	5 000
应收票据	15 000	—	—	15 000	应付职工薪酬	5 700	—	—	5 700
应收账款	10 300	—	—	10 300	应交税费	3 000	—	—	3 000
其他应收款	2 000	—	—	2 000	应付股利	21 300	(8)50 000	—	71 300
原材料	110 000	(1)20 000	—	130 000	其他应付款	9 000	—	—	9 000
生产成本	20 000	—	—	20 000	长期借款	36 000	—	—	36 000
库存商品	36 000	—	—	36 000	实收资本	500 000	(2、7、9)80 000	(4)50 000	530 000
长期股权投资	100 000	—	—	100 000	资本公积	81 000	—	(7)20 000	61 000
固定资产	300 000	(2)30 000	—	330 000	盈余公积	10 000	—	—	10 000
无形资产	30 000	—	—	30 000	未分配利润	58 000	—	(8)50 000	8 000
资产总计	800 000	52 000	62 000	790 000	权益合计	800 000	170 000	180 000	790 000

从表2-2中可以看出，该企业的资产和权益总额在交易或事项发生以前都是800 000元。九项业务的发生，引起资产总额增加52 000元，减少62 000元；引起权益总额增加170 000元，减少180 000元。九项交易或事项的发生，使企业的资产总额与权益总额都净减少了10 000元，变为790 000元，但二者仍然保持平衡相等，会计基本等式仍然成立。

通过以上举例说明，在任何一个企业里，交易或事项虽然纷繁复杂，但从引起资产、负债和所有者权益的增减变化情况看，不外乎以上九种类型。同时也说明，任何交易或事项的发生都不会

破坏会计基本等式。

会计基本等式反映了资金运动的相对静止状态,即在某一特定时日权益资产的构成、占用情况及资产的来源渠道和权益状况。因此,这一会计等式被称为静态的会计等式,也是基本会计等式。它是设置账户、复式记账及编制资产负债表的理论依据,在会计核算体系中占有举足轻重的地位。

二、会计基本等式的扩展

资金静止是相对的,而运动是绝对的。资金运动的显著变动状态主要表现为基于生产经营活动的、资金周转中的资金耗费与收回过程。企业在其生产活动过程中,一方面生产出商品和提供劳务以满足人们生活的各种需要。当销售商品和提供劳务以后,企业会相应地发生现金流入或现金要求权的增加,会计上称为收入。另一方面,商品和劳务的提供,又要发生各种资源的耗费,包括现金的流出,即发生所谓的费用。同时,企业的收入与费用的金额是可以比较的,当前者大于后者,企业就获得了利润,反之则为亏损。这三个要素在一定期间,就形成了下列公式所表示的数量关系:

$$收入 - 费用 = 利润$$

这个等式反映了资金运动的显著变动状态,即在某一时期内企业取得的经营成果。反映的是利润表要素之间的数量关系,它是企业价值的动态表达式,故也叫利润表等式。它是编制利润表的依据。

通过上述可知,资金运动的显著变动状态主要表现为一定时期的经营成果,即获取的收入、花费的费用与赚取的利润,资金运动的相对静止状态主要表现为某一时点上的财务状况,即拥有多少资产及这些资产的来源途径(负债和所有者权益)。那么,在一定时期的期初和期末就分别表现为两个不同时点的财务状况,其中期末的财务状况是由期初的财务状况经由一定时期的经营成果变化而来的,因此,六大会计要素有着内在、密切的联系。只要通过资产负债表等式,就可以正确地反映企业的全部经济活动及其影响,也能展现两个报表等式在数量上的联系。因为,那些取得收入、发生费用的交易或事项,在收入或费用增加的同时,也会导致资产或负债产生相应的变动。一般地说,收入总会导致资产的增加(也可以是负债的减少),费用的发生会相应消耗企业的资产(或增加企业的负债);收入和费用抵减的净结果,都应该归企业的所有者来承担,而无论是盈利(收入大于费用)还是亏损(费用大于收入)。用等式表示就是:

$$资产 = 负债 + 所有者权益 + (收入 - 费用)$$
$$或资产 = 负债 + 所有者权益 + 利润(结算前)$$

我们将这一等式称为扩展的会计等式。

下面,我们来考察企业交易或事项的发生对该等式的影响

(1)企业收入的取得,或者表现为资产要素和收入要素同时、同等金额的增加,或者表现为收入要素的增加和负债要素同等金额的减少,结果是等式仍然保持平衡。

(2) 企业费用的发生，或者表现为负债要素和费用要素同时、同等金额的增加，或者表现为费用要素的增加和资产要素同等金额的减少，结果是等式仍然保持平衡。

(3) 在会计期末，将收入与费用相减得出企业的利润。利润在按规定程序进行分配以后，留存企业的部分（包括盈余公积金和未分配利润）转化为所有者权益的增加（或减少），同时，要么是资产要素相应增加（或减少），要么是负债要素相应减少（或增加），结果是等式仍然保持平衡。

正是由于收入、费用和利润这三个要素的变化实质上都可以表现为所有者权益的变化，因此，上述三种情况都可以归纳到前面总结的九种业务类型中去。也正因为如此，上述扩展的会计等式才会始终保持平衡。

综上所述，交易或事项的发生会引起资产、负债、所有者权益、收入、费用和利润这六大会计要素发生增减变化，但变化的结果不会破坏会计方程式的平衡关系。所以，会计方程式又叫会计恒等式。

练习题

一、单项选择题

1. 一项资产增加、负债增加的交易或事项发生后，会使资产与权益原来的总额（ ）。
   A. 发生同增的变动　　　　　　　　B. 发生同减的变动
   C. 不会变动　　　　　　　　　　　D. 发生不等额的变动

2. 企业生产的产品属于（ ）。
   A. 长期资产　　　B. 流动资产　　　C. 固定资产　　　D. 无形资产

3. 一个企业的资产总额与负债加所有者权益总额（ ）。
   A. 必然相等　　　B. 有时相等　　　C. 不会相等　　　D. 只有在期末时相等

4. 某企业刚刚建立时，权益总额为90万元，现发生一笔以银行存款10万元偿还银行借款的交易，此时，该企业的资产总额为（ ）万元。
   A. 80　　　　　　B. 90　　　　　　C. 100　　　　　　D. 70

5. 企业所拥有的资产从财产权利归属来看，一部分属于投资者，另一部分属于（ ）。
   A. 企业职工　　　B. 债权人　　　　C. 债务人　　　　D. 企业法人

6. 按照经济内容对会计对象的基本分类称为（ ）。
   A. 会计职能　　　B. 会计原则　　　C. 会计要素　　　D. 会计方法

7. 企业收入的实现往往会引起（ ）。
   A. 负债增加　　　B. 资产减少　　　C. 资产增加　　　D. 所有者权益减少

8. 交易或事项发生仅涉及资产这一会计要素时，会引起该要素中某些项目发生（ ）。
   A. 同增变动　　　B. 同减变动　　　C. 一增一减变动　　D. 不变动

9. 以下各项属于固定资产的是（ ）。
   A. 为生产产品所使用的机床　　　　B. 正在生产加工中的机床

C. 已生产完工验收入库的机床　　　D. 计划采购的机床

10. 下列(　　)支出，不应计入当期费用，应该在以后受益期内分摊。

A. 国定资产的日常修理费　　　　　B. 当期水电费

C. 购入的机器设备的购置费　　　　D. 销售人员工资

11. 在会计年度内，企业把应计入长期资产价值的支出计入当期期间费用，其后果是(　　)。

A. 本年度虚增资产、收益　　　　　B. 本年度虚减资产、收益

C. 本年度虚增资产、虚减收益　　　D. 本年度虚减资产、虚增收益

12. 关于利得下列说法不正确的是(　　)。

A. 利得是企业日常经营活动带来的　B. 利得会引起经济利益流入企业

C. 利得会导致所有者权益增加　　　D. 利得是企业非日常经营活动带来的

二、多项选择题

1. 企业的费用发生可能会表现为一定期间(　　)变化。

A. 现金的减少　　　　　　　　　　B. 企业其他资产的减少

C. 企业负债的增加　　　　　　　　D. 企业负债的减少

2. 企业的资产按流动性分为(　　)。

A. 长期待摊费用　　　　　　　　　B. 机器、厂房

C. 流动资产　　　　　　　　　　　D. 非流动资产

3. 下列交易或事项中，会引起会计等式右边负债或所有者权益项目发生一增一减变动的有(　　)。

A. 以银行存款偿还前欠贷款　　　　B. 某企业将本企业所欠贷款转作投入资本

C. 将资本公积转增资本　　　　　　D. 向银行借款，存入银行

4. 下列属于引起会计等式左右两边会计要素增减变动的交易或事项有(　　)。

A. 收到某单位前欠货款50 000元存入银行

B. 以银行存款偿还银行借款

C. 收到某单位投来价值100万元机器一台

D. 以银行存款偿还前欠货款20万元

5. 关于会计等式，下列说法正确的有(　　)。

A. 资产＝负债＋所有者权益　　　　B. 利润＝收入－费用

C. 资产＝负债＋所有者权益从静态反映企业财务状况

D. 利润＝收入－费用从动态反映企业成果

6. 下列只能引起会计等式左边资产要素增减变动的交易或事项的有(　　)。

A. 购买材料1 200元，货款暂欠　　 B. 从银行提取现金500元

C. 以银行存款10万元支付购买机器款　D. 接受国家投资200万元

7. 下列内容属于流动资产的有(　　)。

A. 存放在银行的存款　　　　　　　B. 存放在仓库的材料

C. 厂房和机器　　　　　　　　　　D. 企业库存包装物

8. 下列内容属于流动负债的有(　　)。

A. 从银行取得的3个月临时性借款　B. 应付职工薪酬

C. 应付股利　　　　　　　　　　　D. 应付债券

9. 投资者投入是构成所有者权益的主要来源，反映投资者投入的所有者权益项目的有(　　)。

A. 实收资本(股本)　B. 资本公积　　C. 盈余公积　　D. 其他综合收益

10. 所有者权益按照来源不同有以下哪些渠道？(　　)

A. 投资者投入　　　B. 债主借入　　C. 利得或损失　　D. 留存收益

三、判断题

1. 与所有者权益相比，债权人无权参与企业的生产经营、管理和收益分配。(　)

2. 企业接受投资人新投入物资一批，该交易或事项会引起收入增加，资产增加。(　)

3. 与所有者权益相比，负债一般有规定的偿还期，而所有者权益则没有。(　)

4. 会计要素中既有反映财务状况的要素，也有反映经营成果的要素。(　)

5. 任何企业发生任何交易或事项，会计等式的左右两方金额永不变，故永相等。(　)

6. 企业的利润包括基本业务收入、其他业务收入和营业外收支净额。(　)

7. 资产=负债+所有者权益，是静态的会计等式，而动态的会计等式则是资产=负债+所有者权益+(收入－费用)。(　)

8. 所有者权益是指企业投资人对企业全部资产享有的权益。(　)

9. 企业以存款购买设备，该项交易或事项会引起会计等式左右两方会计要素发生一增一减的变化。(　)

10. 资产、负债和所有者权益的平衡关系是反映企业资金运动的静态，如考虑收入、费用等动态要素，则资产与权益总额的平衡关系必然被破坏。(　)

四、实务题

习题一

【资料】某公司某月各项目余额如下：

(1) 出纳员处存放现金1 700元。

(2) 存入银行的存款为2 939 300元。

(3) 投资者投入的资本金为13 130 000元。

(4) 向银行借入三年期的借款为500 000元。

(5) 向银行借入半年期的借款为300 000元。

(6) 原材料库存417 000元。

(7) 生产车间正在加工的产品为584 000元。

(8) 产成品库存 520 000 元。

(9) 应收外单位产品货款 43 000 元。

(10) 应付外单位材料货款 45 000 元。

(11) 对外短期投资为 60 000 元。

(12) 公司办公楼价值 5 700 000 元。

(13) 公司机器设备价值 4 200 000 元。

(14) 公司运输设备价值 530 000 元。

(15) 公司的资本公积金共 960 000 元。

(16) 盈余公积金共 440 000 元。

(17) 外欠某企业设备款 200 000 元。

(18) 拥有某企业发行的三年期公司债券 650 000 元。

(19) 上年尚未分配的利润为 70 000 元。

【要求】

(1) 判断指出各说法所属会计要素及具体项目。

(2) 将相同会计要素项目归类汇总。

习题二

【资料】泰山公司 20××年 5 月 31 日的资产负债表显示资产总计 375 000 元，负债总计 112 000 元，该公司 20××年 6 月发生如下经济业务：

(1) 用银行存款购入全新机器一台，价值 30 000 元。

(2) 投资人投入原材料，价值 10 000 元。

(3) 以银行存款偿还所欠供应单位账款 5 000 元。

(4) 收到供应单位所欠账款 8 000 元，存入银行。

(5) 将一笔长期负债 50 000 元转为对企业的投资。

(6) 按规定将 20 000 元资本公积金转为实收资本。

【要求】

(1) 根据 6 月份的交易或事项，说明其对会计要素的影响。

(2) 计算 6 月末泰山公司的资产总额、负债总额和所有者权益总额。

第三章 会计科目和账户

❋ 内容提要

本章对会计科目和账户进行阐述，重点介绍了会计科目的概念、意义和设置原则，阐述了会计账户的概念、基本结构、分类及与会计科目的关系。

第一节 会计科目

一、会计科目的概念

在企业进行生产经营活动的过程中，不断发生着各种各样的交易或事项，而各种交易或事项的发生，必然会引起会计要素在金额上的变动。例如，从银行提取现金，导致现金增加，银行存款减少，从而使资产要素的具体组成发生了变化；用银行存款归还前欠货款，则银行存款与应付账款同时减少，使得资产和负债两要素同时发生变化。通过上章学习，我们知道借助于会计等式，可以反映企业经济活动对会计要素的影响。但是，一方面会计等式所涉及的会计要素较少且过于笼统，不能全面反映各种不同类型经济活动的影响；另一方面，对一个大中型企业来说，每个月所发生的经济活动数量多，种类繁杂，仅仅借助会计等式来反映很不方便。因此，为了分门别类地反映和监督会计要素的增减变动情况，就必须对会计对象进行科学的分类。

会计要素是对会计对象的基本分类，然而只有基本的分类是无法满足经济管理和会计信息使用者的要求的，还必须采用一定的科学方法对会计要素的具体内容作进一步的分类。这种科学的分类方法，在会计学上称为设置会计科目。

会计科目简称科目，是按照经济内容对会计要素的具体内容进行分类核算的项目。为了全面、系统地反映和监督各项会计要素的增减变动情况，分门别类地为经济管理提供会计核算资料，就需要设置会计科目。例如，为了反映和监督各项资产的增减变动，设置了"库存现金""银行存款""原材料""应收账款""固定资产"等科目；为了反映和监督收入、费用和利润的增减变动，设置了"主营业务收入""生产成本""本年利润""利润分配"等科目。

二、会计科目的设置

（一）会计科目设置的意义

在实际工作中，会计科目是通过会计准则预先制定的，它是设置账户、进行账务处理所必须遵守的规则和依据，是正确组织会计核算的一个重要条件，在会计核算中具有重要意义。

（1）会计科目是编制记账凭证的基础。记账凭证是确定所发生的交易或事项应记入何种会计科目及分门别类登记账簿的凭据。

（2）会计科目为成本计算与财产清查提供了前提条件。通过会计科目的设置，有助于成本核算，使各种成本计算成为可能；而通过账面记录与实际结存的核对，又为财产清查、保证账实相符提供了必备的条件。

（3）会计科目为编制会计报表提供了方便。会计报表是提供会计信息的主要手段，为了保证会计信息的质量及其提供的及时性，财务报表中的许多项目与会计科目是一致的，并根据会计科目的本期发生额或余额填列。

（二）会计科目设置的原则

会计科目作为反映会计要素的构成及其变化情况，为投资者、债权人、企业经营管理者等提供会计信息的重要手段，在其设置过程中应努力做到科学、合理、适用。因此，会计科目在设置过程中应遵循下列原则。

（1）合法性原则，即所设置的会计科目应当符合国家统一的会计制度的规定。在我国，总分类科目原则上由财政部统一制定，主要是为了保证会计信息的可比性。对于国家统一会计制度规定的会计科目，企业可以根据自身的生产经营特点，在不影响会计核算要求，以及对外提供统一的财务会计报表的前提下，自行增设、减少或合并某些会计科目。

（2）相关性原则，即所设置的会计科目应当为提供有关各方所需要的会计信息服务，满足对外报告与对内管理的要求。主要是为了提高会计核算所提供的会计信息相关性，满足相关各方的信息需求。

（3）实用性原则，即所设置的会计科目应符合单位自身特点，满足单位实际需要。例如，对于制造业，由于主要的经营活动是制造产品，因而需要设置反映生产耗费的科目，如"生产成本"；还需要设置反映生产成果的科目，如"库存商品"等。

三、会计科目的分类

会计科目虽然具有不同的经济内容,但它们都相互联系、相互补充,组成了一个完整的会计科目体系。为了进一步认识每一个会计科目的性质和作用,借助会计科目了解经济活动引起资金运动情况,有必要对会计科目进行分类。会计科目可按其反映的经济内容(即所属会计要素)和提供资料的详细程度及统驭关系分类。

(一)按其反映的经济内容分类

会计科目按其反映的经济内容不同分为资产类、负债类、共同类、所有者权益类、成本类和损益类科目。

所谓会计科目的经济内容,就是会计科目核算和监督的会计对象的具体内容,也就是会计要素的具体项目。按经济内容对会计科目进行分类,最本质地体现了设置会计科目的科学性原则,是对会计科目最直接最基本的分类标志。

1. 资产类科目

按资产的流动性分为反映流动资产的科目和反映非流动资产的科目。反映流动资产的科目有"库存现金""银行存款""交易性金融资产""应收账款""预付账款""原材料""库存商品""其他应收款"等;反映非流动资产的科目有"长期股权投资""固定资产""无形资产""长期待摊费用"等。

2. 负债类科目

负债类科目是对负债要素的具体内容进行分类核算的项目。按负债的偿还期长短分为反映流动负债的科目和反映非流动负债的科目。其中,反映流动负债的科目又分为"短期借款""应付账款""预收账款""应付职工薪酬""应交税费"和"其他应付款"等;反映非流动负债的科目又分为"长期借款""应付债券""长期应付款"等。

3. 共同类科目

共同类科目是既有资产性质又有负债性质的科目。主要在金融保险业设置,如"清算资金往来""货币兑换""套期工具"等科目。

4. 所有者权益类科目

所有者权益类科目是对所有者权益要素的具体内容进行分类核算的项目。主要的科目有"实收资本""资本公积""其他综合收益""盈余公积""本年利润""利润分配"等科目。

注意:由于利润是收入与费用相抵后的结果,并最终归属于所有者利益,因此,将利润归为所有者权益类科目。

5. 成本类科目

成本类科目是对企业在生产产品和提供劳务过程中所产生的生产成本和劳务成本的具体内容进行分类核算的项目。主要有"生产成本""制造费用""劳务成本""研发支出"等科目。

注意:成本类科目是制造企业设置的特殊的会计科目,就其性质而言,由于其余额反映的是企业的在产品成本(即未完工产品的价值),属于企业的存货,应归属于资产类项目,但它同时又是企业核算产品制造成本的专用科目,具有双重性。

6. 损益类科目

损益类科目是对收入、费用、利得和损失的具体内容进行分类核算的项目,又可分为反映收入的损益类科目和反映费用的损益类科目。其中,反映收入的损益类科目有"主营业务收入""其他业务收入""营业外收入"等科目;反映费用的损益类科目有"主营业务成本""其他业务成本""管理费用""财务费用""销售费用""营业外支出"等科目。

另外,会计科目按经济内容分类除以上六类外,有些企业还应设置共同类科目进行特殊业务核算。

(二)按其提供信息的详细程度分类

会计科目按其所提供信息的详细程度及统驭关系分为总分类科目和明细分类科目。

1. 总分类科目

总分类科目又称总账科目或一级科目,是指对会计要素具体内容进行总括分类核算的科目。它提供总括性资料,如"原材料""应收账款"等。总分类科目是由财政部统一颁布制定的。

2. 明细分类科目

明细分类科目又称明细科目,是指对总分类包含的内容所作的进一步分类的科目,它提供详细核算资料。明细分类科目按照其分类的详细程度不同,又可分为子目和细目。子目又称二级科目,它是介于总分类科目与细目之间的科目,它所提供的核算资料比总分类科目详细,但比细目提供的资料概括;细目又称三级科目,是指对某些二级科目所作的进一步分类。以原材料、生产成本为例说明总分类科目与各级明细科目之间的关系,见表3-1。

表3-1 总分类科目与各级明细科目的关系

总分类科目	明细分类科目	
(一级科目)	二级科目(子目)	明细科目(细目、三级科目)
原材料	原料及主要材料	圆钢、生铁
—	辅助材料	润滑油、防锈剂
—	燃料	汽油、柴油
生产成本	第一车间	甲产品、乙产品
—	第二车间	丙产品、丁产品

综上所述,会计科目按提供核算指标的详细程度一般分为总分类科目、明细分类科目,它们之间的关系是前者统驭后者,后者从属于前者。例如,通过设置"原材料"这一总分类科目,可以提供有关原材料增减变动及结存情况的总括资料,通过设置原材料明细科目,可以提供每一类材料的数据资料及收发结存资料。

四、会计科目的编码

为了便于掌握和运用会计科目,使记账工作正常进行,对会计科目进行分类和编码,并编成会计科目表。会计科目表为每一个会计科目编制了一个固定的号码,这些号码称为会计科目编码。对会计科目进行编码,给会计科目的使用、会计数据的分类与查找带来了很多方便,特别是在计算机会计信息系统出现以后,更加引起了人们对会计科目编码的重视与研究。

会计科目的编码由国家财政部颁发的《企业会计准则——应用指南》统一规定,常用的方法是数字编码法,一般用四位数字,每一位数字都有其特定的含义。从左至右的第一位数字表示会计科目的主要大类。例如,1 表示资产类,2 表示负债类,3 表示共同类,4 表示所有者权益类,5 表示成本类,6 表示损益类。第二位数字表示其隶属的小类,第三位和第四位表示其在相应类别中的具体位置。如"库存现金"的编码为"1001",第一位数"1"表示"库存现金"隶属的大类是资产类,第二位数"0"表示"库存现金"隶属的小类是货币资金类,第三位和第四位"01"表示库存现金的具体位置。值得注意的是,要求会计科目编码要有一定程度的可扩展性,即在科目编码中应预留有一定的空号,目的是为了在出现新业务时增加新的会计科目。《企业会计准则》规定了企业常用的主要会计科目编码,见表3-2。

表3-2　　　　　　　　企业会计科目编码

序 号	编 号	会计科目名称	序 号	编 号	会计科目名称
—	—	一、资产类	—	—	二、负债类
1	1001	库存现金	43	2001	短期借款
2	1002	银行存款	44	2201	应付票据
3	1012	其他货币资金	45	2202	应付账款
4	1101	交易性金融资产	46	2203	预收账款
5	1121	应收票据	47	2211	应付职工薪酬
6	1122	应收账款	48	2221	应交税费
7	1123	预付账款	49	2231	应付利息
8	1131	应收股利	50	2232	应付股利
9	1132	应收利息	51	2241	其他应付款
10	1221	其他应收款	52	2401	递延收益
11	1231	坏账准备	53	2501	长期借款
12	1401	材料采购	54	2502	应付债券
13	1402	在途物资	55	2701	长期应付款
14	1403	原材料	56	2702	未确认融资费用
15	1404	材料成本差异	57	2801	预计负债

续表

16	1405	库存商品	58	2901	递延所得税负债
17	1406	发出商品	—	—	三、所有者权益类
18	1407	商品进销差价	59	4001	实收资本
19	1408	委托加工物资	60	4002	资本公积
20	1411	周转材料	61	4003	其他综合收益
21	1471	存货跌价准备	62	4101	盈余公积
22	1501	持有至到期投资	63	4103	本年利润
23	1502	持有至到期投资减值准备	64	4104	利润分配
24	1503	可供出售金融资产	—	—	四、成本类
25	1511	长期股权投资	65	5001	生产成本
26	1512	长期股权投资减值准备	66	5101	制造费用
27	1521	投资性房地产	—	—	五、损益类
28	1531	长期应收款	67	6001	主营业务收入
29	1532	未实现融资收益	68	6051	其他业务收入
30	1601	固定资产	69	6101	公允价值变动损益
31	1602	累计折旧	70	6111	投资收益
32	1603	固定资产减值准备	71	6301	营业外收入
33	1604	在建工程	72	6302	资产处置收益
34	1605	工程物资	73	6303	其他收益
35	1606	固定资产清理	74	6401	主营业务成本
36	1701	无形资产	75	6402	其他业务成本
37	1702	累计摊销	76	6403	营业税金及附加
38	1703	无形资产减值准备	77	6601	销售费用
39	1711	商誉	78	6602	管理费用
40	1801	长期待摊费用	79	6603	财务费用
41	1811	递延所得税资产	80	6701	资产减值损失
42	1901	待处理财产损溢	81	6711	营业外支出
—	—	—	82	6801	所得税费用
—	—	—	83	6901	以前年度损益调整

注意：会计人员在填制记账凭证、登记账簿时，应填制会计科目的名称，或者同时填制会计科目的名称和编号，但不能只填编号，不填科目名称。

第二节 会计账户

会计科目只是对会计要素的具体内容进行分类的项目,但企业发生的各种交易或事项是十分复杂的。为了正确地记录、反映和监督日常经济活动中各会计要素的增减变化情况,必须根据会计科目开设相应的账户,以便对交易或事项进行分类、系统和连续的记录。

一、账户的设置

(一)账户的概念

账户是根据会计科目开设的,具有一定的结构,用来分类、连续、系统地记录各项交易或事项,反映各个会计要素增减变化情况及其结果的会计信息载体。设置账户是会计核算的一种专门方法。

如前所述,在会计要素对会计对象基本分类的基础上,通过设置会计科目对会计要素进行了再分类,以便分门别类地核算,提供信息使用者所需的会计信息。但是,会计科目只是对会计要素的具体内容进行了分类,还无法反映交易或事项发生所引起的会计要素数量的增减变化情况和结果。这就需要通过设置账户,以分类地、连续地记录交易或事项增减变动情况及其结果,从而提供各种有用的数据和信息。例如,为了核算和监督各项资产的增减变动,需要设置"库存现金""银行存款""原材料""固定资产"等账户;为了核算和监督负债及所有者权益的增减变动,需要设置"短期借款""应付账款""长期借款""实收资本""资本公积""盈余公积"等账户;为了核算和监督收入、费用和利润的增减变动,需要设置"主营业务收入""生产成本""管理费用""本年利润""利润分配"等账户。

(二)设置账户的意义

设置账户在会计核算理论和实践中占有重要地位,是各企业会计核算工作的重要基础性工作和前提,具有重要意义。

(1)可以将会计信息系统所接纳的原始数据转化为初级的会计信息。企业的经济活动是详尽而具体的,它可以形成定量化与定性化的数据,在未经确认并按账户分类和正式记录之前,这些数据仅仅是数据而已,而把数据区分为会计信息与非会计信息的第一项工作就是设置和登记账户。数据一旦进入了账户,就转化为以账户为标志的会计信息,而与原来的数据产生了本质的区别。

(2)可以压缩信息数量、确保质量。人们从经济活动中捕捉到的数据往往是零散、孤立、缺乏有机联系的,但会计信息使用者要求会计提供的是联系、系统、全面的信息。为此,需要对这些数据根据类别形成在本质上既有联系又有区别的信息群,形成会计信息系统的有序性与层次性。

二、账户的基本结构

为了全面、清晰地记录各项交易或事项所引起的会计要素的增减变动情况及其结果,账户不但要有明确的核算内容,而且要有一定的结构。账户的结构就是账页的格式,具体指账户由哪几部分组成,以及如何在账户中登记交易或事项等。

企业发生交易或事项后所引起的各个会计要素的变动虽然错综复杂,但从数量方面来看,不外乎有增加和减少两种情况,账户结构也相应地分为三个基本部分,一部分登记增加额,另一部分登记减少额,还应设置一部分登记增加和减少相抵后的差额,即余额。

账户要依附簿籍开设,亦即账簿。这样,每一个账户只表现为账簿中的某张或某些账页,一般包括下列内容:

(1)账户名称;
(2)日期、摘要和凭证编号;
(3)增加和减少的金额及余额。

账户的一般格式如表3-3所示。

表3-3　　　　　　　　　　　账户的基本结构

账户名称:

年		凭证编号	摘　要	借　方	贷　方	借或贷	余　额
月	日						

为了便于说明问题,上述账户的基本结构可简化为"T"形,如图3-1所示。

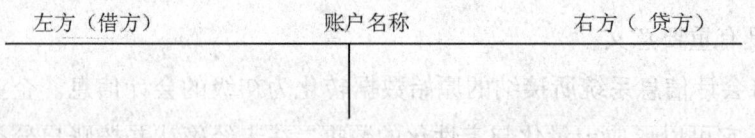

图3-1　"T"形账户

账户左右两方的内容所记录的金额有期初余额、本期增加额、本期减少额及期末余额。本期增加额和本期减少额是在本期间内记入账户的金额,是记入账户的初始信息,又可称为本期增加发生额和本期减少发生额。而期初余额与期末余额是为了反映每一个账户一定期间的结果,期初余额指本期原来的数据,在此基础上把本期增加额和本期减少额加以比较,其比较结果构成期末余额。如果将本期期末余额转入下一期就是下一期的期初余额。通过账户记

录的金额,可以提供期初余额、本期增加发生额、本期减少发生额和期末余额四个方面的核算资料,其数量关系式可表示为

$$期末余额 = 期初余额 + 本期增加发生额 - 本期减少发生额$$

由于账户所记录的经济内容不同,其左右两方记录的内容也不同。究竟账户的哪一方用来登记增加额,哪一方用来登记减少额,要看账户反映的经济内容和账户的性质。但账户余额一般与增加额在同一个方向。

三、账户的分类

在结合企业主要交易或事项阐述账户的应用时,设置了一系列账户。每个账户都有各自的经济性质、用途和结构,都是从某个侧面反映和监督会计具体对象的变化情况和变动结果,为进行经济管理提供信息。虽然这些账户是在各种交易或事项的核算中分别加以使用的,但它们彼此之间并不是孤立的,而是相互联系地组成了一个完整的账户体系。为了更好地掌握和使用这些账户,有必要进一步研究账户的分类,即在认识各个账户的特性的基础上,概括它们的共性,从理论上探讨账户之间的内在联系,探明各个账户在整个账户体系中的地位和作用,掌握各类账户在提供会计信息方面的规律性。因此,账户可以按不同的标准,从不同的角度进行分类。

(一)账户按经济内容分类

账户的经济内容是指账户所反映的会计对象的具体内容。账户之间的本质差别在于其反映的经济内容的不同,因而账户的经济内容是账户分类的基础,账户按经济内容分类是账户最基本的分类。

因会计账户是根据会计科目开设的,所以,会计账户的分类应与会计科目的分类相对应。其分类标志可以按核算的经济内容和提供资料的详细程度分别分类。会计账户按经济内容分类,可以分为以下五类账户:资产类账户、负债类账户、所有者权益类账户、成本类账户和损益类账户。

1. 资产类账户

资产类账户是用来反映企业资产增减变动及其结存情况的账户。按照资产的流动性,这类账户又可以分为以下两类:

(1)反映流动资产的账户,如"库存现金"、"银行存款"、"应收账款"、"应收票据"、"预付账款"、"其他应收款"、"原材料"、"库存商品"等账户。

(2)反映非流动资产的账户,如"长期股权投资"、"持有至到期投资"、"固定资产"、"累计折旧"、"在建工程"、"无形资产"等账户。

2. 负债类账户

负债类账户是用来反映企业负债增减变动及其结存情况的账户。按照负债的偿还期限,这类账户又可以分为以下两类:

(1)反映流动负债的账户,如"短期借款"、"应付账款"、"应付票据"、"预收账款"、"其他应付款"、"应付利息"、"应付职工薪酬"、"应交税费"、"应付股利"等账户。

(2)反映非流动负债的账户,如"长期借款"、"应付债券"、"长期应付款"等账户。

3. 共同类账户

共同类账户是既有资产性质又有负债性质的账户。主要在金融保险业设置,如"清算资金往来"、"货币兑换"、"套期工具"等科目。

4. 所有者权益类账户

所有者权益类账户是用来反映企业所有者权益增减变动及其结存情况的账户。按照所有者权益来源不同,这类账户又可以分为以下三类:

(1)反映所有者投资的账户,主要有"实收资本"(或"股本")"资本公积"等账户。

(2)反映直接计入所有者权益的利得账户,主要有"其他综合收益"账户。

(3)反映所有者投资收益的账户,如"本年利润"、"利润分配"、"盈余公积"等账户。

5. 成本类账户

成本类账户是用来反映企业生产费用,计算产品成本的账户。在工业企业,按照生产过程的阶段,用来归集费用、计算成本的账户又可分为以下几类:

(1)在供应过程,用来归集购入材料价款和采购费用,计算材料采购成本的账户,如"在途物资"、"材料采购"等账户。

(2)在生产过程,用来汇集制造产品的生产费用,计算产品生产成本的账户,如"生产成本"、"制造费用"、"劳务成本"等账户。

(3)在长期资产购建过程中,用来汇集长期资产建造、研发、施工发生的材料费、人工费、设备费等购建成本的账户。主要有"在建工程""研发支出""工程施工"等账户。

成本类账户与资产类账户有着密切的联系。资产一经耗用就转化为成本费用;成本类账户的期末借方余额属于企业期末的资产,如"材料采购"账户的借方余额为在途材料,"生产成本"账户的借方余额为在产品,都是企业的流动性资产。从某种意义上来说,成本类账户也是资产类账户。

6. 损益类账户

损益类账户是指那些核算内容与损益的计算确认直接相关的账户,主要是指那些用来反映企业收入和费用的账户。这类账户按其与损益组成的关系,又可以分为以下三类:

(1)用来反映收入、收益的损益类账户,如"主营业务收入"、"其他业务收入"、"营业外收入等账户"等账户。

(2)用来反映费用损失的损益账户,如"主营业务成本"、"其他业务成本"、"税金及附加"、"销售费用"、"管理费用"、"财务费用"、"资产减值损失"、"营业外支出"等账户。

(3)双重性质的损益类账户,如"投资收益"、"公允价值变动损益"、"资产处置损益"等。

(二)账户按提供信息的详细程度分类

账户是根据会计科目开设的。根据总分类科目开设的,提供总括核算指标的账户,叫做总分类账户。根据明细分类科目(包括二级科目和三级明细科目)开设的,提供详细核算指标的账户,叫做明细分类账户。明细分类账户一般包括按二级科目(子目)开设的二级账户(或称类目账)和按三级明细科目开设的三级明细账户。

在会计核算中,通过总分类账户进行的核算叫做总分类核算;通过明细分类账户进行的核算叫做明细分类核算。

总分类账户主要提供交易或事项综合性的价值指标,仅以货币计量单位进行登记;明细分类账户不仅提供价值指标,还可以提供实物(如件、千克、吨等)指标,用来满足企业管理部门和企业内部各职能部门进行经营管理和加强经济核算的需要。

四、账户与会计科目的关系

账户与会计科目是两个不同的概念,它们既有联系又有区别。

(一)账户与会计科目的联系

会计科目与账户是两个密切相关,不可分割的概念,其联系表现在:一是反映的经济内容相同。两者都要对交易或事项进行分类,所反映的经济内容是一致的;两者在账页中相结合,构成了会计账簿体系。二是名称相同。会计科目是设置账户的依据,是账户的名称;账户是会计科目的具体运用,会计科目所反映的经济内容,就是账户所记录的经济内容。

(二)账户与会计科目的区别

会计科目只是对会计对象具体内容所作的分类,是对账户核算内容高度概括的名称,不存在结构问题;而账户是在会计科目分类的基础上,提供具体的数据资料,它必须有一定的结构,才能具体反映会计要素增减变化的情况。目前,会计科目由会计准则统一规定,账户除了制度规定的以外,各单位还可以根据自己的实际情况灵活设置;会计科目为开设账户、编制凭证所运用,而账户则为开设账簿、编制会计报表所运用。

由于账户按照会计科目命名,两者完全一致,所以在实际工作中,会计科目与账户常被作为同义词来理解,互相通用,不加区别。

☞ 练习题

一、单项选择题

1. 会计账户是根据( )开设的。

A. 会计对象　　　B. 会计科目　　　C. 会计要素　　　D. 会计等式

2. 下列属于所有者权益类账户的是( )。

A. 应收账款　　　B. 投资收益　　　C. 其他综合收益　　　D. 短期借款

3. 会计科目是对( )的具体内容进行分类核算的项目。

A.会计主体　　　B.会计要素　　　C.会计期间　　　D.会计账户

4.账户分为左方、右方两个方向,当某一账户左方登记增加数时,则该账户的右方( )。

A.登记增加数　　　　　　　　B.登记减少数

C.登记增加数或减少数　　　　D.不登记任何数

5."累计折旧"科目属于( )。

A.资产类科目　　B.负债类科目　　C.成本类科目　　D.损益类科目

6.设置账户是( )的一种专门方法。

A.会计核算　　　B.会计监督　　　C.会计处理　　　D.财务处理

7."预收账款"科目属于( )。

A.资产类科目　　　　　　　　B.负债类科目

C.所有者权益类科目　　　　　D.成本类科目

8."预付账款"科目属于( )。

A.资产类科目　　B.成本类科目　　C.负债类科目　　D.损益类科目

9.下列可作为总分类科目的是( )。

A.钢材　　　　　B.汽车　　　　　C.票据　　　　　D.库存现金

10."财务费用"科目属于( )。

A.资产类科目　　B.成本类科目　　C.负债类科目　　D.损益类科目

二、多项选择题

1.下列项目中不属于会计科目的有( )。

A.机器　　　　　B.在产品　　　　C.固定资产　　　D.原材料

2.会计账户中记录的各项金额之间的关系,可以用( )表示。

A.期末余额=期初余额+本期增加发生额-本期减少发生额

B.期末余额=本期增加发生额-本期减少发生额

C.期末余额+本期减少发生额=期初余额+本期增加发生额

D.期末余额=本期减少发生额

3.用来归集生产过程中制造产品的生产费用,计算产品生产成本的账户有( )。

A.制造费用　　　B.库存商品　　　C.生产成本　　　D.主营业务成本

4.会计科目表中的科目类别有( )。

A.收入类　　　　B.资产类　　　　C.所有者权益类　D.成本类

5.会计科目按其提供指标详细程度可分为( )。

A.总分类科目　　　　　　　　B.资产类科目

C.明细分类科目　　　　　　　D.损益类科目

6.账户本期期末余额的计算,涉及( )。

A.本期期初余额　　　　　　　B.本期增加发生额

C. 本期减少发生额　　　　　　D. 下期期末余额

7. 账户一般结构包括的基本内容有( )。

A. 账户名称　　　　　　　　　B. 摘要

C. 日期和凭证编号　　　　　　D. 余额及发生额

8. 下列属于资产类账户的有( )。

A. 银行存款　　B. 实收资本　　C. 交易性金融资产　　D. 管理费用

三、判断题

1. 总分类科目和明细分类科目是由各企业根据本单位规模大小、业务特点自行确定的。( )

2. 会计科目是由国家统一的会计制度规定的,各单位必须严格执行,不能增设或减并。( )

3. 会计科目仅仅是账户的名称,不存在结构,而账户则具有一定的结构,用于反映会计要素的增减变动情况和结果。( )

4. 会计科目是对会计要素的具体内容进行分类核算的项目。( )

5. 总分类科目下设的明细分类科目太多时,可在总分类科目与明细分类科目之间设置二级科目。( )

6. 总分类科目是对会计对象的内容进行的总括分类,提供总括信息的会计科目。( )

7. 根据总分类科目设置的账户称为总分类账户,根据明细分类科目设置的账户称为明细分类账户。( )

8. 账户是会计科目的名称。( )

9. 在所有的账户中,左方均登记增加额,右方均登记减少额。( )

10. 为了保证会计核算指标在同一部门乃至全国范围内进行综合汇总,所有会计科目及其核算内容都应由国家统一规定。( )

第四章 复式记账法

✱ 内容提要

本章介绍了复式记账法的原理和意义;重点论述了借贷记账法的产生发展、记账符号、账户设置、记账规则、试算平衡等基本原理和方法;阐述了账户的对应关系,会计分录的含义和编制。对总账与明细账的关系、平行登记的原理和方法也进行了较全面的介绍。本章重点是借贷记账法的特点、账户结构及其应用。

第一节 复式记账法原理

一、记账方法概述

为了对会计要素进行核算与监督,在按一定原则设置了会计科目,并按会计科目开设了账户之后,就需要采用一定的记账方法将会计要素的增减变动登记在账户中。

所谓记账方法,就是根据一定的原理、记账符号、记账规则,采用一定的计量单位,利用文字和数字记录交易或事项的专门方法。

记账方法按记录方式的不同,可分为单式记账法和复式记账法两大类。

(一) 单式记账法

单式记账法是对发生的交易或事项所引起的会计要素的增减变动一般只在一个账户中进行登记的方法。其主要特征如下:

1. 账户设置不完整,账户记录没有相互联系。

单式记账法对于每项交易或事项,通常只登记现金和银行存款的收付及应收、应付款的结算,而不登记实物的增减;除了对于有关应收、应付款的现金收付业务,需要在两个或两个以上账户中进行登记外,其他业务只在一个账户中登记或不予登记。例如,企业以现金400元支付办公费用。对于这项交易或事项,在单式记账法下,只在"库存现金"账户中作减少400元的登记,至于费用的发生情况,则不予反映。

2. 在账户之间没有数字上的平衡关系,不便于检查账户记录的正确性

单式记账法由于其账户的设置是不完整的,各个账户之间又互不联系,无法全面反映各项交易或事项的来龙去脉,不能正确核算成本和盈亏,也不便于检查账户记录的正确性。

(二)复式记账法

复式记账法是对发生的每一项交易或事项,都必须用相等的金额在两个或两个以上相互联系的账户中进行登记,借以反映会计要素的具体内容增减变化情况的一种记账方法。

现仍以前例说明,企业以现金400元支付办公费用。采用复式记账法下,这项交易或事项除了要在有关的"库存现金"账户中作减少400元的登记外,还要在有关费用账户中作增加400元的记录。这样登记的结果表明,企业现金的付出同费用的发生两者之间是相互联系的。

与单式记账法相比较,复式记账法主要有以下几个方面的特征:

1. 账户体系设置完整

除了库存现金、银行存款账户外,还要设置实物性资产及收入、费用和各种权益类账户,对每项交易或事项都能从资金的来源和去向进行相关联的记录。

2. 交易或事项记录全面

不仅记录货币资金的收付和债权、债务的发生,而且要对所有财产和全部权益的增减变化及经营过程中所发生的费用和收入作全面、系统的反映。

3. 能够了解交易或事项的来龙去脉

由于对每一项交易或事项都在相互联系的两个或两个以上账户中做了记录,根据账户记录的结果,不仅可以了解每一项交易或事项的来龙去脉,而且可以通过会计要素的增减变动全面、系统地了解经济活动的过程和结果。

4. 可以进行试算平衡

由于复式记账要求以相等的金额在两个或两个以上的账户同时记录,因此可以对账户记录的结果进行检查核对,试算平衡,以检查账户记录的正确性。

正是因为如此,复式记账法作为一种科学的记账方法一经产生,就得到快速推广和广泛运用。复式记账法又可分为借贷记账法、增减记账法和收付记账法三种。借贷

记账法是我国学习借鉴国外的一种国际上通用的记账方法;增减记账法是20世纪60年代我国商业系统在改革记账方法时设计采用的一种记账方法;收付记账法是在我国传统的收付记账法的基础上发展起来的复式记账法。我国《企业会计准则——基本准则》第11条规定:"企业应采用借贷记账法记账。"目前,我国的企业和行政、事业单位统一采用借贷记账法。

二、复式记账法的理论依据和基本原则

（一）复式记账法的理论依据

复式记账法的基本理论依据是"资产＝负债＋所有者权益"这一平衡原理。如上一章所述,企业日常发生的交易或事项是千变万化、多种多样的,但不管怎样增减变化,都客观上引起两个或两个以上会计要素项目的同增、同减或一增一减的数量变化,且不会破坏资产总量与负债及所有者权益总量的平衡相等关系,这源于资金运动的内在规律,所以,为客观反映企业交易或事项引起的资金运动规律,需要采用复式记账法。

（二）复式记账法的基本原则

复式记账法必须遵循以下几项原则:

1. 以会计等式作为记账基础

会计等式是将会计对象的具体内容,即会计要素之间的相互关系,运用数学方程式的原理进行描述而形成的。它是客观存在的经济现象,同时也是资金运动规律的具体化。为了揭示资金运动的内在规律性,复式记账必须以会计等式作为其记账基础。

2. 对每项交易或事项,必须在两个或两个以上相互联系的账户中进行等额记录

交易或事项的发生,必然要引起资金的增减变动,而这种变动势必导致会计等式中至少两个要素或同一要素中至少两个项目发生等量变动。为反映这种等量变动关系,会计上就必须在两个或两个以上账户中同时进行等额记录。

3. 必须按交易或事项对会计等式的影响类型进行记录

尽管企业发生的交易或事项复杂多样,但对会计等式的影响无外乎两种类型:一类是影响会计等式两边会计要素同时发生变化的交易或事项,这类业务能够变更企业资金总额,使会计等式两边等额同增或等额同减;另一类是影响会计等式某一边会计要素发生变化的交易或事项,这类业务不变更企业资金总额,只会使会计等式某一边等额地有增有减。这就决定了会计上对第一类交易或事项,应在等式两边的账户中等额记同增或同减;对第二类交易或事项,应在等式某一边的账户中等额记有增有减。

4. 定期汇总的全部账户记录必须平衡

通过复式记账的每笔交易或事项的双重等额记录,定期汇总的全部账户的数据必然会保持会计等式的平衡关系。

第二节 借贷记账法

一、借贷记账法的记账符号

借贷记账法是以"借"、"贷"作为记账符号的一种复式记账方法。它起源于13世纪的意大利,在那个时期,西方资本主义的商品经济有了长足发展,在商品交换中,为了适应商业资本和借贷资本经营者管理的需要,逐步形成了借贷记账法。"借""贷"二字的含义,最初是从借贷资本家的角度来解释的,借贷资本家以经营货币资金的借入和贷出为主要业务,对于借入的款项,记在贷主(creditor)名下,表示自身的债务增加;对于贷出的款项,则记在借主(debtor)名下,表示自身的债权增加。这样,"借""贷"二字分别表示债权(应收款)、债务(应付款)的变化。随着商品经济的发展,经济活动的内容日趋复杂化,记录的交易或事项不再仅限于货币资金的借贷业务,而是逐渐扩展到财产物资、经营损益和经营资本等的增减变化。因此,"借""贷"二字逐渐失去了原来的含义,转化为记账符号,成为会计上的专门术语。到15世纪,借贷记账法逐渐完备,被用来反映资本的存在形态和所有者权益的增减变化。与此同时,西方国家的会计学者提出了借贷记账法的理论依据,即所谓"资产=负债+资本"的平衡公式。根据这个理论确立了借贷的记账原则,使借贷记账法成为一种科学的记账方法,并被世界上许多国家广泛采用,成为一种国际商业语言。

经过漫长的发展演变,借贷记账法使用的"借""贷"二字,已同本来的字义脱节,演变成了一对单纯的记账符号,并有其专门的含义。"借""贷"的含义因账户性质不同而恰好相反。"借"对于会计等式左边的资产、成本、费用类账户表示增加,对于会计等式右边的负债、所有者权益、收入类账户则表示减少;"贷"对于会计等式左边的资产、成本、费用类账户表示减少,对于会计等式右边的负债、所有者权益、收入类账户表示增加。

二、借贷记账法下的账户结构

借贷记账法下账户的基本结构是:每一个账户都分为"左方"和"右方",其中"左方"称为"借方","右方"称为"贷方",并且所有账户的借方和贷方按照相反的方向登记增加数和减少数,即对于每一个账户来说,如果借方用来登记增加额,则贷方就用来登记减少额;如果借方用来登记减少额,则贷方就用来登记增加额。究竟账户的哪一方用来登记增加额,哪一方用来登记减少额,取决于账户反映的经济内容的性质和种类。习惯上,在资产、成本和反映费用的损益类账户中,"借"表示增加,"借方"登记增加数;"贷"表示减少,"贷方"登记减少数。在负债、所有者权益和反映收入的损益类账户中,"贷"表示增加,"贷方"登记增加数;"借方"表示减少,"借方"登记减少数。

(一)资产及成本类账户的结构

资产及成本类账户的借方记录增加额,贷方记录减少额。在一个会计期间(年、季、月)内,借方记录的合计数额称"借方发生额",贷方记录的合计数额称"贷方发生额",由于账户本期减少额的合计数不可能大于它的期初余额与本期增加额之和,因而,这类账户期末如有余额一般在借方,有些账户期末可能无余额。该类账户期末余额的计算公式如下:

资产及成本类账户期末借方余额 = 期初借方余额 + 本期借方发生额 - 本期贷方发生额

用"T"形账户表示资产及成本类账户的结构见图4-1。

借方	资产及成本类账户			贷方
期初余额	×××			
增加额	×××	减少额		×××
	×××			×××
本期发生额	×××	本期发生额		×××
期末余额	×××			

图4-1 资产及成本类账户结构

(二)负债及所有者权益类账户的结构

负债及所有者权益类账户的结构与资产类账户正好相反,其贷方记录增加额;借方记录减少额,由于负债及所有者权益的增加额与期初余额之和,通常要大于其本期减少额,因而,这类账户期末如有余额,一般在贷方。该类账户期末余额的计算公式如下:

负债及所有者权益类账户期末贷方余额 = 期初贷方余额 + 本期贷方发生额 - 本期借方发生额

用"T"形账户表示负债及所有者权益类账户的结构见图4-2。

借方		负债及所有者权益类账户		贷方
		期初余额		×××
减少额	×××	增加额		×××
	×××			×××
本期发生额	×××	本期发生额		×××
		期末余额		×××

图4-2 负债及所有者权益类账户结构

(三) 损益类账户的结构

损益类账户分为反映收入、收益的损益类账户和反映费用、损失的损益类账户。

1. 反映收入、收益的损益类账户

收入、收益会引起经济利益流入企业，同负债及所有者权益一样构成资金来源，所以，收入、收益类账户的结构与负债及所有者权益类账户的结构类似，账户的贷方登记收入的增加额，借方登记收入的减少（或转销）额；由于贷方登记的收入增加额期末一般要通过借方转出，记入"本年利润"，以计算当期损益，结转后这类账户通常没有期末余额。用"T"形账户表示收入、收益类账户的结构见图4-3。

借方	收入、收益类账户	贷方
减少额（或转销额） ××× ×××	增加额 ××× ×××	
本期发生额 ×××	本期发生额 ×××	

图4-3 收入、收益类账户结构

2. 反映费用、损失的损益类账户

费用、损失会引起经济利益流出企业，同资产及成本一样表现为资源的占用和耗费，所以，反映费、用损失的损益类账户的结构与资产及成本类账户类似，账户的借方登记费用的增加额，贷方登记费用的减少（或转销）额；由于借方登记的成本费用增加额一般都要通过贷方转出，记入"本年利润"，以计算当期损益，结转后这类账户通常没有期末余额。用"T"形账户表示费用、损失类账户的结构见图4-4。

借方	费用、损失类账户	贷方
增加额 ××× ×××	减少额（或转销额） ××× ×××	
本期发生额 ×××	本期发生额 ×××	

图4-4 费用、损失类账户结构

根据上述内容，可对借贷记账法下各类账户的结构进行归纳，见表4-1。

表 4-1　　　　　　　　　借贷记账法下各类账户结构

账户类别	借方	贷方	余额方向
资产类	增加	减少	余额在借方
成本类	增加	减少	余额在借方
负债类	减少	增加	余额在贷方
所有者权益类	减少	增加	余额在贷方
反映收入、收益的损益类	减少（或转销）	增加	一般无余额
反映费用、损失的损益类	增加	减少（或转销）	一般无余额

由表 4-1 可知，借贷记账法下各类账户的期末余额一般都在记录增加额的一方，即资产及成本类账户的期末余额在借方，负债及所有者权益类账户的期末余额在贷方。鉴于此，我们可以得出一个结论：根据账户余额所在的方向，也可判断账户的性质，即账户若是借方有余额，则为资产类账户（包括有余额的成本、费用类账户）；账户若是贷方有余额，则为负债或所有者权益类账户。

（四）双重性质的账户

需要注意的是，为了简化账户设置，借贷记账法下允许设置双重性质的账户。所谓双重性质的账户，是指既可以用来核算资产，又可以用来核算负债（所有者权益和收入）的账户，或既可以核算收入、收益，又可以核算费用、损失的账户。该类账户有时视为资产（成本、费用）类账户，有时视为负债（所有者权益和收入）类账户，具有双重性，期末，根据余额方向判断其性质，如"待处理财产损益""投资收益""公允价值变动损益""资产处置损益""以前年度损益调整"等账户。任何双重性质的账户都是把原来的两个有关账户合并在一起，并具有合并前两个账户的功能，因此设置双重性质的账户，可以简化会计核算手续。

三、借贷记账法的记账规则

记账规则是指利用记账方法将交易或事项记入有关账户时应遵循的规律。借贷记账法的记账规则可以概括为"有借必有贷，借贷必相等"。借贷记账法的记账规则是根据以下两个方面来确定的：

（1）根据复式记账的原理，对任何一项交易或事项都必须以相等的金额，在两个或两个以上相互联系的账户中进行登记。

（2）根据借贷记账法下"借"和"贷"的含义、账户结构，借贷记账法要求对每一项交易或事项都要按借贷相反的方向，以相等的金额，在两个或两个以上相互联系的账户中进行登记。具体地说，如果在一个账户中记借方，必须同时在另一个或几个账户中记贷方；或者在一个账户中记贷方，必须同时在另一个或几个账户中记借方；记入借方的总金额与记入贷方的总金额必然相等。

在实际运用借贷记账法处理交易或事项时，一般要按下列步骤进行分析：

第一，确认该交易或事项涉及哪几个账户。

第二，判断所涉及账户的性质和种类，即判断所涉及的各账户属于资产、成本及费用类，还是属于负债、所有者权益及收入类。

第三，判断该交易或事项引起相关账户数量上是增加还是减少。

第四，根据上述分析，确定该项交易或事项应记入相关账户的借方或贷方，以及各账户应记金额。

凡是涉及资产及成本费用的增加、负债及所有者权益的减少、收入的减少或转销，都应该记入该类账户的借方；凡是涉及资产的减少、成本费用的减少或转销、负债及所有者权益的增加、收入的增加，都应该记入该类账户的贷方。

为了说明借贷记账法的记账规则，下面举例说明。

【例4-1】泰山公司收到某单位投入的资本900 000元存入银行。

这项交易或事项的发生，一方面使企业的资产——银行存款增加，应记入"银行存款"账户的借方；另一方面使所有者权益——实收资本增加，应记入"实收资本"账户的贷方。其登账结果如下：

借	实收资本	贷	借	银行存款	贷
	期初余额 1 000 000			期初余额 600 000	
	（1） 900 000			（1） 900 000	

【例4-2】泰山公司用银行存款200 000元偿还前欠某企业账款。

这项交易或事项的发生，一方面使企业的资产——银行存款减少，应记入"银行存款"账户的贷方；另一方面使企业的负债——应付账款减少，应记入"应付账款"账户的借方。其登账结果如下：

借	银行存款	贷	借	应付账款	贷
期初余额 600 000					期初存款 26 0000
		（2） 200 000	（2） 200 000		

【例4-3】泰山公司用银行存款300 000元购入一台全新机器设备（假设不考虑增值税）。

这项交易或事项的发生，一方面使企业的资产——固定资产增加，应记入"固定资产"账户的借方；另一方面使企业的资产——银行存款减少，应记入"银行存款"账户的贷方。其登账结果如下：

借	银行存款		贷	借	应付账款		贷
期初余额	600 000	(2)	200 000			期初余额	1 000 000
(1)	900 000	(3)	300 000			(2)	300 000

【例4-4】泰山公司将资本公积金 100 000 元按法定程序转增资本。

这项交易或事项的发生,一方面使所有者权益——资本公积减少,应记入"资本公积"账户的借方;另一方面使所有者权益——实收资本增加,应记入"实收资本"账户的贷方。其登账结果如下:

借	实收资本		贷	借	资本公积		贷
		期初余额	1 000 000			期初余额	240 000
		(1)	900 000				
		(4)	100 000	(4)	100 000		

【例4-5】泰山公司签发并承兑一张面额 50 000 元,为期两个月的商业汇票,用以抵付应付账款。

这项交易或事项的发生,一方面使企业的负债——应付账款减少,应记入"应付账款"账户的借方;另一方面使企业的负债——应付票据增加,应记入"应付票据"账户的贷方。其登账结果如下:

借	应付账款		贷	借	应付票据		贷
(2)	200 000	期初余额	260 000			(5)	50 000
(5)	50 000						

从以上所举的几个例子可以看出,每一项交易或事项发生之后,运用借贷记账法进行账务处理,都必须在记入某一个账户借方的同时记入另一个账户的贷方,而且记入借方与记入贷方的金额总是相等。

借贷记账法的记账规则,见图4-5。

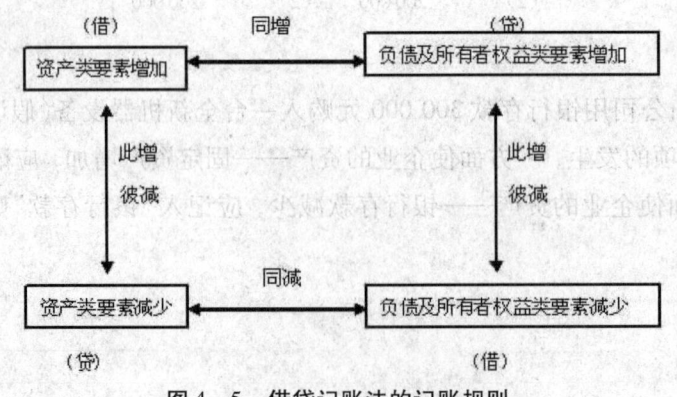

图4-5 借贷记账法的记账规则

四、账户的对应关系和会计分录

(一)账户的对应关系

账户的对应关系是指企业发生的每一项交易或事项,利用借贷记账法记账后,在所登记的有关账户之间形成的应借、应贷相互依存关系。存在对应关系的账户,互为对应账户。

例如,用银行存款 10 000 元偿还前欠货款,就要在"应付账款"账户的借方和"银行存款"账户的贷方进行记录。这样"应付账款"与"银行存款"账户就发生了对应关系,两个账户也就互为对应账户。掌握账户的对应关系很重要,通过账户的对应关系可以了解交易或事项内容,检查对交易或事项的处理是否合理、合法、正确。

(二)会计分录

会计分录简称分录,是指对每项交易或事项指出其应登记的账户名称、记账方向与金额的一种记录。会计分录是表达账户对应关系的方式。

会计上需要设置的账户很多,发生的交易或事项又十分频繁,为了准确地反映出账户的对应关系与登记金额,在每项交易或事项发生后,正式记入账户之前,必须编制会计分录。

一笔会计分录主要包括三个要素:账户名称、记账方向和登记金额。

现将前面所举例 4-1 至例 4-5 交易或事项的会计分录列示如下:

(1)借:银行存款　　900 000
　　贷:实收资本　　900 000

(2)借:应付账款　　200 000
　　贷:银行存款　　200 000

(3)借:固定资产　　300 000
　　贷:银行存款　　300 000

(4)借:资本公积　　100 000
　　贷:实收资本　　100 000

(5)借:应付账款　　50 000
　　贷:应付票据　　50 000

会计分录按其所反映交易或事项的复杂程度,可分为简单会计分录和复合会计分录两种。

简单会计分录是指一项交易或事项发生以后,只需要在两个账户中进行登记的会计分录,即"一借一贷"的会计分录。这种分录,科目的对应关系一目了然。

复合会计分录是指交易或事项发生以后,需要在三个或三个以上相互联系的账户中进行登记的会计分录,即"一借多贷"、"多借一贷"或"多借多贷"的会计分录。

一个复合会计分录可以分解为几个简单会计分录。复合会计分录有利于集中反映整个交易或事项的全貌,简化记账工作,提高会计工作效率。

现举例说明如下:

【例4-6】泰山公司购进原材料80 000元,其中50 000元货款已用银行存款支付,其余30 000元货款尚未支付(暂不考虑增值税)。

这项交易或事项的发生,一方面引起企业资产——原材料增加,应记入"原材料"账户的借方;另一方面使企业的资产——银行存款减少,以及企业的负债——应付账款增加,应记入"银行存款"和"应付账款"账户的贷方。其会计分录为:

(6)借:原材料　　80 000
　　　贷:银行存款　　50 000
　　　　　应付账款　　30 000

【例4-7】泰山公司以银行存款100 000元,偿还银行短期借款70 000元和前欠某单位货款30 000元。

这项交易或事项的发生,一方面使企业资产——银行存款减少,应记入"银行存款"账户的贷方;另一方面使企业的负债——短期借款和应付账款减少,应记入"短期借款"和"应付账款"账户的借方。其会计分录为:

(7)借:短期借款　　70 000
　　　应付账款　　30 000
　　　贷:银行存款　　100 000

在记账以前,及时、准确地编制会计分录(实际工作中是在专用格式的记账凭证上编制),可以保证账户的准确性,也便于日后查考。在借贷记账法下,可编制"一借一贷""一借多贷"或"多借一贷"的会计分录。如果一项交易或事项涉及多借多贷的科目,为全面反映此项交易或事项,也可以编制"多借多贷"的复合分录,但不允许将无关的几项交易或事项合并编制复杂分录。

五、借贷记账法下的试算平衡

试算平衡是指根据"资产=负债+所有者权益"的恒等关系和借贷记账法的记账规则的要求,通过对所有账户的发生额和余额进行汇总计算和比较,检查账户记录是否正确的一种方法。

(一)发生额试算平衡

交易或事项发生后,按照借贷记账法的"有借必有贷,借贷必相等"记账规则进行记账,账产借、贷两方的发生额必然是相等的。不仅是每一笔会计分录借贷发生额相等,而且当一定会计期间(年、季、月)的全部交易或事项的会计分录都记入相关账户后,所有账户的借方发生额与贷方发生额的合计数也必然相等。据此确定发生额试算平衡公式,进行发生额的试算平衡。即

全部账户的本期借方发生额合计=全部账户的本期贷方发生额合计

通过前面账户结构的说明,可以得出结论:凡是借方有余额的账户都是资产类账户(成本类账户若有余额,表示的也是资产的期末余额),凡是贷方有余额的账户都是负债或所有者权益类账户。由于"资产=负债+所有者权益"的恒等性,所以账户借方余额的合计数等于贷方余额的合计数。其试算平衡公式为

全部账户借方期初余额合计=全部账户贷方期初余额合计

全部账户借方期末余额合计=全部账户贷方期末余额合计

会计实务中,试算平衡工作一般是在月末结出各个账户的本月发生额和月末余额后,通过编制"试算平衡表"来进行的。

假设泰山公司11月份各账户期初余额见表4-2。

表4-2　　　　　　　　　泰山公司11月份各账户期初余额　　　　　　　　　单位:元

账户名称	期　初　余　额	
	借　方	贷　方
银行存款	600 000	—
固定资产	1 000 000	—
短期借款	—	100 000
应付账款	—	260 000
实收资本	—	1 000 000
资本公积	—	240 000
合　计	1 600 000	1 600 000

根据期初余额表登记各账户的期初余额,然后根据以上所举泰山公司的7笔交易或事项的会计分录逐笔登记有关总分类账户,并结出各账户本期发生额和期末余额。

借	银行存款	贷		借	原材料	贷
期初余额	600 000	(2)	200 000	(6)	80 000	
(1)	900 000	(3)	300 000	本期发生额	80 000	本期发生额 0
		(6)	50 000	期末余额	80 000	
		(7)	100 000			
本期发生额	900 000	本期发生额	650 000			
期末余额	850 000					

借	固定资产	贷		借	短期借款	贷
期初余额	1000 000			本期余额	70 000	本期发生额 100 000
(3)	300 000					
本期发生额	300 000	本期发生额	0	本期发生额	70 000	本期发生额 0
期末余额	1300 000					期末余额 30 000

借	应付账款	贷	借	应付票据	贷
(2) 200 000	期初余额	260 000		(5)	50 000
(5) 50 000	(6)	30 000	本期发生额 0	本期发生额	50 000
(7) 30 000				期末余额	50 000
本期发生额 280 000	本期发生额	30 000			
	期末余额	10 000			

借	实收资本	贷	借	资本公积	贷
	期初余额	1 000 000	(4) 100 000	期初余额	240 000
	(1)	900 000	本期发生额 100 000	本期发生额	0
	(4)	100 000		期末余额	140 000
本期发生额 0	本期发生额	1 000 000			
	期末余额	2 000 000			

根据上述账户记录及结账结果,编制泰山公司 11 月末试算平衡表,见表 4-3

表 4-3　　　　　　　　　总分类账户发生额及余额试算平衡表　　　　　　　　单位:元

20××年 11 月 30 日

账户名称	期初余额		本期发生额		期末余额	
	借方	贷方	借方	贷方	借方	贷方
银行存款	600 000	—	900 000	650 000	850 000	—
原材料	—	—	80 000	—	80 000	—
固定资产	1 000 000	—	300 000	—	1 300 000	—
短期借款	—	100 000	70 000	—	—	30 000
应付账款	—	260 000	280 000	30 000	—	10 000
应付票据	—	—	—	50 000	—	50 000
实收资本	—	1 000 000	—	1 000 000	—	2 000 000
资本公积	—	240 000	100 000	—	—	140 000
合计	1 600 000	1 600 000	1 730 000	1 730 000	2 230 000	2 230 000

应当指出,即使试算平衡表中借贷金额相等,也不能绝对肯定账户记录完全没有错误。因为有些错误并不影响借贷双方的平衡,通过试算平衡无法发现,如漏记或重记某项交易或事项、借贷记账方向颠倒、方向正确但记错了账户、借贷方同时多记或少记相等金额等,因此,根据试算平衡的结果,只能确认账户记录基本正确。

第三节　总分类账户和明细分类账户的平行登记

一、总分类账户和明细分类账户的关系

总分类账户是明细分类账户的统驭账户，它对明细分类账户起着控制作用；明细分类账户则是总分类账户的从属账户，它对总分类账户起着辅助和补充作用，二者记账的原始根据相同，反映的经济内容相同，只是详略程度不同，所以在记账时，总分类账户和明细分类账户应当进行平行登记。

所谓平行登记，是指对发生的每一项交易或事项，一方面登记总分类账户，另一方面登记其所属的明细分类账。

二、总分类账户和明细分类账户平行登记的要点

总分类账户与明细分类账户的平行登记可以概括为以下三点：

（1）同时期，即对于每一项交易或事项，在同一会计期间内，既要记入有关的总分类账户，又要记入其所属的明细分类账户。

（2）同方向，即对于每一项交易或事项，记入总分类账户的方向应与记入其所属明细分类账户的方向一致。如果总分类账户的金额记入借方（或贷方），明细分类账户也必须记入借方（或贷方）。

（3）同金额，即对于每一项交易或事项，记入总分类账户的金额必须与记入其所属明细分类账户的金额之和相等。

下面分别以"原材料"和"应付账款"两个账户为例，说明总分类账户和明细分类账户平行登记的方法。

假定泰山公司"原材料"总分类账户及其所属明细分类账户的期初余额为：

甲材料　　　2000千克　　每千克10元　　　共计　20 000元
乙材料　　　50吨　　　　每吨300元　　　　共计　15 000元

　　　　　　　　　　　　　　　　　　　　　　　合计　35 000元

"应付账款"总分类账户及其所属明细分类账户的期初余额为：

南风工厂　6 000元
红旗工厂　4 000元
合计　　　10 000元

该企业5月发生下列业务：

【例4-8】向南风工厂购入甲材料500千克，单价10元，计5 000元；向红旗工厂购入乙

材料 100 吨,单价 300 元,计 30 000 元,材料已验收入库,货款未付(暂不考虑增值税)。

对于这项交易或事项,应编制会计分录如下:

借:原材料——甲材料   5 000
        ——乙材料   30 000
    贷:应付账款——南风工厂   5 000
              ——红旗工厂   30 000

【例 4-9】向南风工厂购入甲材料 400 千克,单价 10 元,计 4 000 元,乙材料 50 吨,单价 300 元,计 15 000 元,材料已验收入库,货款尚未支付。

对于这项交易或事项,应编制会计分录如下:

借:原材料——甲材料   4 000
        ——乙材料   15 000
    贷:应付账款——南风工厂   19 000

【例 4-10】签发支票支付所欠南风工厂货款 20 000 元,支付红旗工厂货款 30 000 元。

对于这项交易或事项,应编制会计分录如下:

借:应付账款——南风工厂   20 000
          ——红旗工厂   30 000
    贷:银行存款   50 000

【例 4-11】生产车间从仓库领用甲材料 1 000 千克用于生产产品,每千克 10 元,共计 10 000 元;领用乙材料 100 吨,每吨 300 元,共计 30 000 元。

对于这项交易或事项,应编制会计分录如下:

借:生产成本   40 000
    贷:原材料——甲材料   10 000
            ——乙材料   30 000

将上述会计分录在有关总分类账户和明细分类账户进行登记,结果见表 4-4、表 4-5、表 4-6、表 4-7、表 4-8 和表 4-9。

表4-4　　　　　　　　　　　　　总分类账户

账户名称:原材料　　　　　　　　　　　　　　　　　　　　　　　　　　　第×页

20××年		摘要	借方	贷方	借/贷	余额
月	日					
5	略	月初余额			借	35 000
		购入材料	35 000		借	70 000
		购入材料	19 000		借	89 000
		生产领用材料		40 000	借	49 000
5	31	本月合计	54 000	40 000	借	49 000

表4-5　　　　　　　　　　　　　总分类账户

账户名称:应付账款　　　　　　　　　　　　　　　　　　　　　　　　　　第×页

20××年		摘要	借方	贷方	借/贷	余额
月	日					
5	略	月初余额			贷	10 000
		购料欠款		35 000	贷	45 000
		购料欠款		19 000	贷	64 000
		偿还欠款	50 000		贷	14 000
5	31	本月合计	50 000	54 000	贷	14 000

表4-6　　　　　　　　　　　　　原材料明细账　　　　　　　　　　　　金额单位:元

账户名称:甲材料　　　　　　　　　　　　　　　　　　　　　　　　　　计量单位:千克

20××年		摘要	收入			发出			结存		
月	日		数量	单价	金额	数量	单价	金额	数量	单价	金额
5	略	月初余额							2 000	10	20 000
		购入材料	500	10	5 000				2 500	10	25 000
		购入材料	400	10	4 000				2 900	10	29 000
		生产领料				1000	10	10 000	1 900	10	19 000

表4-7　　　　　　　　　　　　　　原材料明细账　　　　　　　　　　　金额单位:元

账户名称:乙材料　　　　　　　　　　　　　　　　　　　　　　　　　　计量单位:吨

20××年		摘要	收入			发出			结存		
月	日		数量	单价	金额	数量	单价	金额	数量	单价	金额
5	略	月初余额							50	300	15 000
		购入材料	100	300	30 000				150	300	45 000
		购入材料	50	300	15 000				200	300	60 000
		生产领料				100	300	30 000	100	300	30 000

表4-8　　　　　　　　　　　　　　应付账款明细账

账户名称:南风工厂　　　　　　　　　　　　　　　　　　　　　　　　　　　　单位:元

20××年		摘要	借方	贷方	借/贷	余额
月	日					
5	略	月初余额			贷	6 000
		购料欠款		5 000	贷	11 000
		购料欠款		19 000	贷	30 000
		偿还欠款	20 000		贷	10 000

表4-9　　　　　　　　　　　　　　应付账款明细账

账户名称:红旗工厂　　　　　　　　　　　　　　　　　　　　　　　　　　　　单位:元

20××年		摘要	借方	贷方	借/贷	余额
月	日					
5	略	月初余额			贷	4 000
		购料欠款		30 000	贷	34 000
		偿还欠款	30 000		贷	4 000

三、总分类账户和明细分类账户的核对

按照平行登记的原则将发生的交易或事项记入总分类账户和所属的明细分类账户以后,要进行相互核对,以保证核算资料的正确性。

总分类账户和明细分类账户的核对方法,可用下列公式进行:

总分类账户本期借(或贷)方发生额 = 所属明细分类账户本期借(或贷)方发生额合计

总分类账户期末余额 = 所属明细分类账户期末余额合计

根据上述公式,通过编制"发生额及余额表"来进行核对,见表4-10和表4-11。

表4-10 　　　　　　　原材料总分类账户、明细分类账户发生额及余额表

账户名称	期初余额		本期发生额		期末余额	
	借方	贷方	借方	贷方	借方	贷方
甲材料	20 000	—	9 000	10 000	19 000	—
乙材料	15 000	—	45 000	30 000	30 000	—
明细账合计	35 000	—	54 000	40 000	49 000	—
总账金额	35 000	—	54 000	40 000	49 000	—

表4-11 　　　　　　　应付账款总分类账户、明细分类账户发生额及余额表

账户名称	期初余额		本期发生额		期末余额	
	借方	贷方	借方	贷方	借方	贷方
南风工厂	—	6 000	20 000	24 000	—	10 000
红旗工厂	—	4 000	30 000	30 000	—	4 000
明细账合计	—	10 000	50 000	54 000	—	14 000
总账金额	—	10 000	50 000	54 000	—	14 000

表4-10、表4-11表明,"原材料"总分类账户与"应付账款"总分类账户分别与其所属明细分类账户平行登记未发生差错。

☞ 练习题

一、单项选择题

1. 复式记账法对每项交易或事项都以相等的金额在( )。

　A. 一个账户中进行登记　　　　　B. 两个账户中进行登记

　C. 全部账户中进行登记　　　　　D. 两个或两个以上账户中进行登记

2. 借贷记账法下,账户哪一方记增加,哪一方记减少,是根据( )。

　A. 采用什么核算方法决定的

　B. 采用什么记账形式决定的

　C. 增加数记借方、减少数记贷方的规则所决定的

　D. 账户所反映的经济内容决定的

3. 借贷记账法下,账户的基本结构包括( )。

　A. 账户的具体格式　　　　　　　B. 账户应记的经济内容

　C. 账户的借方、贷方和余额　　　D. 账户的增加方、减少方和余额

4. 资产类账户的期末余额一般在( )。

A. 借方　　　　　B. 借方或贷方　　　C. 贷方　　　　　D. 借方和贷方

5. 预收购货单位预付的购买产品款,称预收账款应看做( )。

A. 资产加以确认　　　　　　　　B. 负债加以确认

C. 所有者权益加以确认　　　　　D. 收入加以确认

6. 存在对应关系的账户互称为( )。

A. 对应账户　　　　B. 平衡账户

C. 总分账户　　　　D. 联系账户

7. 在借贷记账法下,所有者权益类账户的期末余额等于( )。

A. 期初贷方余额＋本期贷方发生额－本期借方发生额

B. 期初借方余额＋本期贷方发生额－本期借方发生额

C. 期初借方余额＋本期借方发生额－本期贷方发生额

D. 期初贷方余额＋本期借方发生额－本期贷方发生额

8. 借贷记账法下,发生额试算平衡的理论依据是( )。

A. 会计等式　　　　　　　　　B. 资金变化业务类型

C. 借贷记账法地记账规则　　　D. 平行登记

9. 下列分录形式中属于复合会计分录的是( )。

A. 一借一贷的分录　　　　　　B. 一贷一借的分录

C. 一借多贷的分录　　　　　　D. 按复式记账要求编制的分录

10. 对于双重性质账户的期末余额,下列说法中正确的是( )。

A. 一定有借方余额　　　　　　B. 一定有贷方余额

C. 一定没有余额　　　　　　　D. 可能为借方余额,也可能为贷方余额

11. 收入类账户的结构与所有者权益类账户的结构( )。

A. 一致　　　　　　B. 无关

C. 相反　　　　　　D. 类似

12. 在编制"总分类账户发生额及余额试算平衡表"中,若出现三对平衡数字,则( )。

A. 全部总账账户记录一定正确

B. 全部总账账户记录也不能肯定无错

C. 全部明细分类账户记录一定正确

D. 全部明细分类账户记录肯定错误

13. 借贷记账法下余额试算平衡公式是( )。

A. 每个账户借方发生额＝每个账户贷方发生额

B. 全部账户本期借方发生额合计＝全部账户本期贷方发生额合计

C. 全部账户期末借方余额合计＝全部账户期末贷方余额合计

D. 每个账户期末借方余额 = 每个账户期末贷方余额

14. 总分类账户和所属明细分类账户平行登记的要点是( )。

   A. 同内容、同方向、同日期　　　　B. 同依据、同金额、同时期

   C. 同日期、同金额、同内容　　　　D. 同方向、同时期、同金额

15. 下列账户中,期末一般无余额的是( )。

   A."生产成本"账户　　　　　　　　B."营业外收入"账户

   C."应付职工薪酬"账户　　　　　　D."盈余公积"账户

二、多项选择题

1. 在借贷记账法下,期末结账后,一般有余额的账户有( )。

   A. 资产类账户　　B. 收入类账户　　C. 负债类账户　　D. 费用类账户

2. 借贷记账法下账户借方登记( )。

   A. 资产增加　　B. 费用减少　　C. 负债减少　　D. 所有者权益减少

3. 会计分录必须具备的要素包括( )。

   A. 记账方向　　B. 记账手段　　C. 记账科目　　D. 记账金额

4. 在借贷记账法下,( )。

   A."借"和"贷"作为记账符号　　　　B."借"和"贷"等于"增"和"减"

   C. 在账户结构上,"借"和"贷"表示两个对立的部位

   D. 在金额的增减变化上,"借"和"贷"可表示"增加"或"减少"

5. 对于成本类账户来讲,( )。

   A. 其增加额记入账户的借方　　　　B. 其减少额记入账户的贷方

   C. 期末可能有余额,也可能没有余额

   D. 如有期末余额,一般为借方余额

三、判断题

1. 借、贷不仅作为记账符号,其本身的含义也应考虑,"借"只能表示债权的增加,"贷"只能表示债务的增加。( )

2. 对于不同性质的账户,"借""贷"的含义有所不同。( )

3. 借贷记账法下账户的基本结构是:每一个账户的左边均为借方,右边均为贷方。( )

4. 负债及所有者权益账户的结构应与资产类账户的结构一致。( )

5. 借贷记账法要求:如果在一个账户中记借方,在另一个或几个账户中则应记贷方。( )

6. 账户发生额试算平衡是根据借贷记账法的记账规则来确定的。( )

7. 借贷方向记反可以通过试算平衡查找出来。( )

8. 账户余额试算平衡是根据"资产=负债+所有者权益"确定的。( )

9. 如果试算平衡结果表明借贷是平衡的,可以肯定记账没有错误。( )

10. 由于总分类账户既能提供总括核算指标,又能提供详细核算指标,因此是十分重要

的账户。（ ）

11.账户的借方反映资产和负债及所有者权益的增加，贷方反映资产和负债及所有者权益的减少。（ ）

四、实务题

习题一

【目的】练习账户的结构及账户金额的计算方法。

【资料】

表 4-12　　　　　　　　宏达公司20××年12月31日有关账户的资料

账户名称	期初余额		本期发生额		期末余额	
	借方	贷方	借方	贷方	借方	贷方
无形资产	400 000	—	220 000	10 000	（ ）	—
银行存款	60 000	—	（ ）	80 000	90 000	—
应付账款	—	80 000	70 000	60 000	—	（ ）
短期借款	—	45 000	（ ）	10 000	—	30 000
应收账款	（ ）	—	30 000	50 000	20 000	—
实收资本	—	350 000	—	（ ）	—	620 000
其他应付款	—	25 000	25 000	—	—	（ ）

【要求】根据账户期初余额、本期发生额和期末余额的关系，填列上表中的括号内的部分。

习题二

【目的】练习借贷记账法的应用及试算平衡表的编制。

【资料】

表 4-13　　　　　　　　天宇公司20××年10月初有关账户余额　　　　　　单位:元

资　产	余　额	负债及所有者权益	余　额
库存现金	1 500	短期借款	195 000
银行存款	45 000	应付账款	142 000
原材料	90 000	应交税费	9 000
应收账款	47 700	长期借款	186 000
库存商品	60 000	实收资本	304 200
生产成本	22 500	资本公积	140 000
长期股权投资	180 000	盈余公积	70 000
固定资产	600 000	—	—
合　计	1 046 700	合　计	1 046 700

该公司20××年10月份发生下列交易或事项：

(1)购进机器设备一台,价值10 000元(不考虑增值税),以银行存款支付。
(2)从银行提取现金1 000元,备作零星支出。
(3)投资者投入企业原材料一批,作价20 000元(不考虑增值税)。
(4)生产车间向仓库领用材料一批,价值40 000元,投入甲产品生产。
(5)以银行存款22 500元偿还应付供货单位货款。
(6)向银行取得期限三年借款150 000元,存入银行。
(7)以银行存款上交所得税9 000元。
(8)收到购货单位前欠货款18 000元,其中16 000元存入银行,其余部分收到现金。
(9)以银行存款48 000元,归还银行短期借款20 000元和应付购货单位账款28 000元。

【要求】
(1)根据表4-13提供的资料开设"T"形账户,登记期初余额〔可与要求(3)合并处理〕。
(2)根据该公司本月发生的交易或事项编制会计分录。
(3)根据上述会计分录在设好的有关账户中登记账户(没有期初余额的补设账户)。
(4)结账,并根据结账结果编制"试算平衡表"。

第五章 制造业主要交易或事项的核算

❋ 内容提要

在掌握复式记账原理的基础上,为进一步熟练掌握账户设置和复式借贷记账法的具体运用,本章以制造业的主要交易或事项为例,系统地阐述与企业资金筹集、供应过程、生产过程、销售过程、财务成果等再生产过程相适应的筹资、采购与付款、生产过程、销售与收款、财务成果等交易或事项的基本内容、账户设置和账务处理,进而说明借贷记账法在制造性企业会计核算中的具体应用。

第一节 筹资交易或事项的核算

一、制造业交易或事项的概述

本章所讲的制造业是指制造性生产企业,它是产品的生产单位,其完整的生产经营活动包括资金的筹集、资金在企业内部的循环和周转及资金退出。其中资金在企业内部的循环和周转是其核心内容,它由供应过程、生产过程和销售过程构成。具体来说,企业为了进行其生产经营活动,必须拥有一定数量的经营资金。经营资金在生产经营过程中被具体运用时表现为不同的占用形态,一般可以分为货币资金、储备资金、生产资金、成品资金等资金形态,而且随着生产经营过程的不断进行,这些资金形态不断转化,形成经营资金的循环与周转。在资金的循环和周转过程中,其主要的交易或事项如下:

（1）企业从各种渠道筹集生产经营所需要的资金。其筹资的渠道主要包括接受投资者的投资和向债权人借入。资金筹集业务的完成意味着资金投入企业，因而企业就可以运用筹集到的资金开展正常的经营业务，进入供、产、销过程。

（2）供应过程是生产经营的准备过程。在这个过程中，企业用货币资金购买机器设备等劳动资料，购买原材料等劳动对象，为生产产品做好物资上的准备，此时货币资金分别转化为固定资金形态和储备资金形态。因而，供应过程的主要核算内容是购买原材料的业务，包括支付材料价款和税款，发生采购费用，计算采购成本、材料验收入库结转入库材料成本等。供应过程完成之后进入生产过程。

（3）生产过程是制造业经营过程的中心环节。在生产过程中，为生产产品耗费材料形成直接材料费；耗费工人劳动形成职工薪酬等人工费用；使用厂房、机器设备等劳动资料产生折旧费用等。对生产过程中发生的这些费用的归集和分配是其主要业务。

（4）销售过程是产品价值的实现过程。在销售过程中，企业通过销售商品，并按照销售价款及相关税费与购买单位办理各种款项的结算，收回货款，完成资金的循环。该过程中涉及的主要交易或事项有销售商品、货款回收、销售成本结转、销售税金计算等。

（5）财务成果计算及分配过程。其主要交易或事项是通过收入、收益和费用、损失的配比，计算出本期所实现的利润并对其进行分配。

综合上述内容，制造业在经营过程中发生的主要交易或事项有：（1）筹资事项；（2）采购与付款交易或事项；（3）生产过程中的交易或事项；（4）销售与收款交易或事项；（5）财务成果形成与分配等。

二、筹资交易或事项的核算

（一）筹资交易或事项的核算内容

资金是企业从事生产经营活动的首要条件。企业的资金来源主要有两条渠道：一是投资者投入的资本金，二是向债权人借入的款项。

投资者投入的资本金，在会计上称为"实收资本"（股份公司称为"股本"），是投资者依据国家有关法律、法规的规定向被投资企业注入的启动资金，包括国家资本金、法人资本金、外商资本金和个人资本金。投资者作为企业的所有者将视企业经营状况的好坏，按照出资比例或投资契约来分享红利或分担亏损。入账后的实收资本，除依法转让外，不得以任何形式抽回。

企业向银行或非银行金融机构借款，企业取得的借款按期限长短分为长期借款和短期借款。长期借款是指企业借入的归还期在一年以上（不含一年）的借款。短期借款是指企业借入的归还期在一年或不超过一年的一个经营周期内的借款。企业借入的长、短期借款必须按规定用途使用，定期支付利息，按期归还本金。

(二)筹资交易或事项核算的账户设置

为合理组织筹资交易或事项的会计核算,需要设置以下主要账户。

1."实收资本"账户(股份公司为"股本"账户)

实收资本是企业的主要资金来源,它是投资者实际投入企业用于生产经营活动的货币资金和各种财产物资。为了对实收资本进行核算,需要设置"实收资本"账户。

"实收资本"账户属于所有者权益类账户。贷方登记企业实际收到的投资者投入资本数额的增加,借方登记投资者投入的资本数额的减少。期末余额在贷方,反映企业实有的资本数额。本账户应按投资者分设明细账进行明细分类核算。

"实收资本"账户的结构见图5-1。

借	实收资本	贷
实收资本的减少数	实收资本的增加数	
	期末余额:实有的资本数额	

图5-1 "实收资本"账户结构

2."短期借款"账户

"短期借款"账户属于负债类账户,主要核算企业向银行或其他金融机构借入的期限在一年或不超过一年的一个经营周期以内的各种借款的情况。该账户贷方登记实际获得的短期借款的增加额,借方登记到期清偿的短期借款的减少额。期末余额在贷方,反映企业尚未偿还的短期借款本金。该账户应按贷款单位、贷款种类设置明细账进行明细分类核算。

"短期借款"账户的结构见图5-2。

借	短期借款	贷
短期借款的偿还(减少数)	短期借款的取得(增加数)	
	期末余额:尚未偿还的短期借款本金	

图5-2 "短期借款"账户结构

3."长期借款"账户

"长期借款"账户属于负债类账户,主要核算企业向银行或其他金融机构借入的期限在一年以上(不含一年)的各项借款的情况。该账户贷方登记实际获得的长期借款的取得、计息(增加额),借方登记长期借款的本息偿还(减少额),期末余额在贷方,反映企业尚未偿还的长期借款本金和利息。该账户应按贷款单位、贷款种类设置明细账进行明细分类核算。

"长期借款"账户的结构见图5-3。

借	长期借款	贷
长期借款本息的偿还（减少数）	长期借款的取得、计息（增加数）	
	期末余额：尚未偿还的长期借款本息	

图 5-3 "长期借款"账户结构

除设置上述三个主要账户外，还可能涉及"库存现金""银行存款""原材料""固定资产""无形资产""资本公积""财务费用"等账户。

（三）筹资交易或事项核算的业务举例

1. 实收资本的账务处理

现以泰山公司20××年12月发生的筹资业务为例，说明实收资本业务的会计核算。

【例5-1】20××年12月5日泰山公司收到投资者的投资款7 000 000元，存入银行。

分析：此交易的发生，一方面使银行存款增加7 000 000元，另一方面使实收资本增加7 000 000元。因此，这项交易涉及"银行存款"和"实收资本"两个账户。银行存款是一项资产，增加记入"银行存款"账户的借方；企业接受投资，增加所有者权益，应记入"实收资本"账户的贷方。对这项交易编制的会计分录为：

借：银行存款　　　7 000 000
　　贷：实收资本　　　7 000 000

【例5-2】20××年12月10日泰山公司收到黄河公司投入的专利权，投资各方协议价值2 000 000元。

此交易的发生，一方面使无形资产增加2 000 000元，另一方面使实收资本增加2 000 000元。因此，这项交易涉及"无形资产"和"实收资本"两个账户。无形资产是一项资产，增加记入"无形资产"账户的借方；黄河公司对泰山企业的投资是一项所有者权益，增加记入"实收资本"账户的贷方。对这项交易编制的会计分录为：

借：无形资产　　　2 000 000
　　贷：实收资本　　　2 000 000

2. 借款业务的账务处理

现以泰山公司20××年12月发生的债务筹资为例，说明借款交易的会计核算。

【例5-3】泰山公司因生产经营临时需要，于20××年12月1日向银行申请取得期限为6个月的借款2 000 000元，存入银行。

此项交易的发生，一方面使公司的银行存款增加2 000 000元，另一方面使公司的短期借款增加2 000 000元，因此这项交易涉及"银行存款"和"短期借款"两个账户。银行存款是一项资产，增加记入"银行存款"账户的借方；短期借款是一项负债，增加记入"短期借款"账户

的贷方。对这项交易编制的会计分录为:
　　借:银行存款　　2 000 000
　　　　贷:短期借款　　2 000 000

【例5-4】20××年12月1日泰山公司取得一笔本金1 000 000元,年利率7%,期限为3年的长期借款,存入开户银行。

此交易的发生,一方面使公司的银行存款增加1 000 000元,另一方面使公司的长期借款增加1 000 000元,因此这项交易涉及"银行存款"和"长期借款"两个账户。银行存款是一项资产,增加记入"银行存款"账户的借方;长期借款是一项负债,增加记入"长期借款"账户的贷方。对这项交易编制的会计分录为:
　　借:银行存款　　1 000 000
　　　　贷:长期借款　　1 000 000

第二节　采购与付款交易或事项的核算

一、采购与付款交易或事项的核算内容

采购与付款交易或事项是制造业为生产产品所做的准备工作,主要是采购原材料、燃料等存货及购建固定资产。其基本内容包括企业与供货单位签订购销合同,并按合同的规定办理款项的结算,包括所购货物的价款、增值税、与购进货物有关的运输费、装卸费、保险费、包装费等各种采购费用。所以,购进货物支付的价款及全部采购费用组成购进货物的采购成本(增值税是价外税,不计入购进材料或机器设备等的成本)。

二、采购与付款交易或事项的会计核算

(一)账户设置

为了合理组织采购与付款交易或事项的会计核算,企业应设置以下主要账户。

1."固定资产"账户

"固定资产"账户属于资产类账户,主要核算企业固定资产原价的增减变动及其结存情况。其借方登记企业增加的固定资产原价,贷方登记企业减少的固定资产原价,期末借方余额反映企业期末固定资产的账面原价。"固定资产"账户应按固定资产类别设置明细账,进行明细分类核算。"固定资产"账户的结构见图5-4。

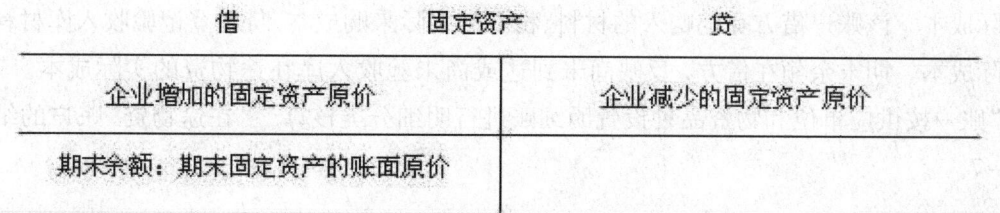

图 5-4 "固定资产"账户结构

2. "在建工程"账户

"在建工程"账户属于资产类账户,主要核算企业进行建造工程、安装工程等发生的实际支出,包括需要安装的设备的价值。其借方登记企业各项在建工程的实际支出,贷方登记完工工程转出的实际成本,期末借方余额反映企业尚未完工的在建工程发生的实际支出。"在建工程"账户应按照工程项目设置明细账进行明细分类核算。"在建工程"账户的结构见图 5-5。

借	在建工程	贷
企业各项在建工程的实际支出		完工工程转出的实际支出
期末余额:企业尚未完工的在建工程发生的实际支出		

图 5-5 "在建工程"账户结构

3. "原材料"账户

"原材料"账户属于资产类账户,主要核算企业库存材料实际成本的增减变动及其结存情况。其借方登记已验收入库的材料实际成本的增加,贷方登记发出的材料实际成本的减少。期末余额在借方,表示库存材料实际成本的期末结余额。"原材料"账户应按照材料的保管地点、种类或类别设置明细账进行明细分类核算。"原材料"账户的结构见图 5-6。

借	原材料	贷
已验收入库材料实际成本的增加		发出材料实际成本的减少
期末余额:期末库存材料的实际成本		

图 5-6 "原材料"账户结构

4. "在途物资"账户

"在途物资"账户属于资产类账户,主要核算实际成本核算法下尚未验收入库的材料物资的实际成本。该账户借方登记购入的材料、物资的实际采购成本,贷方登记验收入库材料转出的实际成本。期末余额在借方,反映尚未到达或尚未验收入库在途物资的实际成本。"在途物资"账户按供应单位和物资品种设置明细账进行明细分类核算。"在途物资"账户的结构见图5-7。

借	在途物资	贷
购入材料、物资的买价和采购费用等实际采购成本	结转的验收入库材料、物资的实际采购成本	
期末余额:未验收入库材料、物资的实际成本		

图5-7 "在途物资"账户结构

5. "应付账款"账户

"应付账款"账户属于负债类账户,主要核算企业因购买原材料、商品或接受劳务供应等经营活动应支付,但尚未支付给供应单位的款项。该账户贷方登记应付供应单位款项(买价、税金和代垫运杂费等)的增加,借方登记应付供应单位款项的减少(即偿还)。期末余额一般在贷方,表示尚未偿还的应付款结余数。该账户应按照供应单位的名称设置明细账进行明细分类核算。"应付账款"账户的结构见图5-8。

借	应付账款	贷
应付供应单位款项的减少(即偿还)	应付供应单位款项的增加	
	期末余额:尚未偿还的应付款结余数	

图5-8 "应付账款"账户结构

6. "预付账款"账户

"预付账款"账户属于资产类账户,主要核算企业因购买材料、物资和接受劳务供应等按照合同规定预付给供应单位款项的增减变动及其结余情况。该账户借方登记企业因订购材料、物资或预订劳务而预付给供应单位的款项;贷方登记收到供应单位提供的材料、物资或劳务时,冲销预付供应单位的款项。期末余额在借方,反映企业实际预付款项结余数。该账户按供应单位设置明细账进行明细分类核算。"预付账款"账户的结构见图5-9。

借	预付账款	贷
预付供应单位款项的增加	冲销预付供应单位的款项	
期末余额:实际预付款项结余数		

图5-9 "预付账款"账户结构

7."应交税费"账户

"应交税费"账户属于负债类账户,主要核算企业按税法规定应缴纳的各种税费(印花税等不需要预计税额的税种除外)的计算与实际缴纳情况。其贷方登记计算出的各种应交未交税费的增加,包括计算出的增值税、消费税、城市维护建设税、所得税、教育费附加等;借方登记实际缴纳的各种税费,包括支付的增值税进项税额。期末余额一般在贷方,表示未交税费结余数;有时在借方,表示多交的税费。"应交税费"账户应按照税费种类设置明细账进行明细分类核算。"应交税费"账户的结构见图5-10。

借	应交税费	贷
实际缴纳的各种税费		计算出的应交未交的各种税费
期末余额:多交的税费		期末余额:未交税费结余数

图5-10 "应交税费"账户结构

在采购与付款交易或事项中设置"应交税费"账户主要是为了核算增值税,增值税的相关业务通过"应交税费——应交增值税"明细账进行核算。

除设置上述主要账户外,在采购与付款交易或事项中往往还涉及"银行存款""库存现金""应付票据"等账户。

(二)业务举例

1.固定资产购进与付款交易的核算

固定资产是企业生产经营过程中长期使用的劳动资料和劳动手段,包括房屋建筑物、机器设备、运输车辆及工具、器具等。我国新《企业会计准则》将固定资产定义为:"同时具有下列特征的有形资产:(1)为生产商品、提供劳务、出租或经营管理而持有;(2)使用寿命超过一个会计年度。"

企业购入的固定资产,有的购入后就可投入使用,形成固定资产;而有的固定资产,购进后需要安装,安装后才能达到预计的可使用状态,形成真正意义上的固定资产。所以,需要区分需要安装的固定资产和不需要安装的固定资产,分别进行核算。以下举例说明固定资产的会计核算。

【例5-5】20××年12月1日泰山公司从黄河公司购进不需要安装的机器设备1台,价款为200 000元,适用增值税税率为16%,即进项税额为32 000元,价税合计为232 000元。设备已交付生产车间使用,货款以银行存款支付。

此交易购进的机器设备是不需要安装的机器设备,购入即达到预计可使用状态,形成固定资产。该交易的发生,一方面使固定资产增加200 000元,进项税额增加32 000元;另一方面使银行存款减少232 000元。因此,这项交易涉及"固定资产""应交税费"和"银行存款"三个账户。固定资产是一项资产,增加应记入"固定资产"账户的借方,进项税额增加应记入"应交税费——应交增值税(进项税额)"账户的借方;银行存款是一项资产,减少应记入"银行存款"账户的贷方。对这项交易编制的会计分录为:

借:固定资产　　200 000

　　应交税费——应交增值税(进项税额)　　32 000

　贷:银行存款　　232 000

【例5-6】20××年12月1日泰山公司从黄河公司购进需要安装的机器设备1台,价款为300 000元,适用增值税税率为16%,即进项税额为48 000元,价税合计为348 000元。另支付包装运杂费等共计10 000元,税率10%,增值税进项税1000元设备已交付车间安装,货款以银行存款支付。

此交易购进的机器设备是需要安装的机器设备,购入过程中发生的设备价款、包装费、运杂费等支出构成固定资产的安装成本,在固定资产达到预计可使用状态前应先在"在建工程"账户中归集相应的安装成本,固定资产安装完成、达到预计可使用状态,交付使用后再由"在建工程"转入"固定资产"。该交易的发生,一方面使在建工程增加310 000元(300 000+10 000),进项税额增加49 000(48000+1000)元;另一方面使银行存款减少359 000元(300 000+48 000+10 000+1000)。因此,这项交易涉及"在建工程""应交税费"和"银行存款"三个账户。在建工程是一项资产,增加应记入"在建工程"账户的借方;进项税额增加应记入"应交税费——应交增值税(进项税额)"账户的借方;银行存款是一项资产,减少应记入"银行存款"账户的贷方。对这项交易编制的会计分录为:

借:在建工程　　310 000

　　应交税费——应交增值税(进项税额)　　49 000

　贷:银行存款　　359 000

【例5-7】承【例5-6】,泰山公司购入的上述需要安装的机器设备在安装过程中消耗原材料15 000元,应付本公司安装人员工资10 000元。

设备在安装过程中发生的材料、职工工资等安装费用构成固定资产的安装成本,应先在"在建工程"账户中归集。该经济事项的发生,一方面使在建工程的成本增加25 000元(15 000+10 000);另一方面使原材料减少15 000元,应付职工薪酬增加10 000元。因此,这项经济事项涉及"在建工程""原材料"和"应付职工薪酬"三个账户。在建工程是一项资产,增加应记入"在建工程"账户的借方;原材料是一项资产,减少应记入"原材料"账户的贷方;应付职工薪酬是一项负债,增加应记入"应付职工薪酬"账户的贷方。对这项经济事项编制的会计分录为:

借:在建工程　　25 000

　贷:原材料　　15 000

　　应付职工薪酬　　10 000

【例5-8】承【例5-6】、【例5-7】，泰山公司上述设备安装完毕，达到预计可使用状态，固定资产经验收合格，交付使用，结转安装工程成本。

设备安装完毕，交付使用，意味着真正意义上的固定资产已经形成，因此应将"在建工程"账户归集的安装成本转入"固定资产"账户，构成固定资产的取得成本。该经济事项的发生，一方面使在建工程的成本减少335 000元(310 000+25 000)，另一方面使固定资产增加335 000元，因此这项经济事项涉及"在建工程"和"固定资产"两个账户。在建工程是一项资产，减少应记入"在建工程"账户的贷方；固定资产是一项资产，增加应记入"固定资产"账户的借方。对这项经济事项编制的会计分录为：

借：固定资产　　　335 000
　　贷：在建工程　　　335 000

2. 原材料购进与付款交易的核算

企业采购原材料等存货的付款时间的先后不同形成了不同的采购方式：钱货两清，也叫现购；先付款后取货，也叫预付款采购；先到货后付款，也叫赊购商品。凡此种种，虽说都是购货付款，但反映在会计处理上是各不相同的。购进货物运达企业后，应办理验收入库手续，交由仓库保管，以备生产车间或其他部门领用。由于企业存货核算有按计划成本核算与按实际成本核算两种核算方法，因此购进业务核算要与之相适应。本教材采用实际成本核算法。

下面举例说明原材料的实际成本核算。

【例5-9】20××年12月5日泰山公司从黄河公司购进甲材料10吨，每吨4 000元，适用增值税税率16%，即进项税额6 400元，价税合计46 400元。材料已经验收入库，货款以银行存款支付。

此交易的发生，一方面使原材料增加40 000元，进项税额增加6 400元；另一方面使银行存款减少46 400元。因此，这项交易涉及"原材料""应交税费"和"银行存款"三个账户。原材料是一项资产，增加应记入"原材料"账户的借方；进项税额增加应记入"应交税费——应交增值税（进项税额）"账户的借方；银行存款是一项资产，减少应记入"银行存款"账户的贷方。对这项交易编制的会计分录为：

借：原材料——甲材料　　　40 000
　　应交税费——应交增值税（进项税额）　　　6 400
　　贷：银行存款　　　46 400

【例5-10】20××年12月10日泰山公司从黄河公司购进丙材料2吨，每吨5 000元，进项税额1 600元，共计11 600元，材料在运输途中，尚未到达本厂，货款签发转账支票通过银行付讫。

此交易的发生，一方面使在途物资增加10 000元，进项税额增加1 600元；另一方面使银行存款减少11 600元。因此，这项交易涉及"在途物资""应交税费"和"银行存款"三个账户。在途物资是一项资产,增加应记入"在途物资"账户的借方;进项税额增加应记入"应交税费——应交增值税(进项税额)"账户的借方;银行存款是一项资产,减少应记入"银行存款"账户的贷方。对这项交易编制的会计分录为:

借:在途物资——丙材料　　10 000
　　应交税费——应交增值税(进项税额)　　1 600
　贷:银行存款　　11 600

【例5-11】承【例5-10】,20××年12月11日 泰山公司支付购进丙材料的运费,增值税发票注明:运费1 000元,税率10%,增值税100元,价税合计1 100元,款项通过银行付讫。

此交易的发生,一方面使在途物资增加1 000元,进项税额增加100元;另一方面使银行存款减少1 100元。因此,这项交易涉及"在途物资""应交税费"和"银行存款"三个账户。在途物资是一项资产,增加应记入"在途物资"账户的借方;进项税额增加应记入"应交税费——应交增值税(进项税额)"账户的借方;银行存款是一项资产,减少应记入"银行存款"账户的贷方。

借:在途物资——丙材料　　1 000
　　应交税费——应交增值税(进项税额)　　100
　贷:银行存款　　1 100

【例5-12】承【例5-10】、【例5-11】20××年12月15日,泰山公司从黄河公司购进的2吨丙材料到达并验收入库。根据收料单,结转在途物资成本。

此经济事项的发生,一方面使原材料增加11 000元,另一方面使在途物资减少11 000元。因此,这项经济事项涉及"原材料"和"在途物资"两个账户。原材料是一项资产,增加记入"原材料"账户的借方;在途物资也是一项资产,减少记入"在途物资"账户的贷方。对这项经济事项编制的会计分录为:

借:原材料——丙材料　　11 000
　贷:在途物资——丙材料　　11 000

【例5-13】20××年12月16日泰山公司从黄河公司购进丁材料1 000千克,发票注明的价款为30 000元,增值税税额为4 800元(30 000×16%),黄河公司代泰山公司垫付材料的运杂费为2 000元,增值税税额200元(2 000×10%)。材料已运达企业并已验收入库。发票、账单已到,但材料价款、税金及运杂费尚未支付。

此项交易的发生,一方面使公司的材料采购成本增加32 000元(其中:材料买价30 000元,运杂费2 000元),增值税进项税额增加5 000元;另一方面使公司应付供应单位款项增加37 000元(30 000+4 800+2 000+200)。因此,该交易涉及"原材料""应交税费"和"应付账款"三个账户。材料采购成本的增加是资产的增加,应记入"原材料"账户的借方;增值税进项税额增加应记入"应交税费——应交增值税(进项税额)"账户的借方;应付账款的增加是

负债的增加,应记入"应付账款"账户的贷方。对这项交易编制的会计分录为:

　　借:原材料——丁材料　　32 000
　　　　应交税费——应交增值税(进项税额)　　5 000
　　　　贷:应付账款——黄河公司　　37 000

【例5-14】20××年12月17日泰山公司以银行存款37 000元归还前欠黄河公司的货款。

此项交易的发生,一方面使公司的银行存款减少37 000元,另一方面使公司应付黄河公司的货款减少37 000元,因此该交易涉及"银行存款"和"应付账款"两个账户。银行存款是资产,减少记入"银行存款"账户的贷方;应付账款是一项负债,减少记入"应付账款"账户的借方。对这项交易编制的会计分录为:

　　借:应付账款——黄河公司　　37 000
　　　　贷:银行存款　　37 000

【例5-15】20××年12月18日泰山公司从黄河公司购进甲材料10吨,每吨2 000元,购进乙材料5吨,每吨1 000元,甲、乙材料适用增值税税率均为16%,即甲、乙材料的进项税额共计4 000元,价税合计29 000元。甲、乙材料运费共计3 000元,运费增值税300元,运费按材料重量分配。甲、乙材料均已验收入库,货款及税款以银行存款支付。

首先计算甲、乙材料负担的运杂费:

分配率 = 3000/(10 + 5) = 200(元/吨)

甲材料负担的运杂费 = 10 × 200 = 2 000(元)

乙材料负担的运杂费 = 5 × 200 = 1 000(元)

其次计算甲、乙材料的实际成本:

甲材料实际成本 = 20 000 + 2 000 = 22 000(元)

乙材料实际成本 = 5 000 + 1 000 = 6 000(元)

此交易的发生,一方面使原材料增加28 000元,进项税额增加4 300元,另一方面使银行存款减少32 300元(29 000 + 3 300),因此这项交易涉及"原材料""应交税费"和"银行存款"三个账户。原材料是一项资产,增加应记入"原材料"账户的借方;进项税额增加应记入"应交税费——应交增值税(进项税额)"账户的借方;银行存款是一项资产,减少应记入"银行存款"账户的贷方。对这项交易编制的会计分录为:

　　借:原材料——甲材料　　22 000
　　　　　　——乙材料　　6 000
　　　　应交税费——应交增值税(进项税额)　　4 300
　　　　贷:银行存款　　32 300

【例5-16】20××年12月18日泰山公司按照合同规定用银行存款预付给华龙公司订货款232 000元。

此项交易的发生,一方面使公司预付的订货款增加232 000元,另一方面使公司的银行存款减少232 000元,因此该项交易涉及"预付账款"和"银行存款"两个账户。预付订货款是一项债权性资产,增加记入"预付账款"账户的借方;银行存款是一项资产,减少记入"银行存款"账户的贷方。对这项交易编制的会计分录为:

借:预付账款——华龙公司　　232 000
　　贷:银行存款　　232 000

【例5-17】20××年12月25日泰山公司收到华龙公司发运来的前已预付货款的甲材料,并验收入库。货物发票注明该批甲材料的价款为200 000元,增值税税额为32 000元。

此项交易的发生,一方面使公司的材料采购成本增加200 000元,增值税进项税额增加32 000元;另一方面使公司的预付款减少232 000元。因此,该项交易涉及"原材料""应交税费"和"预付账款"三个账户。材料采购成本的增加是资产的增加,应记入"原材料"账户的借方;增值税进项税额的增加应记入"应交税费——应交增值税(进项税额)"账户的借方;预付款的减少是资产的减少,应记入"预付账款"账户的贷方。对这项交易编制的会计分录为:

借:原材料——甲材料　　200 000
　　应交税费——应交增值税(进项税额)　　32 000
　　贷:预付账款——华龙公司　　232 000

第三节　生产过程交易或事项的核算

一、生产过程交易或事项的核算内容

生产过程是制造企业生产经营活动的中心环节,其目的是生产符合社会需要的产品。企业从原材料、人工、机器设备等生产要素投入生产开始,到生产出新的产品完工入库为止的整个过程称为生产过程。产品的生产过程同时也是生产的耗费过程,其生产费用主要包括各种原材料费用、各种固定资产折旧费用、生产工人及生产管理人员的人工费用及以货币支付的用于产品生产的其他费用等。这些为制造产品而发生的各种耗费构成产品的制造成本。为了正确计算产品的制造成本,通常将构成产品制造成本的各种耗费按其用途划分为三个成本项目,即直接材料费用、直接人工费用和制造费用。

直接材料费用是指企业在制造产品的过程中,直接用于产品生产,构成产品实体的原料、主要材料、外购半成品及有助于产品形成的辅助材料和其他材料。

直接人工费用是指企业在制造产品的过程中,直接参加产品生产的工人工资等薪酬费用。

制造费用是指企业所辖的各生产车间为组织和管理生产而发生并归集的需要按一定的标准分配计入产品生产成本的各项间接费用,包括车间管理人员的薪酬、折旧费、修理费、水电

费、机物料消耗、劳动保护费和其他制造费用。

此外,企业为了组织管理生产经营活动还会发生与产品生产无直接关系的各种费用,主要包括管理费用、财务费用、销售费用。这些费用不计入产品制造成本,而计入当期损益,称为期间费用(具体内容在后面介绍)。

总之,在产品生产过程中生产费用的发生、归集和分配,以及产品成本的形成,就构成了生产过程中主要交易或事项核算的主要内容。

二、生产过程交易或事项的会计核算

(一)账户设置

生产过程中的主要交易或事项是生产费用的发生、归集、分配和核算产品的实际成本。为了组织生产过程中交易或事项的核算,需要设置以下主要账户。

1."生产成本"账户

"生产成本"账户属于成本类账户,用来归集和分配企业制造产品过程中所发生的各项生产费用,以正确地计算产品生产成本。其借方登记计入产品生产成本的各项费用,包括直接材料费用、直接人工费用和期末按照一定的方法分配计入产品生产成本的制造费用;贷方登记结转完工入库产成品的实际生产成本。期末如有借方余额,表示尚未完工产品(即在产品)的成本。该账户应按产品种类或类别设置明细账进行明细分类核算。"生产成本"账户的结构见图5-11。

借	生产成本	贷
发生的全部生产费用 (直接材料费用、直接人工费用、制造费用)		结转完工入库产成品的生产成本
期末余额:尚未完工产品(在产品)成本		

图5-11 "生产成本"账户结构

2."制造费用"账户

"制造费用"账户属于成本类账户,主要核算企业生产车间、部门为生产产品而发生的不能直接计入产品成本的各种间接费用的归集和分配情况。该账户借方归集所有间接费用,即登记生产车间实际发生的机物料消耗,车间管理人员的薪酬,车间计提的固定资产折旧费,车间支付的办公费、修理费、水电费、劳动保护费等;贷方登记期末经分配转入"生产成本"账户的制造费用。期末分配转入产品生产成本后该账户一般没有余额。该账户应按不同车间设置明细账户,按照费用项目设置专栏进行明细分类核算。"制造费用"账户的结构见图5-12。

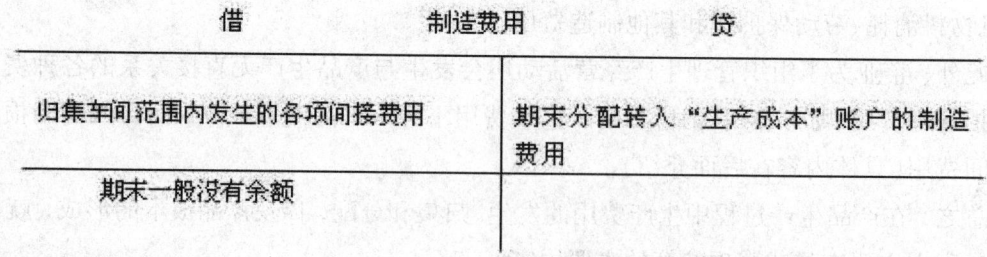

图 5-12 "制造费用"账户结构

3. "管理费用"账户

"管理费用"账户属于损益类账户，主要核算企业行政管理部门为组织和管理企业的生产经营活动而发生的各项办公费、业务招待费、差旅费等费用的发生及结转情况。该账户借方登记发生的各项管理费用，贷方登记期末转入"本年利润"账户的数额，结转后本账户期末没有余额。管理费用是一项期间费用，其账户应按照费用项目设置专栏进行明细分类核算。"管理费用"账户的结构见图 5-13。

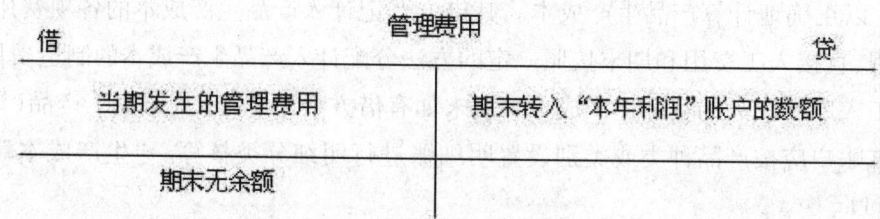

图 5-13 "管理费用"账户结构

4. "应付职工薪酬"账户

职工薪酬是指企业为了获取职工提供的服务而给予的各种形式的报酬及其他相关支出，包括职工工资、奖金、津贴和补贴，以及职工福利费、医疗保险费、养老保险费、失业保险费、工伤保险费、生育保险费等社会保险费，住房公积金、工会经费和职工教育经费，非货币性福利、解除职工劳动关系补偿等。

"应付职工薪酬"账户属于负债类账户，主要核算企业应付给职工的各种薪酬总额与实际发放情况。该账户贷方登记本月分配的应付职工薪酬总额；借方登记本月实际支付的职工薪酬数。月末如为贷方余额，表示本月应付职工薪酬大于实付职工薪酬的数额，即应付未付的职工薪酬。

"应付职工薪酬"账户按照"工资""职工福利""社会保险费""住房公积金"等设置明细账进行明细分类核算。"应付职工薪酬"账户的结构见图 5-14。

借	应付职工薪酬	贷
实际支付的职工薪酬数	月末计算分配的职工薪酬数	
	期末余额：应付未付的职工薪酬数	

图 5-14 "应付职工薪酬"账户结构

5. "累计折旧"账户

固定资产是制造业从事生产经营活动所不可缺少的重要劳动资料。固定资产在生产过程中由于使用而逐渐损耗的价值叫折旧。折旧费是生产过程中必然发生的一种费用。计提固定资产折旧表明固定资产价值的减少、耗费的增加。为了核算固定资产因磨损而减少的价值，需要设置"累计折旧"账户。它是"固定资产"账户的抵减账户，属于资产类账户，但结构与"固定资产"账户结构相反。

"累计折旧"账户贷方登记固定资产价值的减少，即累计折旧的增加；借方登记已提折旧的减少或转销。期末余额在贷方，反映企业提取的固定资产折旧累计数额。"累计折旧"账户的结构见图5-15。

借	累计折旧	贷
固定资产折旧的减少（转销）	固定资产折旧的增加（提取）	
	期末余额：现有固定资产累计折旧额	

图 5-15 "累计折旧"账户结构

6. "库存商品"账户

"库存商品"账户属于资产类账户，主要核算企业库存的外购商品、自制产品（即产成品和自制半成品）的成本增减变动及其结存情况。该账户借方登记验收入库商品成本的增加，贷方登记库存商品成本的减少（发出）。期末余额在借方，反映各种库存商品成本。该账户按库存商品的类别、品种和规格设置明细账进行明细分类核算。"库存商品"账户的结构见图5-16。

借	库存商品	贷
验收入库商品成本的增加	库存商品的成本的减少（发出）	
期末余额：结存库存商品的成本		

图 5-16 "库存商品"账户结构

除设置上述主要账户外,在生产过程中的交易或事项中往往还涉及"银行存款""库存现金"等账户。

(二)业务举例

1.材料费用的核算

产品制造过程中直接消耗的原材料、主要材料、辅助材料等材料费用,计入"生产成本"账户;生产车间一般性消耗的各种材料费,应先在"制造费用"账户中进行归集,待月末与其他间接费用一起分配计入有关产品成本中;厂部消耗的材料费用记入"管理费用"账户。总而言之,材料是构成产品实体的一个重要组成部分,对材料费的归集与分配的核算是生产过程交易或事项中非常重要的一部分内容。

【例5-18】20××年12月31日泰山公司会计部门将本月领料单汇总,编制"发出材料汇总表"(见表5-1),将本月发生的材料费用按其用途分配计入生产成本和其他有关费用。

表5-1　　　　　　　　　　　发出材料汇总表

20××年12月31日

用　途	A 材料		B 材料		材料耗用合计
	数量(吨)	金额(元)	数量(吨)	金额(元)	(元)
制造产品领用:	—	—	—	—	—
甲产品耗用	8 000	200 000	6 000	120 000	320 000
乙产品耗用	10 000	250 000	4 000	80 000	330 000
小　　计	18 000	450 000	10 000	200 000	650 000
车间一般耗用	5 000	125 000	2 000	40 000	165 000
管理部门耗用	1 000	25 000	500	10 000	35 000
合　　计	24 000	600 000	12 500	250 000	850 000

会计主管:××　　　　　记账:××　　　　　稽核:××　　　　　制单:××

依据表5-1"发出材料汇总表"分析可知,该公司的材料费用可以分为三个部分。

第一部分为直接用于制造产品的直接材料费用,甲、乙两种产品共耗用650 000元,其中甲产品耗用320 000元,乙产品耗用330 000元。第二部分为车间一般耗用的材料费165 000元。第三部分是管理部门耗用的材料费35 000元。

该经济事项的发生,一方面使公司生产产品的直接材料费用增加650 000元,间接材料费用增加165 000元,管理费用增加35 000元;另一方面使公司的库存材料减少850 000元。因此,该经济事项涉及"生产成本""制造费用""管理费用"和"原材料"四个账户。生产产品的直接材料费用、间接材料费用和管理费用增加是费用的增加,应分别记入"生产成本""制造费用"和"管理费用"账户的借方;库存材料的减少是资产的减少,应记入"原材料"账户的贷方。对该经济事项编制的会计分录为:

借:生产成本——甲产品　320 000
　　　　　　——乙产品　330 000
　　制造费用　　　　　165 000
　　管理费用　　　　　 35 000
　贷:原材料——A 材料　　　600 000
　　　　　——B 材料　　　250 000

2. 人工费用的核算

人工费用是指企业应该支付给职工的工资薪酬等总额。职工薪酬作为企业的一项支出,在实际发生时应根据按月编制的"职工工资等薪酬分配表"登记有关的总分类账和明细分类账,进行相关的账务处理:应由生产产品、提供劳务负担的生产工人的薪酬,计入"生产成本";车间管理人员的薪酬计入"制造费用";从事在建工程、无形资产构建或开发人员的薪酬,计入建造固定资产或无形资产成本;厂部管理人员的薪酬计入"管理费用"。以下举例说明人工费用归集与分配的总分类核算。

【例5-19】泰山公司根据20××年12月的考勤记录和产量记录等编制"工资费用分配汇总表",见表5-2。

表5-2　　　　　　　　工资费用分配汇总表
20××年12月31日

车间、部门	应分配金额(元)
甲产品生产工人工资	640 000
乙产品生产工人工资	430 000
车间管理人员工资	20 000
厂部管理人员工资	50 000
合　计	1 140 000

会计主管:××　　　记账:××　　　稽核:××　　　制单:××

依据表5-2"工资费用分配汇总表"分析可知,工资费用分为三个部分。一部分为直接用于产品制造成本的直接工人的工资费用,甲、乙两种产品共同负担的生产工人的工资费用为1 070 000元,其中甲产品负担640 000元,乙产品负担430 000元;第二部分为车间管理人员工资费用20 000元;第三部分为厂部管理人员工资费用50 000元。

该经济事项的发生,一方面使公司应付职工薪酬增加1 140 000元,另一方面使公司的生产费用和期间费用增加1 140 000元,因此该经济事项涉及"生产成本""制造费用""管理费用"和"应付职工薪酬"四个账户。生产工人的工资作为直接生产费用应记入"生产成本"账户的借方;车间管理人员的工资作为间接生产费用应记入"制造费用"账户的借方;厂部管理人员的工资作为期间费用应记入"管理费用"账户的借方;上述职工工资尚未支付形成企业负债的增加,应记入"应付职工薪酬"账户的贷方。该经济事项编制的会计分录为:

借:生产成本——甲产品 640 000
　　　　　——乙产品 430 000
　　制造费用　20 000
　　管理费用　50 000
　　贷:应付职工薪酬　1 140 000

【例5-20】泰山公司20××年12月31日按本月职工工资总额的6%计提职工福利费,编制"职工福利费用分配表",见表5-3。

表5-3　　　　　　　　　　　职工福利费用分配表
20××年12月31日

车间、部门	计提基数(元)	计提比率	应分配金额(元)
甲产品生产工人工资	640 000	6%	38 400
乙产品生产工人工资	430 000	6%	25 800
车间管理人员工资	20 000	6%	1 200
厂部管理人员工资	50 000	6%	3 000
合　　计	1 140 000	6%	68 400

会计主管:××　　　记账:××　　　稽核:××　　　制单:××

依据表5-3"职工福利费用分配表"分析可知,福利费用分为三个部分。第一部分为直接用于产品制造成本的直接工人的福利费用,甲、乙两种产品共负担福利费64 200元,其中甲产品负担38 400元,乙产品负担25 800元;第二部分为车间管理人员福利费1 200元;第三部分为厂部管理人员福利费用3 000元。

该经济事项的发生,一方面使生产成本、制造费用和管理费用共计增加68 400元,另一方面使应付职工薪酬增加68 400,因此该经济事项涉及"生产成本""制造费用""管理费用"和"应付职工薪酬"四个账户。生产成本和制造费用属于成本类账户,成本增加应记入账户的借方;管理费用是一项期间费用,增加记入"管理费用"账户的借方;"应付职工薪酬属于一项负债,增加应记入"应付职工薪酬"账户的贷方。对该经济事项编制的会计分录为:

借:生产成本——甲产品 38 400
　　　　　——乙产品 25 800
　　制造费用　1 200
　　管理费用　3 000
　　贷:应付职工薪酬　68 400

【例5-21】20××年12月31日泰山公司从银行提取现金1 140 000元,准备发放工资。

这项交易的发生,一方面使公司的库存现金增加1 140 000元,另一方面使公司的银行存款减少1 140 000元,因此这项交易涉及"库存现金"和"银行存款"两个账户。现金是一项资产,增加记入"库存现金"账户的借方;银行存款是一项资产,减少记入"银行存款"账户的贷方。对这项交易编制的会计分录为：

借：库存现金　1 140 000
　　贷：银行存款　1 140 000

【例5-22】20××年12月31日泰山公司用现金1 140 000元发放职工工资。

该经济事项的发生，一方面使公司的现金减少1 140 000元，另一方面使公司的应付职工薪酬减少1 140 000元，因此该经济事项涉及"库存现金"和"应付职工薪酬"两个账户。现金是一项资产，减少应记入"库存现金"账户的贷方；应付职工薪酬是一项负债，减少记入"应付职工薪酬"账户的借方。对该经济事项编制的会计分录为：

借：应付职工薪酬　1 140 000
　　贷：库存现金　1 140 000

3. 固定资产折旧费用的核算

固定资产折旧就是固定资产在使用过程中，由于磨损或是科技进步、劳动生产率提高等原因造成的固定资产价值的减少。其会计核算如下：

【例5-23】泰山公司于20××年12月末计提本月固定资产折旧，其中车间固定资产折旧额9 800元，厂部固定资产折旧额6 200元。

对固定资产计提折旧，一方面制造费用增加9 800元，管理费用增加6 200元；另一方面使累计折旧增加16 000元。因此，该经济事项涉及"制造费用""管理费用"和"累计折旧"三个账户。制造费用是一项间接生产费用，增加应记入"制造费用"账户的借方；管理费用是一项期间费用，增加应记入"管理费用"账户的借方；累计折旧增加表明固定资产价值减少，应记入"累计折旧"账户的贷方。对该经济事项编制的会计分录为：

借：制造费用　9 800
　　管理费用　6 200
　　贷：累计折旧　16 000

4. 其他费用的核算

其他费用是指除材料费、职工薪酬、固定资产折旧以外的在生产经营过程中发生的费用。

【例5-24】泰山公司20××年12月10日，以银行存款支付车间耗用水电费3 500元。

该项交易的发生，一方面使公司的制造费用增加3 500元，另一方面由于支付水电费使公司银行存款减少3 500元，因此该项交易涉及"制造费用"和"银行存款"两个账户。制造费用是产品制造成本中的间接费用，其增加记入"制造费用"账户的借方；银行存款是一项资产，减少记入"银行存款"账户的贷方。对这项交易编制的会计分录为：

借：制造费用　3 500
　　贷：银行存款　3 500

【例5-25】20××年12月23日泰山公司用现金500元购买车间办公用品。

此项交易的发生，使车间的办公用品费增加500元，同时现金减少500元，该项交易涉及

"制造费用"和"库存现金"两个账户。车间办公费是一项成本费用,其增加应记入"制造费用"账户的借方;现金是一项资产,减少应记入"库存现金"账户的贷方。对这项交易编制的会计分录为:

  借:制造费用 500
    贷:库存现金 500

【例5-26】20××年12月2日泰山公司采购员张志强出差,预借差旅费1 000元,以现金支付。

  该经济事项的发生,一方面使公司的其他应收款增加1 000元,另一方面使公司现金减少1 000元,因此该经济事项涉及"其他应收款"和"库存现金"两个账户。其他应收款是一项资产,增加记入"其他应收款"账户的借方;现金是一项资产,减少记入"库存现金"账户的贷方。对这项经济事项编制的会计分录为:

  借:其他应收款——张志强 1 000
    贷:库存现金 1 000

【例5-27】20××年12月12日泰山公司采购员张志强出差回来,报销差旅费900元,退回现金100元。

  该经济事项的发生,一方面使公司的管理费用(差旅费)增加900元,现金增加100元;另一方面使公司的其他应收款这项债权减少1 000元。因此,该经济事项涉及"管理费用""库存现金"和"其他应收款"三个账户。管理费用是一项期间费用,增加记入"管理费用"账户的借方;现金是一项资产,增加记入"库存现金"账户的借方;其他应收款是一项资产,减少记入"其他应收款"账户的贷方。对这项经济事项编制的会计分录为:

  借:管理费用 900
    库存现金 100
    贷:其他应收款——张志强 1 000

【例5-28】20××年12月12日泰山公司行政部门购买办公用品10 000元,以银行存款支付。

  该交易的发生,一方面使公司的管理费用(办公费)增加10 000元,另一方面使公司的银行存款减少10 000元,因此该交易涉及"管理费用"和"银行存款"两个账户。管理费用是一项期间费用,增加记入"管理费用"账户的借方;银行存款是一项资产,减少记入"银行存款"账户的贷方。对这项交易编制的会计分录为:

  借:管理费用 10 000
    贷:银行存款 10 000

5. 制造费用的归集与分配

  制造费用是制造业为生产产品发生的各种间接费用。在生产一种产品的企业里,制造费用在发生时可直接计入产品生产成本。而在生产多种产品的企业里,制造费用在发生时一般无法直接判定其应归属的成本核算对象，因而不能直接计入所生产的产品成本，必须将上述各种费用按照发生的不同空间范围在"制造费用"账户中予以归集、汇总，然后选用一定的标准（如生产工人工资、生产工时等），在各种产品之间进行合理的分配，以便于正确地计算各种产品应负担的制造费用。现就有关制造费用归集和分配事项的核算举例如下。

【例 5 – 29】泰山公司 20×× 年 12 月末将本月（【例 5 – 18】~【例 5 – 28】）发生的制造费用进行汇总并按照生产工时比例分配计入甲、乙产品生产成本。其中，甲产品生产工时 6 000 小时，乙产品 4 000 小时。本月（【例 5 – 18】~【例 5 – 28】）制造费用总额为 200 000 元（165 000 + 20 000 + 1 200 + 9 800 + 3 500 + 500）。

制造费用分配率 = 待分配制造费用总额 ÷ 分配标准总额（量）

= 200 000 元 ÷ (6 000 + 4 000) 小时

= 20（元/小时）

甲产品应负担的制造费用 = 甲产品的分配标准额 × 制造费用分配率

= 6 000 小时 × 20 元/小时 = 120 000（元）

乙产品应负担的制造费用 = 乙产品的分配标准额 × 制造费用分配率

= 4 000 小时 × 20 元/小时 = 80 000（元）

该经济事项的发生，一方面引起生产成本增加 200 000 元（其中：甲产品生产成本 120 000 元，乙产品生产成本 80 000 元），另一方面使制造费用减少 200 000 元，因此该经济事项涉及"生产成本"和"制造费用"两个账户。生产成本是一项生产费用，增加记入"生产成本"账户的借方；制造费用是一项间接生产费用，减少记入"制造费用"账户的贷方。对该经济事项编制的会计分录为：

借：生产成本——甲产品　　120 000

　　　　　　——乙产品　　 80 000

　　贷：制造费用　200 000

6. 完工产品生产成本的计算与结转

成本计算是会计核算的重要内容，产品生产成本的计算就是将企业生产过程中为制造产品所发生的各种费用按照所生产产品的品种、类别等（即成本计算对象）进行归集和分配，计算出各种产品的总成本和单位成本的一种会计核算方法。

在将制造费用分配由各种产品成本负担之后，"生产成本"账户的借方便归集了生产产品所发生的直接材料、直接人工和制造费用等全部成本费用。在此基础上就可以进行产品成本的计算。关于产品成本计算的具体内容将在以后章节进行具体介绍。下面举例说明完工入库产品成本结转的总分类核算。

【例 5 – 30】20×× 年 12 月末，本月甲产品 300 台全部完工，产成品已验收入库，乙产品投产 800 台，其中 600 台完工，并验收入库，200 台尚未加工完成。经成本计算，完工甲产品 300 台的总成本为 1 214 400 元，单位成本为 4 048 元/台。完工乙产品 600 台的总成本为 748 758 元，单位成本为 1 247.93 元/台。

汇总【例 5-18】~【例 5-29】中"生产成本"账户借方发生额，得到甲、乙产品实际制造成本为 1 984 200 元，其中：甲产品实际总成本为 1 118 400 元[材料费 320 000 元 + 人工费(640 000 + 38 400)元 + 制造费用 120 000 元]，甲产品单位生产成本 3 728 元/台(1 118 400 元÷300 台)；乙产品实际总成本为 865 800 元[材料费 330 000 元 + 人工费(430 000 + 25 800)元 + 制造费用 80 000 元]，单位成本 1 443 元/台(865 800 元÷600 台)。

该经济事项的发生，一方面使产成品总成本增加 1 963 158 元，另一方面使生产成本减少 1 963 158 元，因此该经济事项涉及"库存商品"和"生产成本"两个账户。产成品是一项资产，增加应记入"库存商品"账户的借方；生产成本是一项成本费用，减少应记入"生产成本"账户的贷方，对该经济事项编制的会计分录为：

借：库存商品——甲产品　　1 214 400
　　　　　　——乙产品　　　748 758
　　贷：生产成本——甲产品　　1 214 400
　　　　　　——乙产品　　　748 758

第四节　销售与收款交易或事项的核算

一、销售与收款交易或事项的核算内容

销售与收款交易或事项是企业经营过程的最后一个阶段，是指制造业从产成品完工验收入库、形成库存商品开始，至库存商品出售给买方为止的全部业务。通过销售与收款交易或事项，将生产出来的产品销售出去以实现它们的价值。制造业因对外出售商品而收取货币资金或取得债权，同时确认销售收入。在销售过程中结转商品销售成本、发生的销售费用、按照国家税法的规定计算缴纳的各种销售税金及附加等都应该从销售收入中得到补偿。企业在销售过程中除了发生商品销售等主营业务外，还可能发生一些其他业务，如销售材料、出租包装物、出租固定资产等，以下我们在这一节中主要介绍主营业务收入的确认与收款、商品销售成本的结转、销售税金及附加的核算、其他业务收入和其他业务成本实现和结转等内容的核算。

二、销售与收款交易或事项的会计核算

(一)账户设置

为了反映和监督制造业商品销售实现的收入及因销售商品而与购买单位之间发生的货款结算业务，商品销售成本的结转、销售税金及附加的核算、其他业务收入和其他业务成本的核算等内容，需要设置以下主要账户。

1. "主营业务收入"账户

"主营业务收入"账户属于损益类账户,主要核算企业销售商品、提供劳务等主营业务取得收入的情况。该账户贷方登记企业实现的主营业务收入;借方登记发生销售退回和销售折让等冲减本期的主营业务收入和期末转入"本年利润"账户的主营业务收入额(按净额结转),结转后该账户期末没有余额。该账户应按照主营业务的种类设置明细账进行明细分类核算。"主营业务收入"账户的结构见图5-17。

借	主营业务收入	贷
销售退回等冲减的主营业务收入 期末转入"本年利润"的数额		本期实现的主营业务收入(增加)
		期末无余额

图 5-17 "主营业务收入"账户结构

2. "主营业务成本"账户

"主营业务成本"账户属于损益类账户,主要核算企业因销售商品而结转的已售商品的成本。该账户借方登记企业已售商品的制造成本;贷方登记因销售退回而转回的已售商品的成本。期末将本期"主营业务成本"账户的发生额(按净额结转)转入"本年利润",结转后该账户期末无余额。本账户应按主营业务的种类设置明细账进行明细分类核算。"主营业务成本"账户的结构见图5-18。

借	主营业务成本	贷
结转本期已售商品的制造成本 (增加)		销售退回等转回的主营业务成本 期末转入"本年利润"的数额
期末无余额		

图 5-18 "主营业务成本"账户结构

3. "其他业务收入"账户

"其他业务收入"账户属于损益类账户,主要核算除主营业务以外的其他业务收入的实现情况。该账户贷方登记其他业务收入的实现;借方登记期末转入"本年利润"账户的数额,结转后该账户期末无余额。本账户应按照其他业务的种类设置明细账进行明细分类核算。"其他业务收入"账户的结构见图5-19。

借	其他业务收入	贷
期末转入"本年利润"的数额		本期实现的其他业务收入(增加)
		期末无余额

图 5-19 "其他业务收入"账户结构

4."其他业务成本"账户

"其他业务成本"账户属于损益类账户,主要核算除主营业务以外的其他业务成本的发生情况。该账户借方登记其他业务成本的发生数;贷方登记期末转入"本年利润"账户的数额,结转后该账户期末无余额。本账户按其他业务的种类设置明细账进行明细分类核算。"其他业务成本"账户的结构见图5-20。

借	其他业务成本	贷
本期其他业务成本发生数(增加)		期末转入"本年利润"的数额
期末无余额		

图5-20 "其他业务成本"账户结构

5."税金及附加"账户

"税金及附加"账户属于损益类账户,主要核算企业因商品销售等经营活动应缴纳的消费税、城市维护建设税、教育费附加等相关价内税费的情况。该账户借方登记企业按照税法规定的税费比率计算出的税金及附加数额,贷方登记期末转入"本年利润"账户的数额,结转后该账户期末无余额。"税金及附加"账户的结构见图5-21。

借	税金及附加	贷
按照税法规定税、费比率计算出的销售环节的税金及附加(增加)		期末转入"本年利润"的数额
期末无余额		

图5-21 "税金及附加"账户结构

6."应收账款"账户

"应收账款"账户属于资产类账户,主要核算因销售商品或提供劳务等应向购货单位或接受劳务单位收取货款的结算情况,代购货单位垫付的各种款项也在该账户中核算。该账户借方登记由于销售商品或提供劳务等发生的应收账款,贷方登记已收回的应收账款和已确认坏账等转销的应收账款。期末余额在借方,反映企业尚未收回的应收账款。该账户应按往来单位设置明细账进行明细分类核算。"应收账款"账户的结构见图5-22。

借	应收账款	贷
销售商品或提供劳务等而发生的应收账款		已收回的应收款项和已确认坏账等转销的应收账款
期末余额:期末尚未收回的应收账款		

图5-22 "应收账款"账户结构

7. "预收账款"账户

"预收账款"账户属于负债类账户，主要核算企业销售产品或提供劳务等按照合同规定预收购货单位的货款所形成的债务及其结算情况。该账户贷方登记企业根据合同规定预收购货单位的款项，借方登记因企业提供产品或劳务而与购货单位结算的款项。期末余额在贷方，反映企业向购货单位预收的款项。本账户应按购货单位设置明细账进行明细分类核算。"预收账款"账户的结构见图5-23。

借　　　　预收账款　　　　贷
企业销售产品或劳务与购货单位结算的款项 ｜ 按合同预收购货单位的款项
｜ 期末余额：企业预收购货单位款项

图5-23　预收账款账户结构示意图

除设置上述主要账户外，在销售与收款交易或事项中往往还涉及"银行存款""库存现金""应收票据""应交税费——应交增值税"等账户。

(二) 业务举例

下面举例说明销售与收款交易或事项的实现及其有关款项结算的会计核算。

1. 销售与收款交易或事项的核算

【例5-31】20××年12月1日，泰山公司销售给黄河公司甲产品10台，每台售价5 000元，增值税税率16%，收到价税款共计58 000元，存入银行。

这项交易的发生，一方面公司收到销货款使银行存款增加58 000元；另一方面实现销售使销售收入增加50 000元，使应交增值税销项税额增加8 000元。因此，这项交易涉及"银行存款""主营业务收入"和"应交税费——应交增值税"三个账户。银行存款是一项资产，增加记入"银行存款"账户的借方；商品销售收入是一项收入，增加记入"主营业务收入"账户的贷方；增值税销项税额是一项负债，增加记入"应交税费——应交增值税（销项税额）"账户的贷方。对这项交易编制的会计分录为：

借：银行存款　58 000

　　贷：主营业务收入　50 000

　　　　应交税费——应交增值税（销项税额）8 000

【例5-32】20××年12月2日，泰山公司向正泰公司销售乙产品400台，每台售价2 000元，增值税税率16%，价税共计928 000元，货款尚未收回。

这项交易的发生，一方面使公司的应收账款增加928 000元（800 000 + 128 000）；另一方面使公司的商品销售收入增加800 000元，增值税销项税额增加128 000元。因此，这项交易涉及"应收账款""主营业务收入"和"应交税费——应交增值税"三个账户。应收账款是一项资产,增加记入"应收账款"账户的借方;商品销售收入是一项收入,增加记入"主营业务收入"账户的贷方;增值税销项税额是一项负债,增加记入"应交税费——应交增值税(销项税额)"账户的贷方。对这项交易编制的会计分录为:

借:应收账款——正泰公司　928 000
　　贷:主营业务收入　800 000
　　　　应交税费——应交增值税(销项税额) 128 000

【例5-33】20××年12月3日,泰山公司按照合同约定预收正泰公司订购甲产品的货款696 000元,存入银行。

这项交易的发生,一方面使公司的银行存款增加696 000元,另一方面使公司的预收账款增加696 000元,因此这项交易涉及"银行存款"和"预收账款"两个账户。银行存款是一项资产,增加记入"银行存款"账户的借方;预收账款是一项负债,增加记入"预收账款"账户的贷方。对这项交易编制的会计分录为:

借:银行存款　696 000
　　贷:预收账款——正泰公司　696 000

【例5-34】20××年12月13日泰山公司按合同约定发给正泰公司甲产品120台,发票注明的价款为600 000元,增值税税率16%,税额为96 000元,以12月3日的预收款结算。

这项交易的发生,一方面公司发运商品给正泰公司,实现收入600 000元,增值税销项税额96 000元,价税款共计696 000元(600 000+96 000);另一方面使公司预收款减少696 000元。因此,这项交易涉及"预收账款""主营业务收入"和"应交税费——应交增值税"三个账户。商品销售收入是一项收入,增加记入"主营业务收入"账户的贷方;增值税销项税额是一项负债,增加记入"应交税费——应交增值税(销项税额)"账户的贷方;预收账款是一项负债,减少记入"预收账款"账户的借方。对这项交易编制的会计分录为:

借:预收账款——正泰公司　696 000
　　贷:主营业务收入　600 000
　　　　应交税费——应交增值税(销项税额) 96 000

【例5-35】20××年12月15日泰山公司销售原材料一批,价款30 000元,增值税税率16%,税额4 800元,款项收到存入银行。

销售材料的收入属于其他业务收入。这项交易的发生,一方面使公司的银行存款增加34 800元(30 000+4 800),另一方面使公司其他业务收入增加30 000元,增值税销项税额增加4 800元。因此,这项交易涉及"银行存款""其他业务收入"和"应交税费——应交增值税"三个账户。银行存款是一项资产,增加记入"银行存款"账户的借方;其他业务收入是一项收入,增加记入"其他业务收入"账户的贷方;增值税销项税额

是一项负债,增加记入"应交税费——应交增值税(销项税额)"账户的贷方。对这项交易编制的会计分录为:

借:银行存款　　34 800
　　贷:其他业务收入　　30 000
　　　　应交税费——应交增值税(销项税额)　　4 800

2. 销售成本的结转

企业商品(存货)销售以后,库存的商品(存货)数量减少。因此,账面上要反映库存商品(存货)的减少,同时反映为取得销售收入而付出的代价即销售成本,以便正确计算销售利润。因此,确认销售收入以后,还要结转商品(存货)的销售成本。商品(存货)销售成本的结转可以采用逐笔结转或月末一次结转。

【例5-36】20××年12月31日泰山公司(【例5-31】至【例5-35】)本月销售甲产品130台(10+120),乙产品400台。甲产品单位成本4 048元/台,乙产品单位成本1 247.93元/台。结转已售甲、乙产品的销售成本。

该经济事项的发生,一方面使公司的商品销售成本增加1 025 412元(4 048×130+1 247.93×400),另一方面使公司的库存商品减少1 025 412元,因此该经济事项涉及"主营业务成本"和"库存商品"两个账户。商品销售成本是一项费用成本,增加记入"主营业务成本"账户的借方;库存商品是一项资产,减少记入"库存商品"账户的贷方。对这项经济事项编制的会计分录为:

借:主营业务成本　　1 025 412
　　贷:库存商品——甲产品　　526 240
　　　　　　　　——乙产品　　499 172

【例5-37】20××年12月31日泰山公司结转本月已出售(12月15日销售)原材料的销售成本(账面价值)20 000元。

按规定,销售材料的收入记入"其他业务收入",相应结转材料的销售成本记入"其他业务成本"。该经济事项的发生,一方面使公司其他业务成本增加20 000元,另一方面使公司的库存材料成本减少20 000元,因此该经济事项涉及"其他业务成本"和"原材料"两个账户。其他业务成本是一项费用成本,增加记入"其他业务成本"账户的借方;库存材料是一项资产,减少记入"原材料"账户的贷方。对该经济事项编制的会计分录为:

借:其他业务成本　　20 000
　　贷:原材料　　20 000

3. 税金及附加的核算

随着企业产品销售收入的实现,企业就应承担向国家缴纳各种销售环节税金及附加(消费税、资源税、城市维护建设税、教育费附加等相关税费)的义务。计提销售税金及附加,通过

"税金及附加"账户进行核算。

【例5-38】20××年12月31日泰山公司经计算,本月应缴纳的消费税、城市维护建设税、教育费附加等销售税金及附加共13 000元。

该经济事项的发生,一方面使公司的税金及附加增加13 000元,另一方面使公司的应交税费增加13 000元,因此该经济事项涉及"税金及附加"和"应交税费"两个账户。税金及附加是一项费用,增加记入"税金及附加"账户的借方;应交税费是一项负债,增加记入"应交税费"账户的贷方。对该经济事项编制的会计分录为:

借:税金及附加　　13 000
　　贷:应交税费　　　13 000

第五节　财务成果的核算

财务成果是指企业在一定会计期间所实现的最终经营成果,也就是企业所实现的利润或亏损总额。它是反映企业获利能力的综合指标。

一、利润形成的核算

(一)利润的构成

利润是指企业在一定会计期间的经营成果,是一定期间内各项收入、利得与各项费用、损失相抵的结果。如果当期收入、收益大于当期费用、损失,收入、收益抵减费用、损失后剩余的差额就是利润;如果当期收入、收益小于当期费用、损失,则形成亏损。

为了分析利润的来源和增减原因,利润指标分解为营业利润、利润总额和净利润。其中,营业利润是指企业在其日常生产经营过程中产生的经营成果,它是收入与费用配比后的结果;利润总额是指营业利润加上营业外收入减去营业外支出后的金额,反映企业一定时期为社会新增的总价值;净利润是指利润总额减去所得税费用后的金额,反映了企业一定时期为投资人带来的新增价值。各利润指标的计算公式见第二章。

(二)账户设置

据上述可知,利润是一定时期的收入、收益与费用、损失相抵销后的差额,为合理核算利润形成,会计上需设置系列损益类账户和本年利润及利润分配账户。前面章节已经学习的反映收入的损益类账户有主营业务收入、其他业务收入;反映费用的损益类账户有主营业务成本、其他业务成本、税金及附加、管理费用等。除上述账户外,还需要设置下列损益类账户:

1."财务费用"账户

"财务费用"账户属于反映费用的损益类账户,主要核算企业为筹集生产经营所需资金等而发生的利息支出(减利息收入)、佣金、汇兑损失(减汇兑收益)及相关的手续费、现金折扣等筹资费用的发生情况。该账户的借方登记当期发生的财务费用，贷方登记利息收入和期末转入"本年利润"账户的数额。结转后该账户期末没有余额。"财务费用"账户应按照费用项目设置专栏进行明细分类核算。"财务费用"账户的结构见图5-24。

借	财务费用	贷
当期支付方式发生的财务费用		利息收入 期末转入"本年利润"的数额
期末无余额		

图5-24 "财务费用"账户结构

2."销售费用"账户

"销售费用"账户属于反映费用的损益类账户，主要核算企业在销售商品过程中发生的保险费、包装费、展览费、广告费、运输费等费用的发生情况。该账户借方登记当期发生的各项销售费用，贷方登记期末转入"本年利润"账户的数额，结转后该账户期末无余额。"销售费用"账户应按照费用项目设置专栏进行明细分类核算。"销售费用"账户的结构见图5-25。

借	销售费用	贷
当期发生的销售费用		期末转入"本年利润"的数额
期末无余额		

图5-25 "销售费用"账户结构

3."投资收益"账户

"投资收益"账户属于双重性质的损益类账户，该账户用于核算企业各种对外投资实现的投资收益或发生的投资损失。包括股票红利收益、债券利息收入、股票或债券转让收益或损失等。本账户贷方登记企业实现的各种投资收益及期末转入"本年利润"账户的投资净损失，借方登记企业发生的各项投资损失及期末转入"本年利润"账户的投资净收益。结转后该账户期末无余额。"投资收益"账户的结构见图5-26。

借	投资收益	贷
发生的投资损失 月末转入"本年利润"的投资净收益		企业取得的投资收益 月末转入"本年利润"的投资净损失
期末无余额		

图5-26 "投资收益"账户结构

4."其他收益"账户

"其他收益"账户属于反映收入的损益类账户，该账户专门用于核算与企业日常活动相关的政府补助。如即征即退增值税返还、个人所得税手续费返还等，需注意的是并非全部政府补助都计入其他收益，只有与日常活动相关的政府补助才计入该账户。本账户贷方登记企业取得的与日常活动相关的政府补助，借方登记期末转入"本年利润"账户的数额。结转后该账户期末无余额。本账户应按收入项目设置专栏进行明细核算。"其他收益"账户的结构见图5-27。

借	其他收益	贷
月末转入"本年利润"的其他收益	企业取得的其他收益	
期末无余额		

图5-27　"其他收益"账户结构

5."资产处置损益"账户

"资产处置损益"账户属于双重性质的损益类账户，该账户反映企业出售划分为持有待售的非流动资产（金融工具、长期股权投资和投资性房地产除外）或处置组时确认的处置利得或损失，以及处置未划分为持有待售的固定资产、在建工程、生产性生物资产及无形资产而产生的处置利得或损失。债务重组中因处置非流动资产产生的利得或损失和非货币性资产交换产生的利得或损失也包括在本项目内。本账户贷方登记企业发生的各项资产处置利得及期末转入"本年利润"账户的净损失，借方登记企业发生的各项资产处置损失及期末转入"本年利润"账户的净利得。结转后该账户期末无余额。本账户应按利得或损失项目进行明细分类核算。"资产处置损益"账户的结构见图5-28。

借	资产处置收益	贷
企业发生的资产处置损失 月末转入"本年利润"的资产处置净收益	企业取得的资产处置收益 月末转入"本年利润"的资产处置净损失	
期末无余额		

图5-28　"资产处置收益"账户结构示意图

6."营业外收入"账户

"营业外收入"账户属于反映收入的损益类账户，反映企业发生的营业利润以外的收益，主要包括债务重组利得、与企业日常活动无关的政府补助、罚没利得、盘盈利得、捐赠利得等。本账户贷方登记企业发生的各项营业外收入，借方登记期末转入"本年利润"账户的数额。结转后该账户期末无余额。本账户应按收入项目设置专栏进行明细分类核算。"营业外收入"

账户的结构见图5-29。

借	营业外收入	贷
期末转入"本年利润"的数额	企业发生的各项营业外收入	
	期末无余额	

图5-29 "营业外收入"账户结构

7."营业外支出"账户

"营业外支出"账户属于反映费用的损益类账户，主要核算反映企业发生的营业利润以外的支出，主要包括债务重组损失、公益性捐赠支出、非常损失、盘亏损失、非流动资产毁损报废损失、罚款支出、捐赠支出等。该账户借方登记企业当期发生的各项营业外支出，贷方登记期末转入"本年利润"账户的数额。结转后该账户期末无余额。本账户应按支出项目设置专栏进行明细分类核算。"营业外支出"账户的结构见图5-30。

借	营业外支出	贷
当期发生的营业外支出	期末转入"本年利润"的数额	
期末无余额		

图5-30 "营业外支出"账户结构

8."所得税费用"账户

"所得税费用"账户属于反映费用的损益类账户，主要核算企业依据所得税法计算的应从当期利润总额中扣除的所得税费用及其结转情况。本账户借方登记计算的当期所得税费用，贷方登记期末转入"本年利润"账户的数额。结转后该账户期末无余额。该账户应当按照"当期所得税费用""递延所得税费用"设置明细账进行明细分类核算。"所得税费用"账户的结构见图5-31。

借	所得税费用	贷
计算当期所得税费用 计算递延所得税费用	期末转入"本年利润"的数额	
期末无余额		

图5-31 "所得税费用"账户结构

9."本年利润"账户

"本年利润"账户属于所有者权益类账户,主要核算企业本年度实现净利润或发生净亏损的情况。在会计期末(月末),将企业损益类账户中的各收入、收益类账户的贷方余额转入本账户的贷方,即借记"主营业务收入""其他业务收入""营业外收入"等账户,贷记"本年利润"账户;将损益类账户中的费用、损失类账户的借方余额转入本账户的借方,即借记"本年利润"账户,贷记"主营业务成本""其他业务成本""税金及附加""销售费用""管理费用""财务费用""营业外支出"等账户。然后,将本期转入的收入、收益总额与本期转入的费用、损失总额进行比较,即可确定盈亏。如"本年利润"账户月末为贷方余额则为截至本期累计实现的利润总额,如"本年利润"账户月末为借方余额则为截至本期累计发生的亏损总额。

在盈利的情况下,再计算确定应交所得税和所得税费用,并将"所得税费用"账户的借方余额转入"本年利润"账户借方,从而确定本期净利润。年末,将本年度实现的净利润或亏损,转入"利润分配"账户。结转后,"本年利润"账户年末无余额。"本年利润"账户的结构见图 5-32。

借	本年利润	贷
期末转入的主营业务成本 期末转入的税金及附加 期末转入的其他业务成本 期末转入的管理费用 期末转入的财务费用 期末转入的销售费用 期末转入的营业外支出 期末转入的资产减值损失 期末转入的所得税费用		期末转入的主营业务收入 期末转入的其他业务收入 期末转入的投资收益 期末转入的公允价值变动损益 期末转入的其他收益 期末转入的资产处置损益 期末转入的营业外收入
期末余额:累计发生的亏损		期末余额:累计实现的净利润

图 5-32 "本年利润"账户结构

(三)业务举例

【例 5-39】20××年 12 月 12 日泰山公司以银行存款支付银行业务手续费 1 000 元。

这项交易的发生,一方面使公司本期的财务费用增加 1 000 元,另一方面使银行存款减少 1 000 元,因此这项交易涉及"财务费用"和"银行存款"两个账户。财务费用是一项费用,增加记入"财务费用"账户的借方;银行存款是一项资产,减少记入"银行存款"账户的贷方。对这项交易编制的会计分录为:

借:财务费用　　1 000
　　贷:银行存款　　1 000

【例 5-40】20××年 12 月 21 日泰山公司预提本月短期借款利息 600 元。

按权责发生制核算基础的要求,本月应负担的借款利息为 600 元。借款利息属于企业的一项财务费用,因利息款项没有支付,则形成企业的一项负债。因此,该经济事项涉及"财务费用"和"应付利息"两个账户。财务费用是一项期间费用,增加记入"财务费用"账户的借方;应付利息是一项负债,增加记入"应付利息"账户的贷方。对该经济事项编制的会计分录为:

借:财务费用　　600
　　贷:应付利息　　600

【例 5-41】20××年 12 月 21 日泰山公司以银行存款支付已预提的本年第四季度短期借款利息 1 800 元。

这项交易的发生,一方面使公司的银行存款减少 1 800 元,另一方面使公司应付的短期借款利息减少 1 800 元,因此这项交易涉及"银行存款"和"应付利息"两个账户。银行存款是一项资产,减少记入"银行存款"账户贷方;应付而未付的短期借款利息是一项负债,减少记入"应付利息"账户的借方。对该经济事项编制的会计分录为:

借:应付利息　　1 800
　　贷:银行存款　　1 800

【例 5-42】20××年 12 月 18 日,泰山公司用银行存款支付产品广告费 6 800 元,取得增值税发票,劳务款 6 800 元税率 6% 税额 408 元。

这项交易的发生,一方面使公司的销售费用增加 6 800 元,应交费用—应交增值税(进项税)增加 408 元,另一方面使公司的银行存款减少 7 208 元,因此这项交易涉及"销售费用"和"银行存款"三个账户。销售费用是一项期间费用,增加记入"销售费用"账户的借方;银行存款是一项资产,减少记入"银行存款"账户的贷方,"应交税费—应交增值税(进项税)"计入账户借方,对这项交易编制的会计分录为:

借:销售费用　　6 800
　　应交税费—应交增值税(进项税)　　408
　　贷:银行存款　　7 208

【例 5-43】20××年 12 月 25 日,泰山公司收到即征即退增值税款 20 000 元,存入银行。

即征即退增值税是符合增值税优惠政策的企业收到的与企业日常活动相关的税收返还利得,记入"其他收益"账户。该经济事项的发生,一方面使银行存款增加 20 000 元,另一方面使其他收益增加 20 000 元,因此该经济事项涉及"银行存款"和"其他收益"两个账户。银行存款是一项资产,增加记入"银行存款"账户的借方;即征即退增值税收入是一项利得,增加记入"其他收益"账户的贷方。对该经济事项编制的会计分录为:

借:银行存款　　20 000
　　贷:其他收益　　20 000

【例 5-44】20××年 12 月 23 日,泰山公司收到违约罚款收入 80 000 元,存入银行。

按规定,违约罚款收入属于利得,记入"营业外收入"账户。该经济事项的发生,一方面使银行存款增加80 000元,另一方面使营业外收入增加80 000元,因此该经济事项涉及"银行存款"和"营业外收入"两个账户。银行存款是一项资产,增加记入"银行存款"账户的借方;罚款收入是一项利得,增加记入"营业外收入"账户的贷方。对该经济事项编制的会计分录为:

借:银行存款　　80 000
　　贷:营业外收入　　80 000

【例5-45】20××年12月26日,泰山公司以银行存款支付环境污染罚款60 000元。

按规定,罚款支出属于损失,记入"营业外支出"账户。该经济事项的发生,一方面使营业外支出增加60 000元,另一方面使银行存款减少60 000元,因此该经济事项涉及"营业外支出"和"银行存款"两个账户。营业外支出是一项损失,增加记入"营业外支出"账户的借方;银行存款是一项资产,减少记入"银行存款"账户的贷方。对该经济事项编制的会计分录为:

借:营业外支出　　60 000
　　贷:银行存款　　60 000

【例5-46】20××年12月31日,泰山公司将本期所有损益类账户的余额(汇总)【例5-1】~【例5-45】转入"本年利润"账户。泰山公司12月份有关损益类账户(结转前)的余额见表5-4(假定"本年利润"账户1~11月份累计发生额为0)。

表5-4　　　　　　泰山公司12月份有关损益类账户(结转前)的余额

账户名称	借方金额(元)	贷方金额(元)
主营业务收入	—	1 450 000
其他业务收入	—	30 000
其他收益	—	20 000
营业外收入	—	80 000
主营业务成本	1 025 412	—
其他业务成本	20 000	—
税金及附加	13 000	—
营业外支出	60 000	—
管理费用	105 100	—
财务费用	1 600	—
销售费用	6 800	—

(1)把本期损益类账户中的收益类账户转入"本年利润"。即把"主营业务收入""其他业务收入""其他收益""营业外收入"账户结转前的余额转入"本年利润"账户。

该经济事项的发生,一方面使主营业务收入、其他业务收入、其他收益和营业外收入项目分别减少 1 450 000 元、30 000 元、20 000 元和 80 000 元,应记入"主营业务收入""其他业务收入""其他收益""营业外收入"账户的借方;另一方面使当期利润增加 1 580 000 元,应记入"本年利润"账户的贷方。对该经济事项编制的会计分录为:

借:主营业务收入　　　1 450 000

　　其他业务收入　　　30 000

　　其他收益　　20 000

　　营业外收入　　　80 000

　贷:本年利润　　1 580 000

(2)把本期损益类账户中的费用、损失类账户转入"本年利润"。即把"主营业务成本""其他业务成本""税金及附加""营业外支出""管理费用""财务费用"和"销售费用"账户结转前的余额转入"本年利润"账户。

该经济事项的发生,一方面使主营业务成本、其他业务成本、税金及附加、营业外支出、管理费用、财务费用和销售费用项目分别减少 1 025 412 元、20 000 元、13 000 元、60 000 元、105 100 元、1 600 元和 6 800 元,应记入"主营业务成本""其他业务成本""税金及附加""营业外支出""管理费用""财务费用"和"销售费用"账户的贷方;另一方面使当期利润减少 1 231 912 元,应记入"本年利润"账户的借方。对该经济事项编制的会计分录为:

借:本年利润 1 231 912

　贷:主营业务成本　　　1 025 412

　　　其他业务成本　　　20 000

　　　税金及附加　　　13 000

　　　营业外支出　　　60 000

　　　管理费用　　　105 100

　　　财务费用　　　1 600

　　　销售费用　　　6 800

经上述结转,"本年利润"账户借、贷方发生额相抵减后的差额即为利润总额。

利润总额 = 1 580 000 - 1 231 912 = 348 088(元)

【例5-47】20××年12月31日,泰山公司适用所得税税率为25%,计算本期所得税费用和应交所得税(假定无纳税调整项目)。

在无纳税调整项目情况下,应纳税所得额等于利润总额;在没有递延所得税项目时,所得税费用等于应交所得税。其计算如下:

应交所得税 = 应纳税所得额 × 适用所得税税率

= 348 088 × 25% = 87 022(元)

该经济事项的发生,一方面使所得税费用项目增加 87 022 元,应记入"所得税费用"账户的借方;另一方面使应交所得税这项负债增加 87 022 元,应记入"应交税费——应交所得税"账户的贷方。对该经济事项编制的会计分录为:

借:所得税费用　　87 022
　　贷:应交税费——应交所得税　　87 022

【例5-48】20××年12月31日,泰山公司期末将所得税费用转入本年利润。

该经济事项的发生,一方面使所得税费用项目减少 87 022 元,应记入"所得税费用"账户的贷方;另一方面使本年利润减少 87 022 元,应记入"本年利润"账户的借方。对该经济事项编制的会计分录为:

借:本年利润　　87 022
　　贷:所得税费用　　87 022

所得税费用转入本年利润后,即可计算出当期净利润,其计算如下:

净利润 = 利润总额 - 所得税费用 = 348 088 - 87 022 = 261 066(元)

【例5-49】20××年12月31日,泰山公司将本期实现的净利润转入"利润分配"账户。

该经济事项的发生,一方面为结转"本年利润"账户,使公司本年利润减少 261 066 元,应记入"本年利润"账户的借方;另一方面使公司可分配利润数额增加 261 066 元,应记入"利润分配——未分配利润"账户的贷方。对该经济事项编制的会计分录为(若为亏损应编制相反的会计分录):

借:本年利润　　261 066
　　贷:利润分配——未分配利润　　261 066

二、利润分配的核算

企业实现的净利润应根据国家有关规定和投资者的合同或协议,对企业当年可供分配的利润进行分配。

(一)利润分配的程序

企业实现的净利润加上年初留存的未分配利润,形成可供分配的利润,应当按规定程序进行分配。按《公司法》的规定,企业的利润分配一般按下列程序进行:(1)弥补以前年度亏损;(2)提取法定盈余公积;(3)提取任意盈余公积;(4)向投资者分配利润。

企业实现的净利润经过上述分配之后,如果有余额,称为未分配利润,可留待以后年度分配,此项未分配利润应在资产负债表上单独列示。

(二)账户设置

为合理组织利润分配交易或事项的会计核算,需设置以下主要账户:

1."利润分配"账户

"利润分配"账户属于所有者权益类账户,主要核算企业利润的分配(或亏损的弥补)和历年分配(或弥补亏损)后的积存余额。该账户的借方登记按规定实际分配的利润数额或年终从"本年利润"账户转入的亏损;贷方登记年终从"本年利润"账户转入的净利润。年终贷方有余额,反映历年积存的未分配利润;年终若为借方余额,则反映未弥补的亏损。该账户应按利润分配的具体内容(如提取法定盈余公积、应付普通股股利或利润、未分配利润等)设置明细账户进行明细分类核算。"利润分配"账户的结构见图5-33。

借	利润分配	贷
实际分配的利润数额 年终从"本年利润"转入的亏损		年终从"本年利润"转入的净利润
期末余额:未弥补的亏损		期末余额:历年积存的未分配利润

图5-33 "利润分配"账户结构

2."盈余公积"账户

"盈余公积"账户属于所有者权益类账户,主要核算企业从净利润中提取的盈余公积金及其使用情况。该账户借方登记盈余公积金数额的减少,贷方登记盈余公积金数额的增加。期末余额在贷方,反映企业提取的盈余公积金的余额。本账户应按盈余公积金的种类设置明细账进行明细分类核算。"盈余公积"账户的结构见图5-34。

借	盈余公积	贷
盈余公积金数额的使用(减少)		提取盈余公积金的数额(增加)
		期末余额:期末盈余公积金的余额

图5-34 "盈余公积"账户结构

3."应付股利"账户

"应付股利"账户属于负债类账户,主要核算企业分配的现金股利或利润情况(股份制企业分配的股票股利不通过本账户核算)。该账户借方登记实际支付的现金股利或利润数额;贷方登记根据股利或利润分配方案应支付投资者的现金股利或利润数额。期末余额在贷方,反映尚未支付的现金股利或利润数额。该账户应按股东设置明细账进行明细分类核算。"应付股利"账户的结构见图5-35。

借	应付股利	贷
实际支付的现金股利或利润数额		根据股利或利润分配方案应支付投资者的现金股利或利润数额
		期末余额:尚未支付的现金股利或利润

图5-35 "应付股利"账户结构

(三)业务举例

【例5-50】20××年12月31日,泰山公司按税后净利润(261 066元)的10%计提法定盈余公积金。另经董事会决议,公司计提任意盈余公积金50 000元。

本期应计提法定盈余公积金 = 261 066元 × 10% = 26 106.6(元)

该经济事项的发生,一方面使计提的盈余公积金增加76 106.6元(26 106.6 + 50 000),另一方面利润被分配使累计利润减少76 106.6元,因此该经济事项涉及"盈余公积"和"利润分配"两个账户。盈余公积金是一项所有者权益,增加记入"盈余公积"账户的贷方;利润分配也是一项所有者权益,减少应记入"利润分配"账户的借方。对该经济事项编制的会计分录为:

借:利润分配——提取法定盈余公积　　26 106.6
　　　　　　——提取任意盈余公积　　　50 000
　　贷:盈余公积——法定盈余公积　　　26 106.6
　　　　　　　——任意盈余公积　　　　50 000

【例5-51】20××年12月31日,泰山公司根据董事会决议,宣告向投资者分配现金股利100 000元。

该经济事项的发生,一方面使应付投资者的股利增加100 000元,另一方面利润被分配使累计利润减少100 000元,该经济事项涉及"应付股利"和"利润分配"两个账户。应付股利是一项负债,增加记入"应付股利"账户的贷方;利润分配是一项所有者权益,减少记入"利润分配"账户的借方。对该经济事项编制的会计分录为:

借:利润分配——应付现金股利　　100 000
　　贷:应付股利　　100 000

【例5-52】20××年12月31日,泰山公司结转除"利润分配——未分配利润"外的各明细账到"利润分配——未分配利润"账户。

该经济事项的发生,一方面使利润分配其他明细账从贷方转出实际分配的数额,另一方面减少未分配利润的数额,而未分配利润的减少应记入"利润分配——未分配利润"账户的借方。对该经济事项编制的会计分录为:

借:利润分配——未分配利润　　176 106.6
　　贷:利润分配——提取法定盈余公积　　26 106.6
　　　　　　　　——提取任意盈余公积　　50 000
　　　　　　　　——应付现金股利　　　　100 000

经分配、结转,泰山公司期末剩余的未分配利润额为84 959.4元(261 066 - 176 106.6)。

练习题

一、单项选择题

1. 在利息费用尚未支付期间,通过预提借款利息,将本期应负担利息计入"财务费用",其主要理论依据是( )。
   A. 谨慎性   B. 权责发生制   C. 收付实现制   D. 一致性

2. 企业购入材料时发生的运杂费等采购费用应计入( )。
   A. 管理费用   B. 生产成本   C. 材料成本   D. 销售费用

3. 以现金支付职工工资时,应借记的科目是( )。
   A. 生产成本   B. 库存现金   C. 其他应付款   D. 应付职工薪酬

4. "生产成本"账户核算的内容不包括( )。
   A. 直接材料费   B. 直接人工费   C. 制造费用   D. 管理费用

5. "主营业务成本"账户反映的是( )。
   A. 已售产品制造成本   B. 已售产品售价
   C. 已售产品平均成本   D. 已售产品的单位成本

6. 企业在生产经营过程中应负担的短期流动资金借款利息一般应计入( )。
   A. 财务费用   B. 管理费用   C. 在建工程   D. 生产成本

7. 企业在生产经营过程中预提的短期借款利息支出应编制的会计分录为( )。
   A. 借:财务费用 贷:银行存款   B. 借:财务费用 贷:生产成本
   C. 借:财务费用 贷:应付利息   D. 借:管理费用 贷:应付利息

8. "累计折旧"账户按照经济内容分类属于( )。
   A. 资产类账户   B. 损益类账户   C. 负债类账户   D. 成本类账户

9. "生产成本"账户的期末借方余额表示( )。
   A. 生产成本的增加数   B. 生产费用总和
   C. 期末在产品的成本   D. 完工产品的实际成本

10. 企业对外销售商品,购货方未支付货款,这项债权应记入( )。
    A. "应收账款"账户的借方   B. "应收账款"账户的贷方
    C. "应付账款"账户的借方   D. "应付账款"账户的贷方

二、多项选择题

1. 计入产品制造成本中的人工费应包括( )。
   A. 生产工人工资   B. 生产工人福利费
   C. 行政人员工资   D. 行政人员的福利费

2. "主营业务成本"账户( )。
   A. 反映本期销售商品的制造成本
   B. 属于资产类账户

C.借方对应的是"库存商品"账户

D.贷方对应的是"库存商品"账户

3.下列哪些费用应当计入管理费用?( )

　　A.诉讼费　　　　B.广告费　　　　C.业务招待费　　　　D.制造费用

4."主营业务收入"账户贷方对应的账户可能有( )。

　　A.应收账款　　　B.银行存款　　　C.预收账款　　　　D.主营业务成本

5.购进材料时,借记"在途物资"账户,可能贷记( )账户。

　　A.银行存款　　　B.库存现金　　　C.应付账款　　　　D.原材料

6.企业期间费用包括( )。

　　A.管理费用　　　B.财务费用　　　C.生产费用　　　　D.销售费用

7.企业购置不需要安装的生产用设备过程中,实际支付的( )等应作为固定资产的成本。

　　A.买价　　　　　B.包装费　　　　C.运杂费　　　　　D.增值税

8.企业年末计算应交所得税时,应登记的账户有( )。

　　A.贷记"利润分配"账户　　　　　　B.贷记"本年利润"账户

　　C.借记"所得税费用"账户　　　　　D.贷记"应交税费"账户

9.企业年末上缴应交的所得税时,应登记的账户有( )。

　　A.贷记"银行存款"账户　　　　　　B.贷记"本年利润"账户

　　C.借记"所得税费用"账户　　　　　D.借记"应交税费"账户

10.下列内容构成材料采购成本的有( )。

　　A.材料的买价　　　　　　　　　　B.采购费用

　　C.采购人员的差旅费　　　　　　　D.采购机构经费

三、实务题

习题一

【目的】练习购进与付款交易或事项的会计核算。

【资料】20××年3月泰山公司发生的有关交易或事项如下:

1.3月1日"在途物资"(A材料)账户期初余额为20 000元;"原材料"账户期初余额为65 000元。

2.3月份发生下列交易或事项:

(1)3月2日,上月从新雅公司购入的A材料运达公司,并已验收入库,其实际成本为20 000元。

(2)3月6日,从新雅公司购入A材料2 000吨,每吨120元,货款240 000元,增值税38 400元,供货方代垫运杂费3 000元,增值税300元,所有款项均以银行存款支付,材料已验收入库。

(3) 3月12日，从黄河公司购入B材料1 000吨，每吨80元，材料款80 000元，增值税12 800元，供货方代垫运杂费4 000元，增值税400元。该批材料已验收入库，货款未付。

(4) 3月31日，从南海公司购入丙材料300吨，每吨2 000元，材料价款600 000元，增值税96 000元，发票账单已到，款项以银行存款支付，材料尚未到达。

【要求】根据上述交易或事项编制会计分录，并登记"在途物资"和"原材料"账户。

习题二

【目的】练习生产过程交易或事项的会计核算。

【资料】泰山公司20××年3月发生有关交易或事项如下：

(1) 产品生产、车间与企业管理部门领用的各种材料汇总，见表5-5。

表5-5　　　　　　　　泰山公司20××年3月份发出材料汇总

用途	甲材料		乙材料		材料耗用合计（元）
	数量（千克）	金额（元）	数量（千克）	金额（元）	
制造A产品领用	20 000	400 000	10 000	100 000	500 000
车间一般耗用	5 000	100 000	1 000	10 000	110 000
管理部门耗用	1 000	20 000	3 000	30 000	50 000
合计	26 000	520 000	14 000	140 000	660 000

(2) 月末计算本月应分配的职工工资见表5-6。

表5-6　　　　　　　　泰山公司20××年3月份工资分配汇总

车间、部门	应分配金额（元）
产品生产工人工资	1 240 000
车间管理人员工资	80 000
厂部管理人员工资	20 000
合计	1 340 000

(3) 从银行提取现金1 340 000元，以备发放工资。

(4) 以现金1 340 000元发放职工工资。

(5) 按规定计提本月固定资产折旧79 800元，其中生产用固定资产折旧60 000元，管理用固定资产折旧19 800元。

(6) A产品10 000件全部完工验收入库，根据口述资料结转产品的制造成本。

【要求】根据以上交易或事项编制会计分录。

习题三

【目的】综合练习制造业主要交易或事项的会计核算。

【资料】20××年12月份泰山公司发生的有关交易或事项如下：

(1) 接受投资者的投资100 000元，存入银行。

(2) 向银行借款200 000元，期限三个月，存入本公司银行账户。

(3) 按合同约定，以银行存款预付给岱岳公司采购材料款30 000元。

(4) 收到上述岱岳公司预付款方式购入的材料，价款25 000元，增值税4 000元，余款退回存入银行，材料已验收入库。

(5) 发出材料一批，其中生产产品耗用135 000元，企业管理部门耗用3 000元。

(6) 计算分配本月应付职工工资，其中生产工人工资65 000元，车间管理人员工资5 000元，公司行政管理人员工资15 000元。

(7) 从银行提取现金85 000元，以备发放工资。

(8) 以现金85 000元发放职工工资。

(9) 财务部李玉预借差旅费1 000元，以现金支付。

(10) 财务部李玉出差归来，报销差旅费880元，其余款项退回现金。

(11) 以现金支付行政管理部门办公费1 200元。

(12) 预提本月应负担银行短期借款利息6 000元。

(13) 计提本月固定资产折旧44 000元，其中：车间生产用固定资产折旧24 000元，行政管理部门用固定资产折旧20 000元。

(14) 期末结转完工入库产品的制造成本，共计224 000元。

(15) 销售产品一批，价款200 000元，增值税32 000元，货款尚未收到。

(16) 按合同约定预收齐鲁公司货款50 000元存入银行。

(17) 向齐鲁公司发出产品一批，价款120 000元，增值税销项税额19 200元，冲销原预收货款50 000元。

(18) 收到齐鲁公司交来的转账支票89 200元结算剩余货款，款收到存入银行。

(19) 销售产品价款100 000元，增值税16 000元，货款已到，存入银行。

(20) 以现金支付销售产品的广告费增值税发票注明劳务费1 000元，增值税100元。

(21) 结转已销售产品制造成本200 000元。

(22) 经计算应交税金及附加费14 700元。

(23) 以银行存款3 500元支付罚款。

(24) 收到政府科技奖补助金2 000元。

(25) 期末，计算各损益类账户本期发生额，并将其转入"本年利润"。

(26) 公司适用所得税税率为25%，计算并结转公司所得税费用，同时将所得税费用转入"本年利润"（假定无纳税调整项目和递延所得税项目）。

(26)按净利润的10%计提法定盈余公积金。

(27)按规定计算应付投资者股利10 000元。

【要求】根据以上交易或事项编制会计分录。

习题四

【目的】综合练习制造业主要交易或事项的会计核算。

【资料】20××年12月份泰山公司发生的交易或事项如下：

(1)购入甲材料20吨，每吨1 000元，购入乙材料20吨，每吨500元，增值税税率16%，材料尚在运输途中，款项尚未支付。

(2)以银行存款支付上述甲、乙材料的运杂费500元增值税进项税50元，(运杂费按材料重量比例分配)，甲、乙材料验收入库，结转其实际采购成本。

(3)仓库发出上述甲材料16吨，用于A产品生产，发出上述乙材料8吨，其中6吨用于B产品生产，2吨用于车间一般耗用。

(4)据有关工资结算凭证，本月共发生应付工资65 000元，其中A产品生产工人的工资44 000元、B产品生产工人的工资11 000元、车间管理人员的工资5 000元、企业行政管理人员的工资5 000元。

(5)用银行存款支付本月产品广告费1 000元，增值税100元。

(6)计提本月应负担的银行短期借款利息500元。

(7)计提固定资产折旧7 000元，其中机器设备2 000元，生产用厂房2 000元，企业行政管理办公用房3 000元。

(8)归集分配本月发生的制造费用，按生产工人工资比例分配计入产品成本。

(9)本月投产的A产品和B产品各1 000件，全部完工入库，计算结转完工产品实际生产成本。

(10)企业销售A产品600件，单价100元，销售B产品500件，单价60元，增值税税率16%，款项未收到。

(11)按销售收入的5%计提销售环节的税金及附加。

(12)结转本月已销售产品的成本。

(13)将本月发生的各项收入和各项费用结转计入"本年利润"。

(14)该企业适用所得税税率25%，假定无纳税调整项目，计算所得税费用并转入"本年利润"。

(15)假设12月初"本年利润"账户有贷方余额200 000元，计算结转本年净利润。

(16)根据董事会决议，按净利润的10%计提法定盈余公积金，计划按净利润的30%派发普通股股利。

【要求】根据上述交易或事项编制会计分录。

第六章 成本计算

✲ 内容提要

本章重点阐述会计核算的基本方法——成本计算。目的是使初学者掌握制造业企业交易或事项的实际内容,了解成本计算的基本原理和一般程序,掌握运用成本计算的方法对制造业企业供、产、销三个过程的各种计算对象进行成本计算。

第一节 成本计算概述

一、成本的经济实质和作用

(一)成本的经济实质

成本作为一个价值范畴,是新增(或已耗)资产价值的组成部分。一般而言,资产的价值由以下三部分组成:(1)已耗生产资料(劳动手段和劳动资料)的转移价值;(2)支付给劳动者的劳动报酬;(3)劳动者为社会作出的贡献额。前两者是构成资产价值的基础。

已耗生产资料的转移价值和支付给劳动者的劳动报酬,按受益对象不同,可以分为三个部分:一是用于工程建造、无形资产研发等,形成长期资产;二是用于存货的建造,形成各种存货;三是用于包括上述两者在内的日常经营管理活动,形成期间费用。第三种支出与前两种支出的区别是:前两种支出有明确的受益对象,可以直接或间接计入受益对象,第三种支出则没有明确的受益对象,不能或不易计入相关受益对象。第一种支出,形成相关长期资产的成本;第二种支出,形成相关存货的成本;第三种支出,由于没有明确的受益对象，按权责发生制要求，全部计入相应的会计期间，直接作为当期收益的抵减。相关存货的成本，在存货消耗或销售后，或作为相关费用，或作为主营业务成本，由当期收益抵减。形成长期资产和存货的支出，按一定的计算对象归集，计入相应资产的价值，就成为新增资产的成本。

制造行业的经营过程，主要包括供应、生产和销售三个阶段。供应过程的经营活动，主要表现为各种存货的采购。在存货的采购过程中所支付的存货买价和采购费用，按各种存货的种类分别归集、分配，构成了各种存货的采购成本。在生产过程中发生的生产费用（如已耗存货的成本、支付给生产者的薪酬等），按各种产品进行归集、分配，构成了各种产品的生产成本（亦称制造成本）。制造行业的销售过程，主要是销售各种产品。已售产品的生产成本，按各种已售产品进行归集，构成了各种已售产品的主营业务成本。主营业务成本作为当期费用全部计入该会计期间，抵减当期主营业务收入。

费用和成本是既有联系又有区别的两个概念。资产的成本随着企业经营活动的展开，逐步转化为某一会计期间的费用。费用是与特定的会计期间相联系的，是根据权责发生制、配比及划分资本性支出与收益性支出等要求来确定的，从资金循环的意义上讲，这些费用主要通过经营收入收回的资产来补偿。成本是与特定的计算对象相联系的，是根据受益性原理和重要性要求计算出来的，是计算对象的受益费用。

(二) 成本的作用

成本是以价值形式反映企业工作质量，说明企业管理当局经营责任完成情况的综合性指标之一。对会计信息的使用者而言，它具有多方面的作用。

1. 成本是计量经营耗费和确定补偿尺度的重要工具

企业经营的主要目标，就是以自己的收入补偿耗费后获得尽可能多的利润，并尽量不发生亏损。企业盈利的大小，是企业经营状况好坏的主要标志，也是企业能否正常持续经营的必要条件。企业的营业收入，只有弥补相关耗费，才能保持持续经营。成本是对象化的耗费，是企业全部耗费的主要组成部分。所以，成本是反映企业经营耗费的主要指标之一，是计量经营耗费和确定补偿尺度的重要工具。

2. 成本是制定商品价格的重要依据

商品价格是影响商品销售和企业盈利的重要因素之一。在商品质量一定的条件下，商品价格的高低，关系到商品能否顺利地销售出去，而商品能否顺利地销售出去，关系到企业能否收回所垫付的资金以持续经营。一般而言，在商品质量和性能稳定的情况下，商品的价格高于同类商品的社会平均价格，就难以顺利地销售出去；商品的价格高低适中，或低于同类商品的社会平均价格，商品就能顺利地销售出去。商品定价的高低，涉及企业盈利的大小与经济效益的高低。商品价格的高低取决于商品成本的高低。商品成本高于同类商品的社会平均成本，为了获取适当的利润，制定的商品价格相应地也会高于同类商品的社会平均价格，这可能使商品销售失去竞争力；商品成本低于同类商品的社会平均成本，制定的商品价格就可以低于同类商品的社会平均价格，从而使商品销售具有竞争力，也可以获取适当的利润。因此，商品成本是决定商品价格的基础，是制定商品价格的重要依据。

3. 成本是企业进行决策和核算经济效益的重要因素

企业管理者在履行受托责任、完成管理任务时，必须对经营活动中涉及的重大问题进行决策。要作出正确的决策，必须从各方面进行考虑，分析相关经营活动涉及的各种因素对经营活动的影响。在对各种方案进行决策时，经济效益是选择某种方案必须予以考虑的主要因素之一，而企业的经济效益的核心是产品的成本问题。如上所述，在市场销售有保证的前提下，产品成本的高低决定着企业经济效益的好坏。因此，在对各种备选方案进行选择、决策时，必须把成本作为一个重要的因素进行考虑，从成本的角度对备选方案进行评价选择。只有这样，才能使所选择的方案在经济上可行，才能使经济活动具有资源消耗少、经济效益好的效果。

4. 成本是衡量企业管理水平和各方面工作成果的重要指标

成本是反映企业管理水平的综合性指标。企业各方面工作的成果，比如产品设计的好坏，生产工艺的合理程度，原材料、燃料、动力等资产的消耗水平，机器设备、厂房建筑物的利用情况，劳动生产率的高低，人、财、物组织得是否合理，供、产、销是否衔接平衡，等等，最终都会反映到产品成本上。因此，通过对成本形成情况、构成和水平的分析，就能发现企业管理上存在的问题和薄弱环节，为提高生产技术水平和管理水平指明方向，也为改进各方面工作找到途径。同时，降低成本，必然对企业各项工作提出更高的要求，推动企业整体管理水平不断提高。

二、成本计算的意义

成本是会计信息的重要组成部分，同其他会计信息一样，它也是通过对相关原始数据的收集、整理和加工形成的。成本计算就是采用一系列专门的方法，把企业供应、生产和销售过程中所发生的各种费用，根据受益关系，在不同的对象之间进行归集、计算和分配，借以确定各成本计算对象的总成本和单位成本的一项会计工作。成本计算对于加强企业经营管理，提高经济效益具有重要意义。

第一，通过成本计算，可以取得企业的实际成本资料，并据以确定实际成本同预算成本的差异，考核成本预算的完成情况，分析成本升降的原因，进一步挖掘降低成本的潜力。

第二，通过成本计算，可以反映和监督企业各项费用的支出，揭露企业经营管理中存在的问题，奖优罚劣，及时采取有效措施，改善经营管理。

第三，通过成本计算，可以为企业进行下一期各项成本指标的预测和规划，提供必要的参考数据。

总之，正确地进行成本计算，对不断地改进成本管理工作，争取以更少的资源耗费获取更大的经济效益，为社会增加更多的财富，具有重要的意义。

三、成本计算的原理

在不同的企业，或同一企业的不同经营阶段，会发生不同的经济活动，产生不同的支出，形成不同的成本，这就造成具体成本计算在方法上的差异，如采购成本的计算与生产成本的计算方法是不相同的。不同时期企业由于经营活动的更改，成本计算的内容也不尽相同。不同时期、不同计算对象的成本在内容、构成和计算方法等方面虽说不尽相同，但它们都是经营中产生的资源消耗，都应按权责发生制、配比和划分收益性支出与资本性支出等要求归集、分配到受益对象上去，它们的计算原理是相同的。成本计算原理，就是不同时期、不同性质的成本的共同计算原理。

各种经营活动的目的不同，经营过程中发生的各种费用，都是为相应的经营目的产生的。在某种经营活动中支付费用，目的是为了在这种经营活动中获取合理的经营成果。也就是说，某种经营活动的经营成果是该种经营活动中所支付费用的受益对象。如为某种产品生产而耗用的原材料费用的受益对象就是该种产品。当可以直接确定某种费用是为某项经营活动产生时，我们称这种费用为该成本计算对象的直接费用。应将直接费用直接计入受益的计算对象中，作为相应的受益计算对象的成本，由相应的受益计算对象承担，这就是直接受益直接分配原理，是成本计算的主要原理之一。

在企业的日常经营中，各种经营活动往往是交叉进行的，因此有的费用是为了若干受益计算对象而共同发生的，应由相应的若干个受益计算对象来共同承担，会计上把这种由若干受益计算对象共同承担的费用称为间接费用。间接费用与受益计算对象的受益关系虽不如直接费用那样明显，但也可采用一定的方法来确定间接费用与受益计算对象之间的关系，可以采用客观性较强的标准将间接费用在各受益计算对象之间合理分配。分配时，首先应确定可供分配的间接费用总额和分配标准，然后按一定的方法将可供分配的间接费用在各受益对象之间合理分配，这就是间接受益间接分配原理，是成本计算的主要原理之二。

在企业经营活动中发生的间接费用中，有时有些间接费用一方面由于与受益对象的受益关系并不十分明显，另一方面费用的金额也不大，将这种间接费用按受益原理计入受益对象的成本，一是不易确定客观的分配方法，二是这种费用计入还是不计入受益对象的成本，对受益对象的成本升降水平影响不大。在会计中，只把那些与受益对象的受益关系较为明显并容易确定，费用金额较大，计入还是不计入受益对象的成本，对受益对象的成本升降水平影响较大的重要的间接费用，才按受益关系计入受益对象的成本；把那些与受益对象的受益关系不十分明显，费用金额不大，不易确定客观的分配方法，费用计入还是不计入受益对象的成本，对受益对象的成本升降水平影响不大的间接费用，不计入相应受益对象的成本。这就是重要性原理，是成本计算的主要原理之三。

四、成本计算的基本要求

为了正确、及时地计算成本，在成本计算时应遵循如下要求：

（一）严格执行国家相关法律规章规定的成本开支范围和费用开支标准

成本开支范围是根据企业经营活动中所发生的费用的不同性质，依据成本的内容和加强成本核算的要求，由国家在相关法律规章（如企业所得税法实施条例、企业成本管理条例等）中统一制定。所谓成本开支范围，是指哪些费用允许列入成本、哪些费用不允许列入成本的规定。成本开支范围的基本内容是：一切与生产经营活动有关的支出，都应计入企业的成本、费用。就制造企业而言，所发生的直接材料、直接人工、制造费用、管理费用、销售费用和财务费用构成企业的成本费用范围。其中，直接材料、直接人工和制造费用构成产品的制造成本（亦称生产成本）；管理费用、销售费用和财务费用则由于和产品的受益关系不太明显，分配的客观标准不易确定，不计入产品的制造成本，全部作为所属会计期间的费用，冲减当期收益。费用开支标准是指对某些费用支出的金额和比例作出一些限制性的规定。如允许在税前列支的职工薪酬金额、坏账提取比例和交际应酬费的提取比例等。企业应严格遵守成本开支范围和费用开支标准，在合法的前提下展开经营活动，既能保证成本、费用的真实性，内容的一致性，具有分析对比的可能性，又能正确地计算企业的损益，真实地反映企业的财务成果，提供真实、正确、有用的会计信息。

（二）正确划分支出、费用和成本的界限

1. 正确划分收益性支出和资本性支出的界限

所谓收益性支出，是指凡支出所带来的效益仅与一个会计年度相关的支出，收益性支出都应计入该会计年度的费用中；所谓资本性支出，是指凡支出能在几个会计年度带来收益的支出，资本性支出应计入相关资产的成本中，并随着相关资产的消耗，合理分摊入相关的会计年度中。如购建固定资产的支出，应计入固定资产的成本，在固定资产的使用期间分摊到相关会计年度的成本、费用中。

2. 正确划分成本与费用的界限

费用是经营活动中发生的各种各样经济利益流出的总称，而成本则是指归集到受益计算对象上去的费用。如前所述，企业经营活动中发生的费用，并非全部计入成本，有一部分是作为期间费用，列作当期损益。因此，为保证成本资料的真实性，以及相应会计信息的相关有用性，在成本计算时，要划清成本与费用的界限。

3. 正确划分本期成本费用与下期成本费用的界限

凡应由本期相关资产负担的费用，应计入本期相关资产的成本；不应由本期相关资产负担的费用，则不能计入本期相关资产的成本。

4. 正确划分不同产品的成本界限

属于哪种产品受益的费用，应由该种产品负担，计入该种产品的成本，不能将由其他产品受益的费用计入不相关产品的成本。

5. 正确划分产成品成本与在产品成本的界限

制造企业对于应计入本期产品成本的费用，如应由在产品和产成品共同承担，就要采用适当的方法，将生产费用在产成品和在产品之间进行分配，分清哪些是产成品应承担的费用，哪些是在产品应承担的费用，即分清产成品成本与在产品成本的界限。

（三）遵循权责发生制的要求

在成本计算时按照权责发生制的要求，主要是指在各会计期间合理划分跨期费用的问题，即正确处理长期待摊费用。在成本计算时，对于已经发生的支出，如果受益期包括一年以上的多个会计期间，就应将长期待摊费用在各个受益期采用适当的分配方法合理分配，而不能将受益期包括几个会计期间的长期待摊费用计入一个会计期间。不得假借待摊的方法，人为地调节某个会计期间的成本费用，即该摊的不摊，或者不该摊的乱摊。

（四）做好成本核算的各项基础工作

要正确、及时地计算成本，做好各项基础工作是很重要的，如果基础工作做得不好，就会影响成本计算的正确性和及时性。成本核算的基础工作主要有：建立健全定额管理制度；建立健全财产物资的计量、收发、领退制度；建立健全各种原始记录及其收集整理制度；建立健全内部结算制度等。

（五）选择适当的成本计算方法

企业应结合自己的具体情况，选择适合本企业经营特点的成本计算方法进行成本计算。方法一经确定，在会计环境没有新的变化之前，一般不应经常变动。计算方法的选择，应同时考虑企业生产类型的特点和管理的要求两个方面。具体成本计算方法的选择，留待成本会计等相关的课程中介绍。

第二节　成本计算的程序和方法

成本计算是企业财务会计的重点和难点工作，必须按照前述成本计算基本原理，采用规范的程序进行，现以本教材第五章有关举例说明产品制造成本的计算程序和方法。

一、收集、整理成本计算资料

成本计算资料的收集、整理是成本计算的前提。完整、准确地提供计算数据，是成本计算的基础。因此，企业对购进、领用的各种原材料、各项费用支出、工时动力等的消耗，产品的质量情况，在产品、半成品的内部转移和产成品的入库、出库等，都要根据各项活动的特点，分别取得或填制不同格式的原始凭证。这些原始记录是否正确，提供得是否及时，直接影响到成本计算的正确性和及时性。所以，成本计算的资料收集、整理工作很重要，必须以完整、正确的原始记录作为成本计算的依据。成本计算资料一般包括资产的形成、耗费或转出价值资料、长期待摊费用的形成和摊销方面的资料等。本教材第五章有关业务举例构成了泰山公司产品制造成计算的基础资料。

二、确定成本计算对象

成本计算对象,就是承担和归集费用的对象,即费用的受益对象。它是费用归集和分摊的依据。为了便于成本控制,落实成本责任制,进行成本考核以降低成本费用,应按成本责任环节(或单位)来计算成本,即计算各成本责任环节的成本。对于制造企业来讲,成本计算对象可以包括若干种不同产品或不同的经济活动,也可以只包括一种产品或一种经济活动;可以是一个单独的产品或项目,也可以是一批相同的项目或一组相似的产品;可以是最终产品,也可以是加工到一定程度的半成品。

根据泰山公司的经营性质和规模,将其所生产的甲产品、乙产品两种主要产品确定为其成本计算对象,以便正确及时地归集和分配费用,计算成本。

三、确定成本计算期

成本计算期是要解决在什么时候计算,多长时间计算一次成本的问题。以制造企业为例,产品生产完工之时,才是产品成本完全形成之日。因此,在产品生产完工之时计算产品生产成本,以产品生产周期作为成本计算期,是较为合理的。但是,由于有的产品生产周期过长,完全按产品生产周期来计算成本,将影响会计信息的使用者及时地取得相关的会计信息;有的产品生产周期很短,完全按产品生产周期来计算成本,将使成本计算很频繁,加大会计核算成本。所以,成本计算期并不一定和产品生产周期一致。

如何确定成本计算期,取决于企业生产组织的特点和管理要求。例如,企业采用单件、小批量的生产组织方式时,可以把产品生产周期作为成本计算期;如果企业的生产特点是经常重复不断地大量生产同一种或几种产品,为了及时取得成本指标,加强成本管理,一般以会计分期作为产品成本计算期,泰山公司根据自身产品生产特点选择按月作为成本计算期计算成本。

四、确定成本项目

产品成本的计算,是生产费用形成和分配的计算。企业发生的各项费用,可以按不同的标志进行分类。按费用支出的经济内容可分为:反映劳动对象耗费的费用,如外购原材料费、燃料费等;反映劳动资料耗费的费用,如固定资产折旧费等;反映活劳动耗费的费用,如人工费用;反映用货币资金支付的费用,如差旅费、办公费、水电费等。生产费用按支出的经济内容来分类,在会计上称为生产费用要素,它表明企业为进行生产支付了哪些费用,数额是多少,可以用来分析企业各个生产时期生产费用的支出水平。但是这种分类无法与成本计算对象联系起来说明生产费用的用途。

为了取得更多的会计信息,还应将生产费用按其用途进行分类。生产费用按其用途进行的分类,在会计上称为产品成本项目。产品制造成本计算的成本项目,一般由以下三项组成:

(1) 直接材料，是指为产品生产而耗费的原材料、辅助材料、备品备件、外购半成品、燃料、动力、周转材料，以及其他直接材料等。

(2) 直接人工，是指直接从事产品生产的工人工资、奖金、津贴和福利费等职工薪酬。

(3) 制造费用，是指企业各生产单位为组织和管理生产所发生的各项间接费用，包括车间管理人员薪酬、车间固定资产折旧费、办公费、差旅费、水电费、劳动保护费等。

借助于产品成本项目，可以清楚地了解生产费用的经济用途和成本的经济构成，提供更多有用的会计信息，通过对一定对象的成本项目的分析，可以初步查明成本升降的原因，挖掘降低成本的潜力。

五、正确地归集和分配各种费用

正确地归集和分配各种费用，是正确地进行成本计算的前提。它一方面要求根据真实的原始数据来正确地归集和分配各种费用，另一方面要求在费用的归集和分配中遵循相关性原则和权责发生制要求，正确地确定费用的受益期限和受益对象。

对于直接材料、直接人工等与产品生产关系密切的直接费用，一般可以将其直接计入产品制造成本，登记按产品设置的"生产成本"明细账。应由多种产品共同负担的共同性质的间接费用，一般不能直接计入产品的制造成本，应确定适当的分配标准和合理的分配方法，分配计入各种产品生产成本。

泰山公司间接费用的归集与分配举例见第五章【例 5-29】，实际工作中，制造费用的分配是通过编制"制造费用分配表"进行的。泰山公司编制的制造费用分配表见表 6-1。

表 6-1   制造费用分配表

20××年12月

分配对象	分配标准（工时）	分配率	分配额
甲产品	6 000	—	120 000
乙产品	4 000	—	80 000
合计	10 000	20	200 000

将该"制造费用分配表"作为原始凭证，据以编制会计分录，登记账簿。

六、设置和登记明细分类账、编制成本计算表

在成本计算过程中，为系统地归集、分配各种应计入各成本计算对象的费用，应按成本计算对象和成本核算项目设置和登记生产成本明细分类账户，然后根据这些账簿记录资料，编制成本计算表，借以计算确定各种成本计算对象的总成本和单位成本。

计算产品的制造成本，必须根据企业的生产类型（生产组织和工艺技术）和管理要求，采用如品种法、分批法、分步法等不同的成本计算方法。这些具体的成本计算方法，将在成本会

计学中讲述，本课程不再涉及。

下面仍以泰山公司第五章有关举例为资料说明产品制造成本计算过程，经整理有关资料如下：

(1) 期初在产品资料，见表6-2。

表6-2　　　　　　　　　　　　期初在产品资料　　　　　　　　　　　　　单位：元

产品名称	直接材料	直接人工	制造费用	合　计
甲产品	64 000	20 000	12 000	96 000
乙产品	32 000	13 000	8 000	53 000
合　计	96 000	33 000	20 000	149 000

(2) 泰山公司本月发生的各项生产费用见第五章【例5-18】至【例5-29】，根据有关举例的会计分录登记甲、乙产品的明细分类账，见表6-3和表6-4中的本期发生额栏。

(3) 生产费用在完工产品和在产品之间的分配。

企业在计算产品成本时，对应计入产品成本的全部生产费用，还应划分为应由本期产品成本负担的费用和应由其他各期产品成本负担的费用，即应将全部生产费用在完工产品和在产品之间进行分配。分配时应按照下列公式计算：

期初在产品成本 + 本期生产费用 = 本期完工产品成本 + 期末在产品成本

生产费用在完工产品和在产品之间的分配有定额成本法、约当产量法等多种方法。约当产量法是将期末实际结存的在产品按其投料程度和完工程度折合为大约相当于完工产品的产量，然后按照完工产品的产量和在产品的约当产量之间的比例分配生产费用，计算当月完工产品和在产品成本的一种方法。

泰山公司采用约当产量法将生产费用在完工产品和在产品之间进行分配。假定泰山公司本月生产的甲产品300台已全部完工，乙产品投产800台，期末完工600台，在产品200台。乙在产品耗用的材料在开始生产时一次投入，乙产品的加工程度至期末完成了50%。

因甲产品期末已全部完工，没有在产品，其总成本就是月初在产品成本与本月发生的生产费用之和，根据"生产成本——甲产品"明细账可知，甲产品300台的总成本为1 214 400元，单位成本为4 048元/台(1 214 400÷300)。具体成本项目的计算如下：

甲产品成本：

直接材料 = 64 000 + 320 000 = 384 000元

直接人工 = 20 000 + 678 400 = 698 400元

制造费用 = 12 000 + 120 000 = 132 000元

合计　　　　　　　　　　1 214 400元

由于乙产品投产800台，期末完工600台，在产品200台尚未完工，应将月初在产品成本与本期发生的生产费用的合计数,按约当产量法在完工产品和在产品之间进行分配。根据"生产成本——乙产品"明细账可知,乙产品生产费用总额为 918 800 元,按约当产量法将生产费用在完工产品和在产品之间分配如下:

月末乙在产品的月当产量 = 200 × 50% = 100(台)

直接材料:

因材料费投产时一次投料,完工产品和在产品的单位材料费相同。

每台完工产品和在产品耗用的材料 = 362 000 ÷ 800 = 452.5(元)

在产品直接材料费 = 200 × 452.5 = 90 500(元)

完工产品直接材料费 = 600 × 452.5 = 271 500(元)

直接人工:

每台完工产品的直接人工 = 468 800 ÷ (600 + 100) ≈ 669.71(元)

在产品直接人工费 = 100 × 669.71 = 66 971(元)

完工产品直接人工费 = 468 800 - 66 971 = 401 829(元)

制造费用:

每台完工产品的制造费用 = 88 000 ÷ (600 + 100) ≈ 125.71(元)

在产品的制造费用 = 100 × 125.71 = 12 571(元)

完工产品的制造费用 = 88 000 - 12 571 = 75 429(元)

完工乙产品 600 台的总成本:

直接材料　　　271 500 元
直接人工　　　401 829 元
制造费用　　　 75 429 元
─────────────────
合计　　　　　748 758 元

表 6-3　　　　　　　　　　　生产成本明细分类账

产品名称:甲产品　　　　　　　　　　　　　　　　　　　　　　　　　单位:元

20××年		凭证号数	摘要	借方			
月	日			直接材料	直接人工	制造费用	合计
略	略	略	期初在产品成本	64 000	20 000	12 000	96 000
			材料费用	320 000	—	—	320 000
			生产工人薪酬	—	640 000	—	640 000
			计提职工福利费	—	38 400	—	38 400
			分配制造费用	—	—	120 000	120 000

续表

			本期发生额	320 000	678 400	120 000	1 118 400
略	略	略	生产费用合计	384 000	698 400	132 000	1 214 400
			结转完工产品成本（300件）	384 000	698 400	132 000	1 214 400
			期末在产品成本	0	0	0	0

表6-4　　　　　　　　　　　生产成本明细分类账
产品名称：乙产品　　　　　　　　　　　　　　　　　　　　　　　　单位：元

20××年		凭证号数	摘　要	借　方			
月	日			直接材料	直接人工	制造费用	合　计
略	略	略	期初在产品成本	32 000	13 000	8 000	53 000
			材料费用	330 000	—	—	330 000
			生产工人薪酬	—	430 000	—	430 000
			计提职工福利费	—	25 800	—	25 800
			分配制造费用	—	—	80 000	80 000
			本期发生额	330 000	455 800	80 000	865 800
			生产费用合计	362 000	468 800	88 000	918 800
			结转完工产品成本（600件）	271 500	401 829	75 429	748 758
			期末在产品成本	90 500	66 971	12 571	170 042

（4）根据甲、乙产品生产成本明细分类账中的各成本项目记录和在产品资料，即可计算甲、乙两种产品完工产品总成本和单位成本，编制完工产品成本计算表，见表6-5。

表6-5　　　　　　　　　　　完工产品成本计算表　　　　　　　　　　单位：元/件

成本项目	甲产品（300件）		乙产品（100件）	
	总成本	单位成本	总成本	单位成本
直接材料	384 000	1 280	271 500	452.5
直接人工	698 400	2 328	401 829	669.71
制造费用	132 000	440	75 429	125.71
合　计	1 214 400	4 048	748 758	1247.92

根据"完工产品成本计算表"，编制产品入库结转的会计分录，并登记账簿。

练习题

一、单项选择题

1. 下列各项中,不应计入制造业企业成本的项目是( )。
   A. 制造费用　　B. 直接人工　　C. 财务费用　　D. 直接材料

2. 产品制造成本的成本项目中不包括( )。
   A. 直接材料　　B. 直接人工　　C. 制造费用　　D. 生产费用

3. 成本属于价值范畴,是新增( )。
   A. 损失的组成部分　　　　　　B. 资产价值的组成部分
   C. 利润的组成部分　　　　　　D. 费用的组成部分

4. 在企业经营过程中,当可以直接确定某种费用是为某项经营活动产生时我们称这种费用为该成本计算对象的( )。
   A. 生产费用　　B. 直接费用　　C. 间接费用　　D. 期间费用

二、多项选择题

1. 成本计算的主要程序包括( )。
   A. 确定成本计算期　　　　　　B. 确定成本计算对象
   C. 确定成本项目　　　　　　　D. 归集和分配有关费用

2. 产品制造成本的成本项目包括( )。
   A. 直接费用　　B. 直接材料　　C. 直接人工　　D. 制造费用

3. 影响本月完工产品成本的因素有( )。
   A. 月初在产品成本　　　　　　B. 本月发生的生产费用
   C. 本月已销产品的成本　　　　D. 本月月末在产品的成本

4. 制造费用不属于( )。
   A. 期间费用　　B. 生产费用　　C. 直接费用　　D. 间接费用

三、判断题

1. 成本是计量经营耗费和确定补偿尺度的重要工具。( )

2. 直接受益间接分配是成本计算的原理之一。( )

3. 费用和成本是既有关系又有区别的两个概念,费用与特定的计算对象相联系,而成本则与特定的会计期间相联系。( )

4. 成本计算期的确定取决于企业生产组织的特点和管理要求。( )

5. 产品成本计算期必须与产品的生产周期一致。( )

6. 成本计算对象可以是最终产品,也可以是加工到一定程度的半成品。( )

四、实务题

【资料】泰山公司下属的大成工厂生产A、B两种产品,20××年10月有关资料见表6-6。

表 6-6　　　　　　　　　　　期初在产品成本资料　　　　　　　　　　单位:元

产品名称	直接材料	直接人工	制造费用	合计
A 产品	4 500	3 800	1 200	9 500
B 产品	10 000	9 600	6 000	25 600
合计	14 500	13 400	7 200	35 100

本月发生的生产费用如下:

(1)仓库发出材料,用途如下:

	甲材料	乙材料
A 产品耗用	6 000 元	4 000 元
B 产品耗用	12 500 元	7 500 元
车间一般耗用	2 000 元	400 元

(2)本月发生的工资费用如下:

A 产品生产工人工资	18 000 元
B 产品生产工人工资	32 000 元
车间管理人员工资	8 000 元

(3)本月发生职工福利费 8 120 元,其中:A 产品负担 2 520 元,B 产品负担 4 480 元,车间管理人员发生福利费 1 120 元。

(4)用银行存款支付车间办公费 2 600 元,水电费 880 元。

(5)计提车间用设备折旧 1 000 元。

(6)将本月发生的制造费用按生产工人的工资比例分配计入 A、B 产品制造成本。

(7)本月生产的 A 产品 20 台、B 产品 50 台已经完工,验收入库,结转成本,假设没有期末在产品。

【要求】

(1)编制有关业务的会计分录。

(2)编制 A、B 产品生产成本计算单。

第七章 会计凭证

✵ 内容提要

本章阐述了会计凭证的意义和种类,介绍了原始凭证、记账凭证应具备的内容和填制及审核要求;说明了会计凭证传递和保存的要求。

第一节 会计凭证的意义和种类

一、会计凭证的概念

会计凭证是用以记录交易或事项的发生或完成情况的文字、图表等各种形式的资料,包括通过计算机等电子设备形成、传输和存储的电子资料,它是登记会计账簿的依据。取得、填制和审核会计凭证是会计核算的一种专门方法。

各个会计主体每天都要发生大量的交易或事项,为了正确、真实地记录和反映交易或事项的发生和完成情况,保证会计核算资料的客观性、合法性,任何单位在处理交易或事项时都必须办理会计凭证手续,由执行和完成该项交易或事项的有关部门和人员取得或填制会计凭证,记录该项交易或事项的内容、数量和金额,并在凭证上签名或盖章(含电子签章),对交易或事项的合法性、真实性、正确性负责。所有会计凭证都要认真填制,并要经过会计部门有关人员进行严格审核,经审核无误的会计凭证才能作为交易或事项发生、完成情况的证明和登记账簿的依据。没有真凭实据,就不能任意收付款项和动用财产物资,也不能进行账务处理。

二、会计凭证的意义

合法地取得、正确地填制和审核会计凭证,是会计核算的基本方法之一,也是会计核算工作的起点,对于从源头上保证会计资料的真实性和完整性,有效地进行会计监督,明确经济责任等,都具有重要意义。

(一)记录交易或事项,提供记账依据

各单位日常发生的交易或事项,如资本的筹集和运用,生产经营过程中发生的成本、费用,利润的形成和分配,经费的拨入和支出等,既有货币资金的收付,又有财产物资的进出及耗费等。通过会计凭证可以将日常发生的各项交易或事项真实地记录下来,为记账、算账提供依据。从会计凭证与其他会计资料的关系来看,会计凭证是其他会计资料的基础;从会计工作的程序来看,取得、填制和审核会计凭证是会计工作的开始环节。会计凭证正确与否直接影响账簿记录的正确性,进而影响会计报表所提供信息的质量。同时,会计凭证也是会计分析和会计检查的重要依据。

(二)明确经济责任,强化内部控制

会计凭证明确记录了交易或事项的内容、发生时间和地点,并由经办部门和人员在凭证上签章,使得这些部门和人员对交易或事项的合法性、真实性负责。如果出现问题,可据此查明责任。这样就加强了经办部门和经办人员的责任感,促使经办部门和经办人员严格执行财经纪律,按有关政策、法令办事。各经办部门和经办人员通过会计凭证的传递,还可以相互牵制和相互制约,有利于发现经济管理上的弱点和管理上的漏洞,从而加强岗位责任制,强化内部控制。

(三)监督经济活动,控制经济运行

各单位任何一项交易或事项的发生,都要由执行和完成该项交易或事项的部门或人员取得或填制相应的会计凭证,会计凭证记录和反映了各项交易或事项的具体内容。合法地取得、填制和审核会计凭证,可以发挥会计的监督作用,保证会计资料的真实性,防止以虚假的交易、事项或资料进行会计核算。通过对会计凭证的审核,既可以检查会计人员、财产保管人员和业务经办人员的工作情况,同时也可以监督各项交易或事项是否符合国家的法律、法规、方针、政策、制度、计划、合同等的规定,有无铺张浪费、贪污等侵害国家财产的行为。坚决杜绝以虚假的交易或事项或者资金往来为前提,编造虚假的会计凭证的行为,坚决杜绝用涂改、挖补或其他方法改变会计凭证真实内容的行为。从而保证会计资料的真实性,严肃财经纪律,防止违法乱纪行为的发生,及时发现和纠正经济管理中存在的问题,促进经济的正常高效运行。

合法地取得、填制和审核会计凭证对会计核算工作和会计信息质量具有至关重要的影响和作用。要做好这一基础工作,单位领导必须给予足够的重视,有关经办人员要认真对待,会计人员则要有高度的职业责任心、严谨细致的工作作风和扎实的基本功。

三、会计凭证的种类

交易或事项的纷繁复杂决定了会计凭证是多种多样的。为了正确地使用和填制会计凭证，必须对会计凭证进行分类。会计凭证按照编制的程序和用途不同，分为原始凭证和记账凭证两类。

第二节 原始凭证的填制和审核

一、原始凭证的概念

原始凭证又称单据，是在交易、事项发生或完成时取得或填制的，用以记录或证明交易、事项的发生或完成情况的原始凭据。

原始凭证是填制记账凭证和登记账簿的原始依据，是会计核算的重要原始资料。各单位在对会计事项办理会计手续、进行会计核算时，必须取得或填制原始凭证，并及时送交传递到会计部门或专职会计人员，以保证会计核算工作的顺利进行。原始凭证必须能够表明交易、事项已经发生或其完成情况，凡是不能证明交易、事项发生或完成情况的各种单证，如购货申请单、购销合同、计划、银行对账单等，不能作为原始凭证。

二、原始凭证的种类

交易或事项的繁杂性决定了原始凭证的多样性。原始凭证按照不同的标志，可分为不同的类别。

（一）原始凭证按照来源不同分类

原始凭证按照来源不同可分为外来原始凭证和自制原始凭证两类。

1. 外来原始凭证

外来原始凭证是指在交易、事项发生或完成时，从其他单位或个人直接取得的原始凭证。如单位购买材料、商品时，取得的供货单位开给的"发货票"或"增值税专用发票"；单位支付款项时，取得的收款方开给的"收据"和由银行转来的结算凭证等。"增值税专用发票""发货票"和"收据"的一般格式见表7-1、表7-2和表7-3。

表7-1　　　　　　　　**山东省增值税专用发票**　　　　　　　NO.0683267
　　　　　　　　　　　　　　　发票联　　　　　　　　开票日期：2009年7月20日

购货单位	名称	东湖拖拉机厂	密码区	加密版本
	纳税人识别号	370900100121129		
	地址、电话	东湖路 8222015		
	开户行及账号	工商行东湖分理处 22126009473		

续表

商品或劳务名称	计量单位	数量	单价	金额 百 十 万 千 百 十 元 角 分	税率(%)	税额 万 千 百 十 元 角 分
8psy55	台	10	11980	1 1 7 4 0 4 0 0 0	2	0 2 3 9 6 0 0
12psy100	台	5	23600	1 1 5 6 4 0 0 0 0	2	0 2 3 6 0 0 0
合计	—	—	—	¥ 2 3 7 8 0 0 0 0	—	0 4 7 5 6 0 0
价税合计(大写)		贰拾叁万柒仟捌佰元零角零分			(小写)¥237800.00	

销货单位	名称	东方试验设备厂	备注
	纳税人识别号	370900100121607	
	地址电话	文化路 8332365	—
	开户行及账号	工商行泰山火车站办 22126069262	

收款人:朱玲　　复核:刘立　　开票人:杜晓　　销货单位(未盖章无效)

表7-2　　　　　　　　　　　　发货票　　　　　　　　　　编　号:06523
购货单位:华明公司　　　　　2009年7月22日　　　　　提货地点:东库

品名	规格	数量	单价	金额	备注
灯具	800W	5	168.00	840.00	现金结算
人民币合计(大写)捌佰肆拾元整				¥840.00	

收款人:姚莹　　保管:赵民　　提货人:冯舒　　制单:王兵

表7-3　　　　　　　　行政事业性收费统一票据
　　　　　　　　　　　　年　月　日　　　　　　　　　　编号:NO.0705505

缴款单位或个人名称			
收费项目名称	收费标准	金额	备注
合计			
合计金额(大写)人民币			

收费单位(印章)　　　　　　　　　　　　收款人(章)

2. 自制原始凭证

自制原始凭证是指由本单位内部经办业务的部门和人员,在执行或完成某项交易或事项时填制的,仅供本单位内部使用的原始凭证。如单位购进材料验收入库时,由供应部门和仓库保管人员填制的"收料单";单位内部有关部门或生产车间领用材料时填制的"领料单";职工薪酬结算时编制的"职工薪酬结算单",完工产品入库时填制的"产品入库单"等。"收料单""领料单"和"产品入库单"的一般格式见表7-4、表7-5和表7-6。

表7-4

供应单位:京都贸易公司　　　　　　　　**收 料 单**　　　　　　　材料科目:原 材 料 编号:08016
发票号码:087358　　　　　　　　　　　2009年7月6日　　　　　　材料类别:黑色金属 仓库:6号

材料编号	材料名称	规格	计量单位	数量		实际成本					计划成本	
				应收	实收	买价		运杂费	其他	合计	单位成本	金额
						单价	金额					
0212	方钢	50mm	kg	400	400	46	18 400	600		19 000	50	20 000

收料人:章利　　　　　　　　　　　　　　　　　　经手人:刘东

表7-5

领料单位:三车间　　　　　　　　　　　**领 料 单**　　　　　　　　　　　　编号:03105
用　途:甲产品　　　　　　　　　　　2009年7月9日　　　　　　　　　　　仓库:3号

材料编号	材料名称及规格	计量单位	数量		成本		备注
			请领	实领	单位成本	金额	
0212	50mm 方钢	kg	100	100	475	47 500	

领料单位负责人:丁锋　　　领料人:赵苗　　　发料人:朱英　　　制单:江兰

表7-6　　　　　　　　　　　　　　　　**产成品入库单**　　　　　　　　　　　编号:06
交库单位:装配车间　　　　　　　　　2009年7月28日　　　　　　　　　仓库:成品仓库

产品名称	规格	计量单位	交库数量	实收数量	备注
柴油机	195型	台	750	750	

车间负责人:李华　　　　　仓库保管员:展岩　　　　　制单:谭晓

(二)原始凭证按照填制手续及内容不同分类

原始凭证按照填制手续及内容不同,可分为以下三类:

1. 一次凭证

一次凭证，即一次性原始凭证，是指一次填制完成、只记录一笔交易或事项的原始凭证。一次凭证的填制手续是一次完成的，是一次有效的原始凭证。外来原始凭证多为一次性原始凭证，自制原始凭证许多也是一次性原始凭证，如"发货票""增值税专用发票""收料单"和"领料单"等。

2. 累计凭证

累计凭证，即累计原始凭证，是指在一定时期内多次记录发生的同类型交易或事项的原始凭证。累计凭证的填制手续不是一次完成的，而是把经常发生的相同交易或事项连续填制在一张凭证上，填制手续需在期末才能完成。其特点是在一张凭证内可以连续登记相同性质的交易或事项，随时结算出累计数及结余数，并按照费用限额、定额、计划、预算数进行控制，期末按实际发生额记账。采用累计凭证既可以减少凭证填制的手续，又可以起到控制费用支出，节约开支的作用，是实行事中控制的有效方法之一。如"费用限额卡""限额领料单"等。"限额领料单"的一般格式见表7-7。

表7-7

领料单位：机加工车间　　　　　　　限 额 领 料 单　　　　　　　编号：0016
用　途：甲产品　　　　　　　　　　　2009 年 7 月　　　　　　　　　仓库：6 号库

材料编号	材料名称及规格	计量单位	领用限额	实际领用		
				数量	单价	金额
01206	20mm 圆钢	kg	3 200	2 800	1.60	4 480.00

日期		请领		实领			退库			限额结余
月	日	数量	领料单位负责人签章	数量	发料人签章	领料人签章	数量	收料人签章	退料人签章	
7	1	400	刘立	400	李东	齐来				2 800
	8	600	刘立	600	李东	齐来				2 200
合计		2 800		2 800						400

生产计划部门负责人：王东　　　　　供应部门负责人：孙晓　　　　　仓库负责人：章也

3. 汇总原始凭证

汇总原始凭证，亦称原始凭证汇总表，简称汇总凭证，是指将一定时期内反映交易或事项内容相同的若干张原始凭证，按照一定标准综合填制的原始凭证。汇总原始凭证既可以提供经济管理所需的总量指标，又可以简化记账凭证的填制工作，大大简化核算手续。需要注意的是，汇总原始凭证所汇总的内容，只能是同类交易或事项，即只能将反映同类交易或事项的原始凭证汇总编制一张汇总凭证，非同类交易或事项的原始凭证是不能汇总在一起的。

汇总凭证如"差旅费报销单",是根据出差人员的有关交通票证、住宿费单证等汇总编制的;"发料凭证汇总表",是根据"领料单"等发料凭证汇总编制的。其一般格式分别见表7-8和表7-9。

表7-8　　　　　　　　　　　　　　**差 旅 费 报 销 单**

单位名称:生产科　　　　　　　报销日期:2009年7月18日

姓名	李 明	报销项目	单据张数	金额	备注
		火 车 票	2	230	
出差地点	北 京	汽 车 票	20	10	
		三 轮 车 票			
出差事由	联系业务	船 票			
		旅 馆 费	1	360	
出差日期	自7月8日至7月17日	其 他	1	60	
	共10天	住勤费(每日标准:12元)		120	
		合　　计	24	780	
合计金额(大写):×仟柒佰捌拾 零元 零角 零分					

表7-9　　　　　　　　　　　　　　**发料凭证汇总表**

2009年7月

应贷科目 \ 应借科目		生产成本	制造费用	管理费用	销售费用	其他业务成本	合计
原材料	原料及主要材料	3 000	1 000	500			4 500
	辅助材料	500	200	100			800
	外购半成品						
	修理用备件						
	燃料						
	小计	3 500	1 200	600			5 300
	周转材料						
	合计	3 500	1 200	600			5 300

(三)原始凭证按照格式不同分类

原始凭证按照格式不同,可以分为以下两类:

(1)通用凭证,是指由有关部门统一印制,在一定范围内使用的具有统一格式和使用方法的原始凭证,如"增值税专用发票"等。

(2)专用凭证,是指由单位自行印制,仅在本单位内部使用的原始凭证。如"领料单""收料单"和"发料凭证汇总表"等自制原始凭证。原始凭证的种类见图7-1。

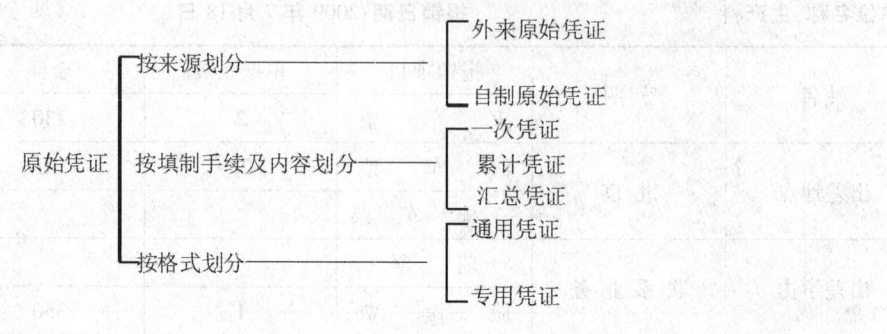

图7-1 原始凭证的种类

三、原始凭证的基本内容

在会计实务中,各种原始凭证记录的交易或事项的内容是多种多样的,每种原始凭证的名称、格式和具体内容也不完全一样。但是,无论何种原始凭证都必须如实地反映交易或事项的发生和完成情况,都必须明确有关人员的责任。因此,各种原始凭证都必须具备以下基本内容,这些内容也就是原始凭证的基本要素。

(1)原始凭证的名称;

(2)填制原始凭证的日期;

(3)接受原始凭证的单位名称;

(4)交易或事项的内容(数量、单价和金额等);

(5)填制单位签章;

(6)有关人员签章;

(7)凭证附件。

此外,原始凭证一般还需载明凭证的编号。

四、原始凭证的填制要求

(一)原始凭证填制的基本要求

1. 记录要真实

原始凭证所填列的交易或事项其内容和数字必须真实可靠,符合交易、事项发生或完成的实际情况,不得弄虚作假,不得以匡算数或估算数填入,不得以虚假的交易或事项填入。

2. 内容要完整

原始凭证所要求填列的项目必须逐项填列齐全,不得遗漏和省略。原始凭证中有关名称要写全,不能简化;品名和用途要填写明确,不能含糊不清。

3. 手续要完备

原始凭证应该履行的手续必须完备,有关人员的签章必须齐全。单位自制的原始凭证必须有经办单位领导人或者其他指定的人员签名盖章;对外开出的原始凭证必须加盖本单位公章;从外部取得的原始凭证,必须盖有填制单位的公章;从个人取得的原始凭证,必须有填制人员的签名盖章。

4. 书写要清楚、规范

原始凭证要按规定填写,文字要简要,字迹要清楚,易于辨认,做到不草、不乱、不"造",不得使用未经国务院公布的简化汉字。大小写金额必须相符且填写规范,复写的凭证,要不串行、不串格、不模糊。金额和货币符号要按下列要求书写:

(1)小写金额用阿拉伯数字逐个书写,不得写连笔字,就是连着写几个"0"时,也一定要单个地写,不能将几个"0"连在一起一笔写完。金额数字一律填写到角、分,无角、分的,角位和分位可写"00"或者符号"-";有角无分的,分位应当写"0",不得用符号"-"代替。

(2)在金额数字前应当填写人民币符号"¥"(或者其他货币币种符号,下同),人民币符号"¥"与阿拉伯金额数字之间不得留有空白。凡阿拉伯金额数字前写有货币币种符号的,数字后面不再写货币单位。在发货票等需填写大写金额数字的原始凭证上,如果大写金额前未印有"人民币"字样的,应当加写"人民币"三个字,然后在其后紧接着填写大写金额,"人民币"字样与大写金额之间不得留有空白。

(3)大写金额用汉字壹、贰、叁、肆、伍、陆、柒、捌、玖、拾、佰、仟、万、亿、元、角、分、零等,一律用正楷或行书字书写,不得用一、二、三、四、五、六、七、八、九、十、〇等简化字代替。大写金额到元或角为止的,在"元"或"角"之后应当写"整"字或者"正"字;大写金额有"分"的,"分"字后面不写"整"字或者"正"字。阿拉伯金额数字中间有"0"时,汉字大写金额要写"零"字;阿拉伯数字金额中间连续有几个"0"时,汉字大写金额中可以只写一个"零"字;阿拉伯金额数字元位是"0",或者数字中间连续有几个"0",元位也是"0",但角位不是"0"时,汉字大写金额可以只写一个"零"字,也可以不写"零"字。如小写金额为¥86000.96,汉字大写金额可以写成"人民币捌万陆仟元零玖角陆分",也可以写成"人民币捌万陆仟元玖角陆分"。再如,小写金额为¥1008.00,则大写金额应写成"人民币壹仟零捌元整"。

5. 编号要连续

原始凭证要按顺序或分类编号。如果原始凭证已预先印定编号,在填制时应按照编号顺序使用。若不慎写错作废时,应在作废的凭证上加盖"作废"戳记,连同存根一起妥善保管,不得撕毁。

6. 不得涂改、刮擦、挖补

原始凭证所记载的各项内容均不得涂改、刮擦、挖补,涂改、刮擦、挖补的原始凭证即为无效凭证,不能作为填制记账凭证和登记会计账簿的依据。原始凭证有错误的,应当由出具单位重开或更正,更正处应当加盖出具单位印章;原始凭证金额有错误的,应当由出具单位重开,不得在原始凭证上更正。这是因为原始凭证上的金额,是反映交易或事项情况的最重要数据,如果允许随意更改,容易产生弊端,不利于保证原始凭证的质量。

7. 填制要及时

各种原始凭证一定要在交易、事项发生或完成时及时填制,并按规定的程序及时送交会计机构、会计人员进行审核,做到不积压、不误时、不事后补填。

(二)原始凭证填制的附加要求

(1)填有大写和小写金额的原始凭证,大写与小写的金额必须相符。

(2)购买实物的原始凭证,必须有验收证明。实物购入后,要按照规定办理验收手续,由仓库保管人员或使用人员在凭证上签名或者盖章,以明确经济责任,避免物资短缺和流失。

(3)一式多联的原始凭证,必须注明各联的用途,并且只能以一联用作报销凭证,填制时应用双面复写纸套写或本身具备复写功能,要连续编号。

(4)发生销货退回时,必须填制退货发票,并附有退货验收证明;退回货款时,必须取得对方单位的收款收据或者汇款银行的结算凭证,不得以退货发票代替收据。

(5)职工公出借款的借据,必须附在记账凭证之后。收回借款时,应当另开收据或者退还借据的副本,不得退还原借据正联。

(三)原始凭证的填制方法

原始凭证一般应由交易或事项经办人员将原始凭证中的各个项目按规定方法填列齐全。不同的原始凭证,其填制的方法是不同的,根据原始凭证填制的依据,其填制的方法有以下三种:

(1)以实际发生的交易或事项为依据直接填制。如收料单是在外购材料验收入库时,根据实际验收入库的材料名称、数量、价格等填制的,一般一式三联,一联由采购部门留存,一联由仓库保管人员据以登记材料明细账,一联连同发票交财会部门办理结算。

(2)以账簿记录为依据归类整理计算填制。如计提固定资产折旧时填制的"固定资产折旧计算表",是根据固定资产明细分类账簿的记录计算填制的;计算产品制造成本分配制造费用时填制的"制造费用分配表",是根据制造费用明细账的记录计算填制的,等等。"制造费用分配表"的一般格式见表 7-10。

表 7-10 **制造费用分配表**

2019 年 7 月

应借科目(成本计算对象)		分配标准	分配率	分配额
总账科目	明细科目	(生产工时)		
生产成本	甲产品	2 000	—	1 600.00
—	乙产品	3 000	—	2 400.00
合计	—	5 000	0.8	4 000.00

（3）汇总原始凭证是以若干张反映同类交易或事项的原始凭证为依据加以汇总填制的。如"发料凭证汇总表"就是根据一定时期的领料单等发料凭证，先按发出材料的用途，再按材料类别分别归类计算填制的。

五、原始凭证的审核

（一）原始凭证的审核内容

原始凭证只有经过指定的会计人员审核无误后，才能作为编制记账凭证和记账的依据。对原始凭证进行审核，是对会计信息质量实施源头控制的重要环节，也是会计基础工作的一项重要内容，对于保证会计核算资料的真实、合法、完整、准确，充分发挥会计的监督职能作用，具有重要意义。原始凭证审核的主要内容有：

1. 真实性、合法性和合理性审核

真实性审核，是指审核原始凭证上记载的内容是否为交易或事项的真实情况，有无变造、伪造的问题。变造原始凭证是指采取涂改、挖补及其他方法来改变真实内容的原始凭证；伪造原始凭证是指以虚假的交易或事项为前提，编造的虚假原始凭证。通过对原始凭证真实性的审核，及时发现虚假凭证，依法采取相应措施加以制止和纠正，对于保证会计资料的真实性具有重要意义。

合法性审核，是指审核原始凭证所记载的交易或事项是否符合国家的有关法律、法规、政策和单位的计划、预算与合同等。通过对原始凭证合法性的审核，查明原始凭证所记录的交易或事项是否合法、合规，有无违反法令和制度的情况，揭露交易或事项中的违法违纪行为，从而保护国家、单位和社会公众的利益。

合理性审核，是指审核原始凭证所记录的交易或事项是否在本单位生产经营或业务的范围以内，是否为正常情况下所应当发生的，是否符合审批权限和手续，凭证上的金额是否正常，有无违背常理的情况等。通过对原始凭证合理性的审核，如果发现蛛丝马迹，可以为进一步审核打下基础。

2. 完整性、正确性和及时性审核

完整性审核，是指审核原始凭证是否具备合法凭证所必需的基本内容，审核原始凭证的这些内容是否填写齐全，是否有有关单位和经办人的签章，是否经过有关人员审批同意，购买实物的原始凭证是否附有验收证明等。

正确性审核，是指审核原始凭证的摘要是否填写清楚，日期是否真实，实物数量、单价及金额的填写与计算是否正确，小计、合计及数字大写和小写有无错误，大、小写金额是否一致等。

及时性审核，是指审核原始凭证是否是在交易、事项发生或完成时及时填制的，传递是否及时，有无提前或拖后的现象。

原始凭证审核是一项严肃而细致的工作，会计机构和会计人员必须坚持制度、坚持原则，按会计法要求和国家统一的会计制度的规定，认真对原始凭证进行审核。

（二）原始凭证审核后的处理

会计机构和会计人员对于经过审核的原始凭证应根据不同情况进行处理：

（1）对于经审核完全符合要求的原始凭证，应及时据以编制记账凭证登记入账。

（2）对于经审核发现不真实、不合法的原始凭证，有权不予接受，并向单位负责人报告。

（3）对于经审核发现真实、合法、合理但内容不够完整、填写有错误、记载不准确的原始凭证，应退回给有关经办人员，要求其负责将有关凭证按照国家统一会计制度的规定补充完整、更正错误或者重开后，再办理正式会计手续。

原始凭证出具单位应当依法出具准确无误的原始凭证，对于填制有误的原始凭证，要负责更正或重新开具，不得拒绝。

第三节 记账凭证的填制和审核

一、记账凭证的概念

记账凭证又称记账凭单，是会计人员根据审核无误的原始凭证，按照交易或事项的内容加以归类，并据以确定会计分录后所填制的会计凭证，它是登记账簿的直接依据。

由于各单位发生的交易或事项比较繁杂，因而反映这些交易或事项的原始凭证也种类繁多，千差万别，格式不一。由于原始凭证只标明了交易或事项的具体内容，并不直接体现会计要素的走向，不能反映交易或事项归类的会计科目和记账方向，因而难以直接据以登记账簿。因此，必须在对原始凭证审核无误的基础上，将原始凭证进行归类、整理，据以填制记账凭证。在记账凭证中，为有关原始凭证记载的交易或事项确定会计分录，亦即确定记载该项交易或事项的账户、方向和金额，并根据记账凭证登记会计账簿。这样，原始凭证就成为记账凭证的附件和原始依据，而记账凭证则成为记账的直接依据。有一些会计事项，如错账更正等，没有原始凭证，也可以由会计人员根据账簿资料编制记账凭证。通过记账凭证，既便于记账，又可防止差错，保证账簿记录正确无误，提高记账工作的质量。

二、记账凭证的种类

由于原始凭证记录和反映的交易或事项是多种多样的，因此记账凭证也多种多样。记账凭证按不同的标志，可以分为不同的种类。

（一）记账凭证按反映的经济内容分类

记账凭证按反映的经济业务内容可分为以下三类：

（1）收款凭证，是指用于记录现金和银行存款收款业务的记账凭证。收款凭证是根据现金、银行存款收入业务的原始凭证填制的，表明出纳人员收讫款项的依据，也是登记总账、现金日记账和银行存款日记账及有关明细账的依据,其一般格式见表7-11。

表7-11　　　　　　　　　　　收 款 凭 证

借方科目:银行存款　　　　　　20××年7月26日　　　　　　收字第18号

摘要	贷方科目		账页	金额														附件2张
	总账科目	明细科目		总账科目							明细科目							
				十	万	仟	佰	十	元	角	分	十	万	仟	佰	十	元	角	分	
收回货款	应收账款		√	1	7	5	5	0	0	0	0									
		甲公司	√									1	1	7	0	0	0	0	0	
		乙公司	√										5	8	5	0	0	0	0	
合计			√	1	7	5	5	0	0	0	0									

会计主管:丁锋　　记账:曲英　　出纳:冯艳　　复核:潘娜　　制证:李兵

(2)付款凭证,是指用于记录现金和银行存款付款业务的记账凭证。付款凭证是根据现金、银行存款支付业务的原始凭证填制的,是出纳人员支付款项的依据,也是登记总账、现金日记账和银行存款日记账及有关明细账的依据,其一般格式见表7-12。需要注意的是,对于将现金存入银行或从银行提取现金的货币资金之间的划转业务,为防止重复记账,通常只编付款凭证,不编收款凭证。

表7-12　　　　　　　　　　　付 款 凭 证

贷方科目:库存现金　　　　　　20××年7月26日　　　　　　付字第10号

摘要	借方科目		账页	金额														附件2张
	总账科目	明细科目		总账科目							明细科目							
				十	万	仟	佰	十	元	角	分	十	万	仟	佰	十	元	角	分	
职工预借	其他应收款		√			1	5	0	0	0	0									
差旅费		张强	√											3	0	0	0	0		
		李明	√										1	2	0	0	0	0		
合计			√	¥		1	5	0	0	0	0									

会计主管:丁锋　　记账:曲英　　出纳:冯艳　　复核:潘娜　　制证:李兵

(3)转账凭证，是指用于记录现金和银行存款收付业务以外的转账业务的记账凭证。它是根据有关转账的原始凭证填制的，是登记总账和有关明细账的依据，其一般格式见表7-13。

表7-13

记 账 凭 证

20××年07月31日　　　　　　　　　　　　　　　　　记字第60号

摘要	总账科目	明细科目	账页	借方金额 千百十万千百十元角分	贷方金额 千百十万千百十元角分	
产品生产用料	生产成本		√	1 6 8 0 0 0 0		附件2张
		甲产品	√	8 8 0 0 0 0		
		乙产品	√	8 0 0 0 0 0	1 6 8 0 0 0 0	
	原材料		√			
		辅助材料	√		1 6 8 0 0 0 0	
合计				￥ 1 6 8 0 0 0 0	￥ 1 6 8 0 0 0 0	

会计主管：丁锋　　　　记账：曲英　　　　复核：潘娜　　　　制证：李兵

收款凭证、付款凭证和转账凭证，都是按交易或事项的某种特定属性定向使用的记账凭证，因此都属于专用记账凭证。此外，业务比较单纯、业务量也较少的单位，也可以采用通用记账凭证。通用记账凭证是各类交易或事项，包括收款、付款和转账业务共同使用的记账凭证。通用记账凭证的一般格式见表7-14。

表7-14

记 账 凭 证

20××年07月31日　　　　　　　　　　　　　　　　　记字第60号

摘要	总账科目	明细科目	账页	借方金额 千百十万千百十元角分	贷方金额 千百十万千百十元角分	
结转完工产品成本	库存商品		√	3 6 0 0 0 0 0		附件1张
		甲产品	√	3 6 0 0 0 0 0		
	生产成本		√		3 6 0 0 0 0 0	
		甲产品	√		3 6 0 0 0 0 0	
合计				￥ 3 6 0 0 0 0 0	￥ 3 6 0 0 0 0 0	

会计主管：丁锋　　　　记账：曲英　　　　复核：潘娜　　　　制证：李兵

（二）记账凭证按其记录的业务数量分类

记账凭证按其包括的经济业务数量，可分为以下两类：

（1）单一记账凭证。即只包括一笔会计分录的记账凭证。前面介绍的收款凭证、付款凭证、转账凭证和通用记账凭证都是单一记账凭证。

(2)汇总记账凭证。即根据一定期间的专用记账凭证(即单一记账凭证),定期按类加以汇总而编制的包括多笔会计分录的记账凭证。按照汇总的方式不同,汇总记账凭证包括汇总收款凭证、汇总付款凭证、汇总转账凭证和科目汇总表等科目汇总表见表 7 – 15。

表 7 – 15
科 目 汇 总 表

20××年×月×日

会计科目	账页	本期发生额		账凭证起讫日
		借方	贷方	
合计				

三、记账凭证的基本内容

记账凭证的种类和格式虽然并不完全一样,但是它们的作用是相同的,都要对原始凭证进行归类、整理,并根据原始凭证所记录的交易或事项内容确定会计分录,作为登记账簿的直接依据。因此,记账凭证有其必备的基本内容,这些内容也就是记账凭证的基本要素。

(1)记账凭证的名称;

(2)填制记账凭证的日期;

(3)记账凭证的编号;

(4)交易或事项的内容摘要;

(5)交易或事项所涉及的会计科目(包括总账科目和明细科目)及其记账方向;

(6)交易或事项的金额;

(7)记账标记(或称记账记号);

(8)所附原始凭证张数;

(9)会计主管、记账、审核、制单等有关人员签章。收款和付款的记账凭证还应由出纳人员签章。

四、记账凭证编制的要求

（一）记账凭证编制的基本要求

编制记账凭证是一项重要的会计工作，为了便于登记账簿，保证账簿记录的正确性，各种记账凭证的编制均应符合以下基本要求：

1. 依据真实

记账凭证应根据审核无误的原始凭证及有关资料填制，记账凭证可以根据每一张原始凭证填制，或根据若干张同类原始凭证汇总编制，也可以根据原始凭证汇总表填制，但不得将不同内容和类别的原始凭证汇总填制在一张记账凭证上。在确定记账凭证填制依据时，应注意以下情况：

（1）除结账和更正错误外，记账凭证必须附有原始凭证并如实填写所附原始凭证的张数。记账凭证所附原始凭证张数的计算一般应以原始凭证的自然张数为准。如果记账凭证中附有原始凭证汇总表，则应该把所附的原始凭证和原始凭证汇总表的张数一起计入附件的张数之内。但报销差旅费等的零散票券，可以粘贴在一张纸上，作为一张原始凭证。

例如，某企业购入一批材料，货款付清，材料入库。该项交易中，取得增值税专用发票1张，银行结算凭证1张，自制收料单7张，收料凭证汇总表1张，则在记账凭证中注明的附件张数应为10张。

（2）一张原始凭证如果涉及几张记账凭证的，可以将该原始凭证附在一张主要的记账凭证后面，在该主要记账凭证摘要栏注明"本凭证附件包括××号记账凭证业务"字样，并在其他记账凭证上注明该主要记账凭证的编号或者附上该原始凭证的复印件，以便复核查阅。

例如，某企业采购一批原材料，取得增值税专用发票1张，注明价款500 000元，增值税80 000元，材料已验收入库，自制收料单1张，当即开出转账支票380 000元支付部分价税款，其余货款暂欠。在采用专用记账凭证的情况下，此笔交易应当编制一张付款凭证和一张转账凭证。增值税专用发票、收料单和转账支票存根联应附在付款凭证后面，并在该付款凭证摘要栏注明"本凭证附件包括××号转账凭证业务"字样；在该笔业务编制的转账凭证上应注明付款凭证的编号或者附上增值税专用发票和收料单的复印件。

（3）如果一张原始凭证所列的支出需要由两个以上的单位共同负担，应当由保存该原始凭证的单位开给其他应负担单位原始凭证分割单，原始凭证分割单必须具备原始凭证的基本内容，并可作为填制记账凭证的依据，计算在所附原始凭证张数之内。

2. 内容完整

记账凭证各项内容必须完整，要按照记账凭证上所列项目逐一填写清楚，有关人员（收、付款记账凭证上包括会计主管、记账、复核、出纳和制证人员；转账凭证上包括会计主管、记账、复核和制证人员）的签名或盖章要齐全，不可缺漏。如有以自制的原始凭证或者原始凭证汇总表代替记账凭证使用的,也必须具备记账凭证应有的内容。

3. 分类正确

填制记账凭证,要根据交易或事项的内容,区别不同类型的原始凭证,正确应用会计科目和记账凭证。在使用专用记账凭证的情况下,库存现金或银行存款的收、付业务,应使用收款凭证或付款凭证;不涉及现金和银行存款收付的业务,则使用转账凭证;只涉及现金与银行存款之间收入或付出的业务,如将现金送存银行,或者从银行提取现金,应以付款业务为主,只填制付款凭证,不填制收款凭证,以免重复记账。在一笔交易或事项中,如果既涉及现金或银行存款收、付,又涉及转账业务,则应分别填制收款或付款凭证和转账凭证。例如,单位职工出差归来报销差旅费并交回剩余现金时,就应根据有关原始凭证按实际报销的金额填制一张转账凭证,同时按收回的现金数额填制一张收款凭证。

4. 日期正确

记账凭证的填制日期,一般应填写填制记账凭证当天的日期,不能提前或拖后;按权责发生制原则计算收益、分配费用、结转成本利润等调整分录和结账分录的记账凭证,虽然需要到下月才能填制,但为便于在当月账内进行登记,仍应填写当月月末的日期。

5. 连续编号

为了分清会计事项处理的先后顺序,便于记账凭证与会计账簿之间的核对,确保记账凭证完整无缺,记账凭证应连续编号。记账凭证编号的方法有多种:一种是将全部记账凭证作为一类统一编号;另一种是分别按现金和银行存款收入业务、现金和银行存款付出业务、转账业务三类进行编号,这样记账凭证的编号应分为收字第×号、付字第×号、转字第×号;还有一种是分别按现金收入、现金支出、银行存款收入、银行存款支出和转账业务五类进行编号。这种情况下,记账凭证的编号应分为现收字第×号、现付字第×号、银收字第×号、银付字第×号和转字第×号,或者将转账业务按照具体内容再分成几类编号。各单位应当根据本单位业务繁简程度、会计人员多寡和分工情况来选择便于记账、查账、内部稽核、简单严密的编号方法。无论采用哪一种编号方法,都应该按月顺序编号,即每月都从1号编起,按自然数1、2、3、4、5……顺序编至月末,不得跳号、重号。一笔交易或事项需要填制两张或两张以上记账凭证的,可以采用分数编号法进行编号。例如,有一笔交易或事项需要填制3张记账凭证,凭证顺序号为6,就可以编成61/3号、62/3号和63/3号,前面的数表示凭证顺序,后面分数的分母表示该号凭证共有3张,分子表示3张凭证中的第一张、第二张、第三张。

6. 摘要简明

记账凭证的摘要栏是填写交易或事项的简要说明,摘要应与原始凭证内容一致,能正确反映交易或事项的主要内容,表述要简短精练,应能使阅读的人通过摘要就能了解该项交易或事项的性质、特征,判断出会计分录的正确与否,一般不需要再去翻阅原始凭证或询问有关人员。

7. 分录正确

会计分录是记账凭证中的重要组成部分,在记账凭证中,要正确编制会计分录并保持借贷平衡。必须根据国家统一会计制度的规定和交易或事项的内容,正确使用会计科目。应填写会计科目的名称,或者同时填写会计科目的名称和会计科目编号,不应只填编号,不填科目名称。应填明总账科目和明细科目,以便于登记总账和明细分类账。会计科目的对应关系要填写清楚,应先借后贷,一般填制一借一贷、一借多贷或多借一贷的会计分录,但如果某项交易或事项本身就需要编制一套多借多贷的会计分录时,也可以填制多借多贷的会计分录,以集中反映该项交易或事项的全貌,不必人为地将一项交易或事项所涉及的会计科目分开。记账凭证的金额必须与原始凭证的金额相符,每笔交易或事项填入金额数字后,要在记账凭证的合计行计算填写合计金额。记账凭证中借、贷方的金额必须相等,合计数必须计算正确。

8. 空行注销

填制记账凭证时,应按行次逐行填写,不得跳行或留有空行。记账凭证填制完交易或事项后,如有空行,应当在金额栏目最后一笔金额数字下的空行处至合计数上的空行处划斜线或"S"形线注销。

9. 填错改正

填制记账凭证时如果发生错误,应当重新填制。已经登记入账的记账凭证在当年内发现错误的,如果是使用的会计科目或记账方向有错误,可以用红字金额填制一张与原错误凭证内容相同的记账凭证,在摘要栏注明"注销某月某日某号凭证"字样,同时再用蓝字重新填制一张正确的记账凭证,在摘要栏注明"订正某月某日某号凭证"字样;如果会计科目和记账方向都没有错误,只是金额错误,可以按正确数字与错误数字之间的差额,另编一张调整的记账凭证,调增金额用蓝字,调减金额用红字。发现以前年度的记账凭证有错误时,应当用蓝字填制一张更正的记账凭证。

10. 书写清楚

记账凭证的书写应清楚、规范,文字和数字的书写要求与原始凭证相同。

实行会计电算化的单位,其机制记账凭证应当符合记账凭证的一般要求,打印出来的机制记账凭证上,要加盖制单人员、审核人员、记账人员和会计主管人员印章或者签字,以明确责任。

(二) 收款凭证编制的要求

收款凭证是根据审核无误的现金和银行存款收款业务的原始凭证填制的。收款凭证左上方的"借方科目",应按收款的性质填写"库存现金"或者"银行存款";日期填写的是编制本凭证的日期;右上方填写编制收款凭证的顺序号;"摘要"填写对所记录的交易或事项的简要说明;"贷方科目"填写与收入现金或银行存款相对应的会计科目(包括总账科目及其所属明细科目);"金额"是指该交易或事项的发生额,各总账科目与其所属明细科目的应贷金额,应分别填入与该总账科目或明细科目同一行的"总账科目"或"明细科目"金额栏内,金额栏的合计数只合计"总账科目"金额，表示借方科目"库存现金"或"银行存款"的记账金额；"记账"是指该凭证已登记账簿的标记，以防止交易或事项重记或漏记；凭证右边的"附件×张"是指本记账凭证所附原始凭证的张数；凭证下方有关人员签章处供有关人员在履行了职责后签章，以明确经济责任。收款凭证的填制举例见表7-11。

（三）付款凭证编制的要求

付款凭证是根据审核无误的现金和银行存款付款业务的原始凭证填制的。付款凭证的左上方"贷方科目"，应填列"库存现金"或者"银行存款"，"借方科目"栏应填列与"库存现金"或"银行存款"科目相对应的总账科目及其所属明细科目。其余各部分的填制方法与收款凭证基本相同，不再赘述。付款凭证的填制举例见表7-12。

（四）转账凭证编制的要求

转账凭证是根据审核无误的不涉及现金和银行存款收付的转账业务的原始凭证编制的。转账凭证将交易或事项中所涉及的全部会计科目按照先借后贷的顺序记入"会计科目"栏中的"总账科目"和"明细科目"，并将应记金额按应借、应贷方向分别记入"借方金额"或"贷方金额"栏内。借方总账科目及其所属明细科目的应记金额，应在与科目同一行的"借方金额"栏内填写，贷方总账科目及其所属明细科目的应记金额，应在与科目同一行的"贷方金额"栏内填写；"合计"行只合计借方总账科目金额和贷方总账科目金额，借方总账科目金额合计数与贷方总账科目金额合计数应相等。其他项目的填列与收、付款凭证相同。转账凭证编制举例见表7-13。

另外，通用记账凭证集收款、付款和转账凭证于一身，通用于收款、付款和转账各种类型的交易或事项。通用记账凭证是根据审核无误的原始凭证填制的，其填制方法与转账凭证的填制方法基本相同，用于收、付款的交易或事项时，包括出纳人员在内的有关人员都应签章，用于转账业务事项时，出纳人员不必签章。通用记账凭证的填制举例见表7-14。

汇总记账凭证和科目汇总表的编制方法见本教材第十一章会计核算程序。

五、记账凭证的审核

记账凭证是登记账簿的直接依据，是收、付款凭证，而且还是出纳人员收、付款项的依据。为了保证账簿记录的正确性和对交易或事项进行监督，除了记账凭证填制人员应当认真负责、正确填制并进行自审以外，还应在会计部门建立专人审核制度。记账凭证审核的内容主要有以下几个方面。

（一）真实性审核

记账凭证是根据审核无误的原始凭证及有关资料填制的，审核记账凭证的内容是否真实，就是要审核记账凭证是否附有原始凭证及有关资料，原始凭证是否齐全，记账凭证中填明的所附原始凭证张数与所附原始凭证张数是否相符，金额是否一致，记账凭证的交易或事项内容与所附原始凭证的交易或事项内容是否一致。

(二)技术性审核

记账凭证的主要组成部分是会计分录,记账凭证的技术性审核,就是要审核记账凭证中所使用的会计科目是否正确,其核算内容是否符合国家统一会计制度的规定,应借、应贷会计科目的方向是否正确,账户对应关系是否清晰,金额是否准确,书写是否正确。

(三)完整性审核

记账凭证的填制要求做到内容完整。审核记账凭证的完整性,就是要审核记账凭证中所列项目的填列是否齐全,有关人员是否已签章。出纳人员在办理收款或付款业务后,应在凭证上加盖"收讫"或"付讫"的戳记,以避免重收重付。

在记账凭证审核过程中,如果发现差错,应查明原因,分清责任,按规定办法及时处理和更正。只有经过审核无误的记账凭证,才能据以登记账簿。

第四节 会计凭证的传递与保管

一、会计凭证的传递

会计凭证的传递,是指从会计凭证取得或填制时起至归档保管过程中,在单位内部有关部门和人员之间的传送程序。会计凭证的传递主要包括两方面的内容,即凭证的传递程序和传递时间。各种会计凭证,它们所记录的交易或事项不尽相同,需要据以办理的业务手续和所需时间也不尽相同,因此应当为每种会计凭证规定合理的传递程序和各个环节停留及传递的时间。会计凭证的传递,是会计制度的一个重要组成部分,应当在会计制度中作出明确规定。

会计凭证的传递,是会计核算得以正常、有效进行的前提。会计凭证的传递要能够满足单位内部控制制度的要求,使传递程序合理有效,同时尽量节约传递时间,减少传递的工作量。各单位应根据具体情况制定每一种凭证的传递程序和方法。会计凭证的传递程序和方法应当科学、合理,具体办法由各单位根据会计业务需要自行规定,一般应考虑以下几个方面:

(1)规定传递程序。科学合理的传递程序应能保证会计凭证在传递过程中的安全、及时、准确和完整。各单位应根据交易或事项的特点、内部机构设置和人员分工情况,以及经营管理上的需要,恰当地规定各种会计凭证的联数和所流经的必要环节,使各有关部门和人员既能按照规定手续进行业务处理,又能充分利用会计凭证资料掌握情况。要注意流程合理,避免会计凭证传递通过不必要的环节,影响传递速度。

(2)确定传递时间。根据有关部门和人员办理交易或事项的必要时间,确定凭证的传递时间,以保证会计手续完整,保证会计凭证的质量。要注意防止不必要的时间耽搁,以及时提供会计信息。

(3)建立会计凭证交接的签收制度。为了保证会计凭证的安全和完整,在会计凭证传递的各个环节都应指定专人办理交接手续,做到手续完备、严密,责任明确。

会计凭证的传递程序和传递时间确定后,可分别为若干主要业务绘成流程图或流程表,通知有关人员参照执行。执行中如有不合理的地方,可随时根据实际情况加以修改。

二、会计凭证的保管

会计凭证的保管是指会计凭证记账后的整理、装订、归档和存查工作。会计凭证是重要的经济档案和历史资料,必须妥善处理和保管,不得丢失和任意销毁。

对会计凭证的保管,既要做到保证会计凭证的安全与完整,又要便于会计凭证的事后调阅与查找。会计凭证保管主要有下列要求:

(1)会计凭证应当定期装订成册,防止散失。会计凭证的装订要求是:每月记账完毕,要将本月的记账凭证按类别及编号顺序整理,检查有无缺号,附件是否齐全,然后加上封面和封底,装订成册,以防散失。装订时,要按凭证封面大小折叠整齐。

从外单位取得的原始凭证遗失时,应取得原签发单位盖有公章的证明,并注明原始凭证的号码、金额、内容等,由经办单位会计机构负责人、会计主管人员和单位负责人批准后,才能代作原始凭证。若确实无法取得证明的,如车票丢失,则应当由当事人写明详细情况,由经办单位会计机构负责人、会计主管人员和单位负责人批准后,代作原始凭证。

(2)会计凭证封面应当填写完整。会计凭证封面应注明单位名称、凭证种类、凭证张数、起止号数、年度、月份、会计主管人员、装订人员等有关事项,以备日后查阅。会计主管人员和保管人员应在封面上签章。

(3)会计凭证应当加贴封条,防止抽换凭证。装订人应在装订线封签处签名或盖章。

(4)原始凭证不得外借。其他单位如有特殊原因确实需要使用原始凭证时,经本单位会计机构负责人、会计主管人员批准,可以复制。向外单位提供的原始凭证复制件,应在专设的登记簿上登记,并由提供人员和收取人员共同签名、盖章。

(5)原始凭证数量较多时可以单独装订保管。如领料单、收料单等,由于其数量较多而单独装订时,应在凭证封面上注明所属记账凭证的日期、种类和编号,同时应在所属记账凭证上注明"附件另订"字样和原始凭证名称及编号,以便查阅。

各种经济合同和涉外文件等重要的原始凭证,应当另编目录,单独保管,并在有关的记账凭证和原始凭证上相互注明日期和编号。

(6)每年装订成册的会计凭证,在年度终了时,可暂由单位会计机构保管一年,期满后应当移交本单位档案机构统一保管。会计凭证应按国家《会计档案管理办法》规定的期限保管,原始凭证、记账凭证和汇总凭证应保存30年。保存期满需要销毁时,必须开列清单按照规定手续报经批准,报经批准后方可销毁。期满前,任何单位和个人都不能任意销毁会计凭证。

练习题

一、单项选择题

1. 会计核算工作的起点是( )。
   A. 设置会计科目和账户　　　　　　B. 取得、填制和审核会计凭证
   C. 登记会计账簿　　　　　　　　　D. 编制会计报表

2. 下列原始凭证中,属于累计原始凭证的是( )。
   A. 增值税专用发票　　　　　　　　B. 差旅费报销单
   C. 领料单　　　　　　　　　　　　D. 限额领料单

3. 对于从银行提取现金的业务,会计人员应填制的记账凭证是( )。
   A. 现金收款凭证　　　　　　　　　B. 银行存款付款凭证
   C. 银行存款收款凭证　　　　　　　D. 现金收款凭证和银行存款付款凭证

4. 某企业购入一批材料,货款付清,材料入库。该项交易中,取得增值税专用发票1张,银行结算凭证1张,自制收料单6张,收料凭证汇总表1张。在记账凭证中注明的附件张数应为( )张。
   A. 3　　　　　　B. 7　　　　　　C. 8　　　　　　D. 9

5. 现金收款凭证上的日期应当是( )。
   A. 编制该收款凭证的日期　　　　　B. 登记现金总账的日期
   C. 收取现金的日期　　　　　　　　D. 所附原始凭证上注明的日期

6. 会计人员应根据( )及有关资料编制记账凭证。
   A. 填写齐全的原始凭证　　　　　　B. 计算准确的原始凭证
   C. 审核无误的原始凭证　　　　　　D. 盖有填制单位财务公章的原始凭证

7. 根据国家《会计档案管理办法》的规定,原始凭证和记账凭证的保存期限为( )年。
   A. 15　　　　　B. 20　　　　　C. 25　　　　　D. 30

8. 对于原始凭证的填制,下列说法中不正确的是( )。
   A. 不得以虚假的交易、事项或资金往来为依据填制原始凭证
   B. 购买实物的原始凭证,必须有验收证明
   C. 一式多联的原始凭证,只能以一联用作报销凭证
   D. 收回职工借款时,可将原借款借据正联退还,不必另开收据

9. 会计机构和会计人员对于不真实、不合法的原始凭证,应( )。
   A. 不予受理,并对经办人进行批评　B. 予以退回,并要求补充或更正
   C. 予以接受,并向单位负责人报告　D. 不予接受,并向单位负责人报告

二、多项选择题

1. 下列各项中,不属于原始凭证的有( )。
   A. 银行存款余额调节表　　　　　　B. 购销合同书

C.银行对账单　　　　　　　　D.制造费用分配表

2.下列各项中,属于原始凭证必须具备的基本内容的有( )。

A.交易或事项的内容　　　　　B.记账符号

C.接受凭证的单位名称　　　　D.填制凭证的日期

3.收款凭证左上方的"借方科目"有可能填列的有( )。

A.其他货币资金　　B.备用金　　　　C.库存现金　　　　D.银行存款

4.下列各项中,属于记账凭证应具备的基本内容的有( )。

A.接受凭证单位的全称

B.交易或事项的内容摘要

C.交易或事项涉及的会计科目、记账方向及金额

D.所附原始凭证张数

5.对记账凭证审核的内容主要有( )等。

A.使用的会计科目是否正确　　　B.内容是否真实

C.记账方向和金额是否正确　　　D.项目的填列是否齐全

6.在收款或付款记账凭证上签章的人员有( )等。

A.单位负责人　　　B.会计主管　　　C.出纳人员　　　D.记账凭证填制人员

7.关于原始凭证错误的更正,下列说法正确的有( )。

A.原始凭证所记载的各项内容均不得涂改、刮擦、挖补

B.接受原始凭证的单位可以自行更正原始凭证中的非金额错误

C.原始凭证有错误的,应由出具单位重开或更正

D.原始凭证金额出现错误且不能更正,只能由出具单位重开

8.下列原始凭证中,既属于自制原始凭证又属于汇总原始凭证的有( )。

A.发料凭证汇总表　B.收料单　　　　C.差旅费报销单　　D.限额领料单

三、判断题

1.会计凭证按反映其交易或事项的内容不同,可分为原始凭证和记账凭证两大类。( )

2.在审核原始凭证时,发现有伪造、涂改或不合法的原始凭证,应退回,让经办人员更改后再受理。( )

3.采用累计原始凭证可以减少凭证的数量和记账的次数。( )

4.只有审核无误的记账凭证,才能作为记账依据。( )

5.对原始凭证的审核,就是审核凭证的合法性与合理性。( )

6.自制原始凭证都是一次凭证。( )

7.变造原始凭证是采取涂改、挖补及其他方法来改变真实内容的原始凭证。( )

8.会计报表主要是根据账簿记录编制的,会计凭证正确与否不会影响会计报表所提供信息的质量。( )

四、实务题

【目的】练习记账凭证的填制。

【资料】东岳公司为增值税一般纳税人，适用增值税税率为16%，存货采用实际成本计量。2019年4月份，该公司发生的部分交易或事项如下：

(1)1日，计提本月固定资产折旧13 000元，其中：生产车间固定资产折旧9 000元，公司行政管理部门固定资产折旧4 000元。

(2)3日，收到甲投资方投入设备一台，投资合同约定其价值（该约定价值是公允的）为30 000元(假定不考虑增值税)。

(3)4日，从银行提取现金2 000元，备作零星开支。

(4)5日，开出并承兑面值为20 000元的商业汇票一份，抵付前欠齐鲁物资公司货款。

(5)6日，按规定办妥增资手续后，将资本公积20 000元转增资本金。

(6)7日，根据股东大会批准的利润分配方案，应分配给投资者利润50 000元，款项尚未支付。

(7)按合同规定销售给浦江公司A产品60台，开出的增值税专用发票上标明价款36 000元，增值税为5 760元，产品已发出，价税款尚未收到。

(8)8日，以银行存款10 000元偿还前欠泰山机械厂账款。

(9)9日，公司行政办公室职工许延静因公出差，预借差旅费2 000元，以现金支付。

(10)10日，向市物资公司购入甲材料300千克，每千克50元，取得的增值税专用发票上标明的价款为15 000元，增值税为2 400元，价税款当即以银行存款付清，甲材料验收入库。

(11)12日，向本市大华商场销售A产品50台，单位售价为600元，开出的增值税专用发票上标明价款30 000元，增值税为4 800元，收到大华商场交来的转账支票一张，当即办妥进账手续。

(12)15日，购入生产设备一台，取得的增值税专用发票上标明价款60 000元，增值税9 600元，价税款以银行存款付清，设备不需要安装，即达到预定可使用状态。

(13)16日，按合同规定向购货单位平湖公司预收货款10 000元，存入银行。

(14)17日，将应付给投资者的股利30 000元经投资者同意并按规定办妥增资手续后，转作投资者向企业的投资。

(15)18日，从明珠公司购入乙材料400千克，每千克40元，取得的增值税专用发票上标明的价款为16 000元，增值税为2 560元，材料已验收入库，价税款尚未支付。

(16)20日，公司行政办公室职工许延静出差归来，报销差旅费1 830元，并交回剩余现金170元。

(17)20日，委托开户银行代发职工薪酬计57 620元。

(18)20日，公司仓库发出甲材料2 100千克，每千克50元，计105 000元；发出乙材料

1 100千克，每千克40元，计44 000元，合计149 000元，均用于产品生产。

(19)22日，以银行存款偿还市物资公司账款10 000元，偿还明珠公司账款20 000元，合计30 000元。

(20)25日，接第(13)题，按合同规定向平湖公司出售A产品15台，开出的增值税专用发票上标明价款为9 000元，增值税为1 440元，产品已发出，当即收到平湖公司补付的货款440元，存入银行。

(21)26日，接第(7)题，通过银行收到浦江公司偿还的账款41 760元。

(22)30日，从银行取得6个月期借款100 000元，存入公司存款账户。

(23)30日，以银行存款缴纳增值税7 480元。

(24)30日，计算应付职工薪酬计57 620元，其中产品生产工人薪酬40 000元，公司管理人员薪酬17 620元。

(25)30日，计算结转产品销售成本，共销售A产品125台，每台成本为420元，总成本52 500元。

【要求】

(1)根据东岳公司上述交易或事项编制收款、付款、转账记账凭证，并按"收""付""转"分别编号。

(2)逐笔分析会计人员在对上述交易或事项编制记账凭证时，所依据的原始凭证或原始凭证汇总表。

第八章 账簿

❉ 内容提要

设置和登记账簿是会计工作中的一个重要环节，也是会计核算的主要方法之一。本章主要阐述账簿设置和登记的意义，介绍账簿的种类，日记账、总账、明细账的设置和登记方法，重点讲授会计账簿的登记规则、错误的更正方法及结账的方法。

第一节 账簿的意义和种类

一、账簿的含义

从原始凭证到记账凭证，大量的经济信息转化为会计信息记录在会计凭证上，但是这些记录在会计凭证上的信息还是分散的、不系统的。为了把分散在会计凭证中的大量核算资料加以集中归类反映，为经营管理提供系统、完整的核算资料，并为编报会计报表提供依据，必须设置和登记账簿。

所谓账簿是由具有一定格式、相互联系的账页组成，用来序时、连续、系统、全面地记录和反映有关交易或事项的簿籍。这些簿籍是由若干具有专门格式，又相互联结的账页组成。账页一旦标明会计科目，就成为用来记录一定核算内容的账户，也就是说，账页是账户的载体，账簿则是若干账页的集合。把会计凭证所反映的交易或事项记入设立在账簿中的账户，即通常所说的记账。

二、账簿的作用

设置和登记账簿是会计核算的一项重要内容,科学地设置账簿和正确地登记账簿对于全面完成会计核算工作具有重要意义。

(一)设置和登记账簿有利于提供较全面、系统的会计信息

在会计核算中,通过会计凭证的填制和审核,可以反映和监督交易或事项的完成情况。然而,一张会计凭证一般只能反映一笔或几笔相同的交易或事项,所提供的信息是零星的、片面的、不连续的,不能把某一时期的全部交易或事项完整地反映出来。通过设置和登记账簿,把会计凭证所提供的大量核算资料,归类到各种账簿中,进行连续记录和反映,提供全面、系统的会计信息,进而反映交易或事项的运行轨迹。这对于单位加强经济核算、提高管理水平、探索资金运动的规律具有重要的作用。

(二)设置和登记账簿有利于会计核算与资产管理相结合

设置和登记账簿,可以全面反映各项财产物资的增减变动及结存情况,可通过财产清查、账实核对等方法,发现财产物资管理、使用中存在的问题,采取措施及时解决,以保证财产物资的安全完整,合理使用各项资金。

(三)设置和登记账簿为编制财务报告提供资料

企业定期编制的资产负债表、利润表、现金流量表等会计报表的各项数据均来源于账簿的记录。企业在编制财务情况说明书时,对于生产经营状况、利润实现和分配情况、税金缴纳情况及各种财产物资变动情况的说明,都必须以账簿记录的数据为依据。从这个意义上说,账簿的设置和登记是否准确、真实、齐全,直接影响到财务报告的质量。

三、账簿的种类

账簿的种类繁多,不同的账簿,其用途、形式、内容和登记方法都各不相同。为了更好地了解和使用各种账簿,有必要对账簿进行分类,分类方法主要有以下三种。

(一)按照账簿的用途分类

账簿按照用途的不同可以分为序时账簿、分类账簿和备查账簿。

1. 序时账簿

序时账簿也称日记账,是按照交易或事项发生和完成时间的先后顺序进行逐日逐笔登记的账簿。按其记录的内容不同,日记账又可分为普通日记账和特种日记账。普通日记账是将企业每天发生的所有交易或事项,不论其性质如何,按其先后顺序,编成会计分录记入账簿。由于记账凭证起到了普通日记账的作用,所以一般不再设置和登记普通日记账。特种日记账是按交易或事项性质单独设置的账簿,它只把特定项目按交易或事项顺序逐日逐笔记入账簿,反映其详细情况。在我国,要求各企事业单位必须设置和登记库存现金日记账和银行存款日记账两本特种日记账。

2. 分类账簿

分类账簿是对全部交易或事项按照分类账户登记的账簿。分类账簿是账簿的主体，也是编制财务报表的主要依据。分类账簿按其反映指标的详细程度不同，分为类账簿和明细分类账簿两种。总分类账簿，简称总账，是根据总账科目开设，用来分类登记全部交易或事项，提供总括核算资料的账簿。明细分类账簿，简称明细账，是根据明细分类科目开设，用以分类登记某一类交易或事项，提供明细核算资料的账簿。

3. 备查账簿

备查账簿又称辅助账簿，是对某些在序时账簿和分类账簿等主要账簿中未能记载的会计事项或记载不全的交易或事项进行补充登记的账簿。如对于以经营租赁方式租入固定资产的登记，可用备查账簿。所以，备查账簿也叫补充登记簿。它可以对某些交易或事项的内容提供必要的参考资料，备查账簿的设置应视实际需要而定，并非一定要设置，而且没有固定格式。

(二) 按照账簿的外表形式分类

账簿按照外表形式的不同可以分为订本式账簿、活页式账簿和卡片式账簿。

1. 订本式账簿

订本式账簿是在账簿启用之前就将具有一定格式和顺序编号的账页固定地装订成册的账簿。它可以避免账页的散失或被抽换，但不能根据需要增减账页。一本订本式账簿同一时间只能由一人记账，不便于会计人员分工协作。按有关会计制度规定，库存现金日记账和银行存款日记账，必须采用订本式账簿。总账一般应当采用订本式账簿。

2. 活页式账簿

活页式账簿是在账簿启用前，把零散的账页装在账夹内，可以随时增添账页的账簿。它可以根据需要灵活增添账页或重新排列组合，但账页容易散乱丢失。活页式账簿由于账页并不事先固定地装订在一起，同一时间可以由若干会计人员分工记账。一般明细账都采用活页式账簿。这些账页一旦登记完毕，便应装订成册，妥善保管。

3. 卡片式账簿

卡片式账簿是将具有一定格式的卡片作为账页，存放在卡片箱内保管的账簿。它实际上是一种活页账。为了防止因经常抽取造成破损而采用硬卡片形式，卡片式账簿可以较灵活地反映某一项资产的保管使用情况，如可在卡片上登记固定资产的购入时间、单价、存放地点、保管人员姓名、使用人员姓名等信息。卡片式账簿一般适用于固定资产明细核算。

(三) 按照账簿的账页格式分类

账簿按照账页格式可分为三栏式账簿、多栏式账簿、数量金额式账簿。

1. 三栏式账簿

三栏式账簿是在账页中设置借方、贷方和余额三个金额栏，用来记录交易或事项引起有关账户发生额的增减变化及结存情况。这种账簿是目前应用最广泛的账簿之一，各种日记账、分类账均可采用三栏式账簿。

2. 多栏式账簿

多栏式账簿是在一张账页内的借、贷方按有关明细账户分设若干专栏,用于记录某一交易或事项的详细内容。这种账簿主要用于收入、费用等账户的明细核算。

3. 数量金额式账簿

数量金额式账簿是在三栏式账簿的基础上,在每一栏目下分别设置数量、单价和金额三个项目,用于记录反映财产物资数量、金额的变化及结存情况。这种账簿主要用于各类财产物资的明细核算。

有的单位根据管理需要,还设置了横线登记式账簿。横线登记式账簿是指在一张账页的同一行内设置增加、减少两个栏次,用于记录某项交易或事项从发生到结束的相关内容。这种账簿主要适用于"材料采购"和某些应收应付款项等账户的明细核算。

第二节 账簿的设置和登记

一、设置账簿的原则

每一个会计主体应当按照国家统一会计制度的规定和会计业务的实际需要设置账簿,各单位的具体情况不同,账簿设置的种类也不尽一致,但应遵循以下原则:账簿的设置要能保证系统、全面地反映和监督单位发生的交易或事项,满足经营管理的需要,为经营管理提供总括核算资料和明细核算资料;账簿的设置要能保证账簿组织体系严密,各账簿之间既要有明确的分工,又要有密切的联系,还要考虑人力和物力的节约,力求避免重复或遗漏;账簿的格式应简便适用,便于记账、查账、用账、更正错误和保管。

二、账簿的基本内容

各种账簿所记录的交易或事项不同,其格式也多种多样,但所有账簿一般都应具备以下基本内容。

(一)封面

封面写明账簿名称和记账单位名称。

(二)扉页

扉页主要用来登载经管人员一览表,其主要内容是:(1)单位名称;(2)账簿名称;(3)起止页数;(4)启用日期;(5)单位领导人;(6)会计主管人员;(7)经管人员;(8)移交人和移交日期;(9)接管人和接管日期。

(三)账页

账页的基本内容包括:(1)账户的名称(一级科目、二级或明细科目);(2)记账日期栏;(3)凭证种类和号数栏;(4)摘要栏;(5)金额栏;(6)总页次和分页次等。

三、日记账的设置与登记

(一) 库存现金日记账的设置与登记

库存现金日记账是专门登记库存现金收、付业务的账簿。库存现金日记账一般采用三栏式的订本账簿,即设"收入(借方)""支出(贷方)"和"结余"三栏。为了清晰地反映现金收、付业务的具体内容,在"摘要"栏后,还专设"对应账户"栏,登记对方科目名称。它由出纳人员根据审核无误的有关收款凭证和付款凭证,序时逐日逐笔地登记。其中,根据现金收款凭证(如果是到银行提取现金业务,应根据银行存款的付款凭证)登记收入金额,根据现金付款凭证登记支出金额。每日业务终了应分别计算出库存现金收入和支出合计数,并结出账面余额。将账面余额数与库存现金实有数相核对,检查每日库存现金收、支、存的情况,做到日结日清。三栏式库存现金日记账的格式见表8-1。

表8-1　　　　　　　　　　库存现金日记账　　　　　　　　　　单位:元

20××年		凭证号数	摘要	对应账户	收入	支出	结余
月	日						
1	1		期初余额				600
1	2	略	从银行提取现金	银行存款	2 000		2 600
1	2	略	购买办公用品	管理费用		500	2 100
1	2	略	报销差旅费			800	1 300
1	2		本日合计		2 000	1 300	1 300

(二) 银行存款日记账的设置与登记

银行存款日记账是用来序时反映企业各种银行存款的增加、减少和结存情况的账簿。银行存款日记账按照企业在银行开设的账户和币种分别设置,每个银行账户设置一本日记账。银行存款日记账一般采用三栏式订本账簿,与库存现金日记账格式基本相同。账簿由出纳人员根据银行存款的收款和付款凭证序时逐日、逐笔登记,银行存款日记账借方栏一般根据银行存款收款凭证登记,贷方栏一般根据银行存款付款凭证登记。但对于现金存入银行的业务,规定只填制现金付款凭证,不再填制收款凭证,所以应根据现金付款凭证登记银行存款日记账的借方栏。每日终了结出该账户全日的银行存款收入、支出合计数和余额,并定期与银行对账单对账。三栏式银行存款日记账的格式见表8-2。

表 8-2　　　　　　　　　　　　　银行存款日记账　　　　　　　　　　　单位:元

20××年		凭证号数	摘要	对应账户	收入	支出	结余
月	日						
1	1	略	期初余额				80 000
1	2	略	从银行提取现金	库存现金		2 000	78 000
1	2	略	收回货款	应收账款	30 000		108 000
1	2	略	归还短期借款	短期借款		40 000	68 000
1	2		本日合计		30 000	42 000	68 000

现金日记账和银行存款日记账,应当根据办理完毕的收付款凭证,随时逐笔顺序进行登记,最少每天登记一次。

四、分类账的设置与登记

分类账按其所记录交易或事项详细程度划分为总分类账和明细分类账两种。

(一)总分类账的设置与登记

总分类账是按总账科目设置,登记全部交易或事项,提供总括资料的账簿。总分类账簿只能以货币作为计量单位。总账一般采用"三栏式"的订本账,也可以采用棋盘式总账,其最常用的格式为三栏式,即"借方、贷方、余额"三栏。总分类账要按照单位所采用的会计核算形式及时记账。采用记账凭证核算形式的单位,直接根据记账凭证定期(三天、五天或者十天)登记;采用科目汇总表核算形式的单位,可以根据定期汇总编制的科目汇总表随时登记总账;采用汇总记账凭证核算形式的单位,可以根据汇总收款凭证、汇总付款凭证和汇总转账凭证的合计数,月终时一次登记总账;各单位具体采用哪一种会计核算形式,每隔几天登记一次总账,可以由本单位根据实际情况自行确定。三栏式总账的格式见表 8-3。

表 8-3　　　　　　　　　　　　　原材料总账　　　　　　　　　　　　单位:元
原材料　　　　　　　　　　　　　　　　　　　　　　　　　　　　　　单位:元

20××年		凭证		摘要	借方	贷方	借或贷	余额
月	日	种类	号数					
1	1			期初余额				80 000
1	2			车间领用材料		20 000	借	60 000
1	2			购入 A 材料	30 000		借	90 000
1	2			车间领用材料		40 000	借	50 000
				……				

(二)明细分类账的设置与登记

明细分类账是按照二级科目或明细科目开设的账户,登记某类交易或事项详细情况的账簿。它既可以反映资产、负债、所有者权益、收入、费用等价值变动的详细情况，又可以反映财产物资实物数量增减变动情况。明细分类账的格式主要是根据它所反映交易或事项的特点及管理要求设计，采用活页式或卡片式账簿。各种明细分类账，要根据原始凭证、原始凭证汇总表和记账凭证进行登记，可以每天登记，也可以定期（三天或者五天）登记。但债权债务明细账和财产物资明细账应当每天登记，以便随时与对方单位结算，核对库存余额。其主要格式有以下三种：

1. 三栏式明细账

三栏式明细账，适用于那些只需要进行金额核算的债权债务、资本基金类账户进行明细核算，如应收账款、应付账款、其他应收款、应交税费、实收资本等账户的明细核算。三栏式明细账的格式见表8-4。

表8-4　　　　　　　　　　　　　　**应收账款明细账**

二级科目或明细科目：光明公司　　　　　　　　　　　　　　　　　　　　　　单位：元

20××年		凭证		摘要	借方	贷方	借或贷	余额
月	日	种类	号数					
1	1			期初余额			借	800
1	6			销售产品10件	51 700		借	52 500
1	10			收回销货款		50 000	借	2 500
				……				

2. 数量金额式明细账

数量金额式明细账适用于对既需要反映金额又需要反映数量的财产物资类账户进行明细核算，如原材料、库存商品、自制半成品等账户的明细核算。数量金额式明细账实质上是在三栏式明细账基础上发展起来的，其格式见表8-5。

表8-5　　　　　　　　　　　　　　**原材料明细账**

二级科目：原料及主要材料　　　　　　　　　　　　　　　　　　　　　计量单位：元/千克

材料名称：A材料　　　　　材料规格：　　　　最高储备　　　　最低储备

20××年		摘要	收入			发出			结存		
月	日		数量	单价	金额	数量	单价	金额	数量	单价	金额
1	1	期初余额							500	5	2 500
1	6	车间领用				200	5	1 000	300	5	1 500
1	10	购入材料	1 000	5	5 000				1 300	5	6 500
1	12	车间领用				500	5	2 500	800	5	4 000
1	15	办公楼维修领用				300	5	1 500	500	5	2 500

3.多栏式明细账

多栏式明细分类账不是按明细科目分设账页,而是根据交易或事项的特点和经营管理的需要,在一张账页内设若干专栏,记录某一总账账户所属各明细账户的内容。它主要适应于费用、成本、收入类账户的明细核算,如管理费用、制造费用、生产成本、主营业务收入等账户。多栏式明细账格式见表8-6。

表8-6　　　　　　　　　　　　　　　生产成本明细账

产品名称:A产品　　　　　　　　　　　　　　　　　　　　　　　　　　　单位:元

20××年		凭证		摘要	成本项目			
月	日	种类	号数		直接材料	直接人工	制造费用	合计
1	1			月初余额	4 000	3 000	1 000	8 000
1	2			生产A产品用料	20 000			20 000
1	30			生产工人薪酬		6 500		6 500
1	30			分配本月电费	1 500			1 500
				分配本月制造费用			2 000	2 000
				……				
				……				
				……				
1	30			本月发生额	21 500	6 500	2 000	30 000
				结转完工产品成本	25 500	9 500	3 000	38 000
				月末余额	0	0	0	0

第三节　账簿登记的规则

一、启用账簿的规则

新的会计年度开始,每个会计主体都应该启用新的会计账簿。在启用新账簿时,应在账簿的有关位置记录以下相关信息。

(一)设置账簿的封面与封底

除订本账不另设封面以外,各种活页账都应设置封面和封底,并登记单位名称、账簿名称和所属会计年度。

(二)填写经管人员一览表

在启用新会计账簿时,应首先填写在扉页上印制的"经管人员一览表",其中包括单位名称、账簿名称、账簿编号、起止日期、单位负责人、主管会计、审核人员和记账人员等项目，并加盖单位公章。在会计人员发生变更时，应按规定办理交接手续并在"经管人员一览表"里填写交接情况。经管人员一览表见表8-7。

表8-7　　　　　　　　　　　　经管人员一览表

单位名称			全宗号	
账簿名称			目录号	
账簿页数	自第 页起至第 页止 共　　页	案宗号		
		盒号		
使用日期	自　年　月　日 至　年　月　日	保管期限		
单位领导人签章		会计主管人员签章		
经管人员职别	姓名	经管或接管日期	签章	移交日期	签章
		年月日		年月日	
		年月日		年月日	

(三)填写账户目录

启用订本账簿应按照会计科目的编号顺序填写科目名称及启用账簿的页码，不得跳页、缺号。在启用活页式账页时，应按照账户顺序编号，并须定期装订成册，装订后再按实际使用的账页顺序编订页码，另加目录。

二、登记账簿的规则

登记账簿必须按以下要求进行：

(1)账簿必须根据审核无误的会计凭证连续、系统地登记，并将会计凭证的日期、编号、摘要、金额和其他有关资料逐项记入账簿。记账人员登记完毕后，应在记账凭证上签名或盖章，并在账簿上注明已经登记账的符号"√"。

(2)登记账簿时必须使用钢笔，用蓝黑或黑墨水笔登记，不能使用圆珠笔或铅笔，红墨水笔只能在结账划线、红字更正法更正错账冲账、在不设借贷等栏的多栏式账页中登记减少数和在未列明余额方向的余额栏登记相反余额时使用，以防篡改。

(3)各种账簿必须按照事先编定的页码连续登记，不能隔页、跳行，如果不慎发生类似的情况，应在空页或空行处用红墨水划对角的叉线，并注明此页或此行空白，而且要加盖印鉴，不得任意撕毁或抽换账页。

(4)登记账簿时或登记账簿后如果发现差错，应根据错误的具体情况，按照更正错账的方法进行更正，不得刮擦、挖补、涂改和用褪色药水更改字迹，应保持账簿和字迹清晰、整洁。

(5)摘要栏的文字应简明扼要,并采用标准的简化汉字,不能使用不规范的汉字;金额栏的数字应该采用阿拉伯数字,并且对齐位数,注意"0"不能省略和连写;数字和文字一般应书写在行距下方的 1/2 处,为更正错误留有余地。

(6)每登记满一页账页,应该在该页的最后一行加计本页的发生额及余额,在摘要栏中注明"过次页",并在下一页的首行记入上页的发生额和余额,在摘要栏内注明"承前页",以便对账和结账。

对"过次页"的本页合计数进行计算,一般分为三种情况:需要结计本月发生额的账户,结计"过次页"的本页合计数应当为自本月初起至本页末止的发生额合计数;需要结计本年累计发生额的账户,结计"过次页"的本页合计数应当为自年初起至本页末止的累计数;既不需要结计本月发生额也不需要结计本年累计发生额的账户,可以只将每页末的余额结转次页。

实行会计电算化的单位发生收款和付款业务的,在输入收款凭证和付款凭证的当天必须将现金日记账和银行存款日记账与库存现金核对无误。

三、账簿更换的规则

账簿的更换是指在会计年度终了时,将上年度的账簿更换为次年度的新账簿。在每一会计年度结束、新一会计年度开始时,应按会计制度的规定,更换一次总账、日记账和大部分明细账。一小部分明细账还可以继续使用,年初可以不必更换账簿,如财产物资明细账和债权债务明细账。由于材料品种、规格和往来单位都较多,更换新账,重抄一遍工作量较大,因此可以跨年度使用,不必每年度更换一次。各种备查账簿也可以连续使用。

更换账簿时,应将上年度各账户的余额直接记入新年度相应的账户中,并在旧账簿中各账户年终余额的摘要栏内加盖"结转下年"戳记。不需编制记账凭证,也不必将余额再记入本年账户的借方或贷方。同时,在新账簿中相关账户的第一行摘要栏内加盖"上年结转"戳记,并在余额栏内记入年初余额。

第四节 对账及错账的查找和更正

一、对账

(一)对账的含义

对账就是核对账目。一般是在会计期间(月份、季度、年度)终了时,检查和核对账证、账账、账实是否相符,以确保账簿记录的正确性。会计核算要求账簿登记清晰、准确无误,但在实际工作中,由于种种原因,账目难免会出现错漏,因此需要经常进行对账,即将会计账簿记录的有关数字与会计凭证、库存实物、往来单位等进行相互核对。保证账证相符、账账相符、账实相符,对账工作每年至少进行一次。

(二) 对账的内容

对账的内容一般包括以下几个方面：

1. 账证核对

账证核对是指将各种账簿记录与会计凭证进行核对。这种核对主要是在日常记账过程中进行。必要时，也可以采用抽查核对和目标核对的方法。核对会计账簿记录与原始凭证、记账凭证的时间、凭证字号、内容、金额是否一致，记账方向是否相符。若发现差错，应重新对账簿记录和会计凭证进行复核，直到查出错误的原因为止，以保证账证相符。

2. 账账核对

账账核对是对各种账簿之间的有关数字进行核对。账账核对包括：(1) 总分类账各账户的借方期末余额合计数与贷方期末余额合计数核对相符；(2) 明细分类账各账户的余额合计数与有关的总分类账的余额核对相符；(3) 日记账的余额与总分类账各账户的余额核对相符；(4) 会计部门各种财产物资明细分类账的期末余额与保管或使用部门的财产物资明细分类账的期末余额核对相符。

3. 账实核对

账实核对就是将账面数字和实际的物资、款项进行核对。账实核对包括：(1) 现金日记账账面余额与库存现金相互核对；(2) 银行存款日记账账面余额与各开户银行的银行对账单相互核对；(3) 各种材料物资明细账账面余额与材料物资实存数额相互核对；(4) 各种应收、应付款项明细账账面余额与有关的债权、债务单位相互核对。账实核对，一般通过财产清查来进行。

通过上述的对账工作，做到账证相符、账账相符、账实相符，使会计核算资料真实、正确、可靠。

二、错账查找方法

错账查找的方法很多，现将常用的几种方法介绍如下。

(一) 顺查法

顺查法是按照账务处理的顺序，从会计凭证到会计账簿、会计报表进行全过程查找的一种方法。即首先检查记账凭证是否正确，然后将记账凭证、原始凭证同有关账簿记录一笔一笔地进行核对，最后检查有关账户的发生额和余额。这种检查方法，可以发现重记、漏记、错记科目、错记金额等。这种方法的优点是查找的范围大，不易遗漏；缺点是工作量大，需要的时间比较长。在实际工作中，一般是在采用其他方法查找不到错误的情况下采用这种方法。

(二) 逆查法

逆查法与顺查法相反，是按照账务处理的相反顺序，从会计报表到会计账簿、会计凭证进行查找的一种方法。即先检查各有关账簿余额是否正确，然后将有关账簿记录同记账凭证、原始凭证进行逐笔核对。这种方法一般用于查找账务处理后期可能出现的差错。

(三)抽查法

抽查法是对整个账簿记录抽取其中某部分进行局部检查的一种方法。当出现差错时,可根据具体情况分段重点查找,将某一部分账簿记录同有关的记账凭证或原始凭证进行核对。还可以根据差错发生的位数有针对性地查找。如果差错是角、分,只要查找元以下尾数即可;如果差错是整数的千位、万位,只需查找千位、万位数即可,其他的位数就不用逐项或逐笔地查找。这种方法的优点是范围小,可以节省时间,减少工作量。

(四)偶合法

偶合法是根据账簿记录差错中经常遇见的规律,推测与差错有关的记录而进行查找的一种方法。这种方法主要适用于漏记、重记、错记的查找。偶合法又包括差数法、除2法、除9法三种方法。

1. 差数法

差数法就是记账人员首先确定错账的差数,再根据差数去查找错误的方法。这种方法对于发现漏记账目比较有效,也很简便。例如,记账过程中只登记了会计分录的借方或贷方,漏记了另一方,形成试算平衡中借方合计与贷方合计不等。表现形式为:借方金额遗漏,会使该金额在贷方超出;贷方金额遗漏,会使该金额在借方超出。

2. 除2法

除2法是首先算出借方和贷方的差额,再根据差额的一半来查找错误的方法,这种方法适用于会计账簿栏次错写而造成的方向性错误。当某个借方金额错记入贷方(或相反)时,出现错账的差数表现为错误数字的2倍,将此差数用2去除,得出的商即是反向的金额。

3. 除9法

除9法就是先算出借方与贷方的差额,再除以9来查找错误的方法,该方法适用于两种情况,即数字错位和数字颠倒。

(1)数字错位。如将400写为40,差数是错误数字的9倍。查找的方法是:以差数除以9后得出的商即为写错的数字,商乘以10即为正确的数字。上例差数360除以9,商40即为错数,扩大10倍后即得出正确的数字400。

(2)数字颠倒。如将68误写为86,颠倒的两个数字之差除以9商数最小为1,最大为8。查找的方法是:将差数除以9,得出的商连续加11,直到找出颠倒的数字为止。如68与86的差数为18,除以9得2,连加11为13、24、35、46、57、68、79,如有68数字的业务,即有可能是颠倒的数字。有可能颠倒的数字及颠倒数字之差数除以9的商数参见表8-8。

表 8-8　　　　　　　　　　　数字颠倒商数表

颠倒数字之差除以9的商数	1		2		3		4		5		6		7		8	
颠倒的数字	12	21	13	31	14	41	15	51	16	71	17	71	18	81	19	91
	23	32	24	42	25	52	26	62	27	82	28	82	29	92		
	34	43	35	53	36	63	37	73	38	93	39	93				
	45	54	46	64	47	74	48	84	49							
	56	65	57	75	58	85	59	95								
	67	76	68	86	69	96										
	78	87	79	97												
	89	98														

三、错账更正方法

发现错账之后,要根据产生错账的不同情况,使用不同方法进行更改。

(一)划线更正法

划线更正法是先将错误数字或文字全部划一条红线予以注销,并使原来的字迹仍然清晰可见,然后在红线上方空白处,用蓝黑墨水笔作出正确的记录,并由记账人员在更正处盖章。划线更正法适用于结账前或结账时发现账簿记录中文字或金额有错误,而记账凭证没有错误,即纯属文字或数字过账时的笔误。

(二)红字更正法

红字更正法也叫赤字冲账法。由于记账凭证填错,并据以登记入账形成的账簿错误,无论在结账前还是在结账后发现,都可采用红字更正法进行更正。红字更正法适用于以下两种情况:

(1)根据记账凭证登账后,发现记账凭证中应借、应贷会计科目或记账方向有错,造成账簿记录错误。更正的方法是,先用红字填制一张与原错误凭证完全相同的记账凭证,并据以用红字登记入账,冲销原错误记录,然后再填制一张正确的记账凭证,并据以登记入账。下面举例说明更正的方法。

【例8-1】以转账支票支付厂部办公费600元,在填制记账凭证时误记入"制造费用"账户,并据以登记入账,其错误记账凭证的会计分录为:

借:制造费用　　600
　　贷:银行存款　　600

该分录应借记"管理费用"科目。在更正时,应用红字填制如下记账凭证进行更正。

借:制造费用　　600
　　贷:银行存款　　600

根据上述记账凭证以红字登记入账后,表明已冲销原错误记录,然后填制如下记账凭证,并据以登记入账。

借:管理费用　　600
　　贷:银行存款　　600

(2)根据记账凭证登账以后,发现记账凭证中应借、应贷的会计科目、记账方向都没有错误,只是所记金额大于应记金额,造成账簿记录中的金额有错误。更正的方法是,将多记的金额用红字填制一张记账凭证,并据以登记入账,以冲销多记金额,求得正确金额。

【例8-2】以现金预付差旅费800元,在填制记账凭证时误记金额为8 000,并据以登记入账,但会计科目、借贷方向均无错误,其错误记账凭证的会计分录为:

借:其他应收款　　8 000
　　贷:库存现金　　8 000

（应）制如下记账凭证：

借：（其他应收款）　7 200
　　贷：（库存现金）　7 200

根据上述记账凭证以红字登账后,即可反映其正确金额为800元。

（3）补记法。根据记账凭证登账以后,发现记账凭证中应借、应贷的会计（科目无）错误,只是所记金额小于应记的金额,造成账簿记录中的金额错（误,应进）行更正。更正的方法是,根据少记金额填制一张记账凭证,并据以（登账,求）得正确金额。

【例8-3】（以银行存）款支付广告费5 000元,在填制记账凭证时,误记为500元,并据以（登账,其错误）的会计分录为:

借:（销售费用）　　500
　　贷:（银行存款）　500

（应用红）字或黑字编制如下记账凭证进行更正。

借:销售费用　　4 500
　　贷:银行存款　　4 500

根据上述记账凭证登账后,即可反映其正确的金额为5 000元。

第五节 结　账

一、结账

(一)结账的含义

结账,就是把一定时期内所发生的交易或事项,在全部登记入账的基础上,结算出每个账户的本期发生额和期末余额,并将期末余额转入下期或下年新账(期末余额结转到下期即为下期期初余额)。根据会计分期的不同,结账工作相应地可以在月末、季末、年末进行,但不能为减少本期的工作量而提前结账,也不能将本期的会计业务推迟到下期或编制报表之后再进行结账。对资产、负债和所有者权益等实账户可以在会计期末直接结账,而对那些收入、费用等虚账户,应根据权责发生制调整之后再结账,只有将企业发生的收入和费用按照会计期间正确划分其归属后,才能真实反映企业本期的财务状况和经营成果。

为了保证结账工作的顺利进行,结账前应该做好一些准备工作,具体包括检查凭证和账簿的正确性,进行相应的账项调整,如收入、费用的确认,成本的结转等。简单地说,结账工作主要由两部分构成:一是通过损益类账户的结转,计算本期利润或亏损(利润的确定一般在年终结账时进行)。二是结出总分类账和明细分类账的本期发生额和期末余额(包括本期累计发生额),并将余额在本期和下期之间进行结转。

(二)结账的步骤

(1)检查结账日以前所发生的全部交易或事项是否都已经登记入账。检查账簿记录的完整性和正确性,不能漏记、重记每一项交易或事项。值得注意的是各种收入和费用应该按照权责发生制的要求进行处理。

(2)编制结账分录。在有关交易或事项都已经登记入账的基础上,要将各种收入、成本和费用等账户的余额进行结转,编制各种转账会计分录,结转到利润账户,再编制利润分配的会计分录。

(3)计算发生额和余额。计算出各账户的本期发生额和余额。

(三)结账的方法

结账时,应当根据不同的账户记录,分别采用不同的方法。

1. 债权债务、财产物资明细账

对不需要按月结计本期发生额的账户,如各项应收应付款明细账和各项财产物资明细账等,每次记账以后,都要随时结出余额,每月最后一笔余额即为月末余额。也就是说,月末余额就是本月最后一笔交易或事项记录的同一行内的余额。月末结账时,只需要在最后一笔交易或事项记录下通栏划红单线,不需要再结计一次余额。划线的目的,是为了突出有关数字,表示本期的会计记录已经截止或者结束,并将本期与下期的记录明显分开。应收账款明细账结账格式见表8-9(注:加粗线表示通栏划红单线)。

表8-9　　　　　　　　　　　　　**应收账款明细账**

二级科目或明细科目:光明公司　　　　　　　　　　　　　　　　　　　　　　　单位:元

| 20××年 | | 凭证 | | 摘要 | 借方 | 贷方 | 借或贷 | 余额 |
月	日	种类	号数					
1	1			期初余额			借	800
1	6			销售A产品10件	51 700		借	52 500
1	10			收回销货款		50 000	借	2 500
				……				
1	31			收回销货款		2 000	借	500

2. 库存现金、银行存款日记账和各项收入、费用明细账

库存现金、银行存款日记账和需要按月结计发生额的收入、费用等明细账,每月结账时,要在最后一笔交易或事项记录下面通栏划红单线,结出本月发生额和余额,在摘要栏内注明"本月合计"字样,在下面再通栏划红单线。库存现金日记账结账格式见表8-10(注:加粗线表示通栏划红单线)。

表8-10　　　　　　　　　　　　　**库存现金日记账**　　　　　　　　　　　　　　　　单位:元

| 20××年 | | 凭证号数 | 摘要 | 对应账户 | 收入 | 付出 | 结余 |
月	日						
1	1		期初余额				600
1	2	略	从银行提取现金	银行存款	2 000		2 600
1	2	略	购买办公用品	管理费用		500	2 100
1	2	略	报销差旅费			800	1 300
1	2		本日合计		2 000	1 300	1 300
			……				
1	31		本月合计		25 000	24 000	1 600

3. 对个别需要结计本年累计发生额的某些明细账户

对个别需要结计本年累计发生额的某些明细账户,每月结账时应在"本月合计"行下结出自年初起至本月末止的累计发生额,登记在月份发生额下面,在摘要栏内注明"本年累计"字样,并在下面再通栏划红单线。12月末的"本年累计"就是全年累计发生额,全年累计发生额

·177·

下通栏划红双线。

4. 总账

总账户平时只需结出月末余额。年终结账时,为了总括反映本年全年各项资金运动情况的全貌,核对账目时要将所有总账账户结出全年发生额和年末余额,在摘要栏内注明"本年合计"字样,并在合计数下通栏划红双线。采用棋盘式总账和科目汇总表代替总账的单位,年终结账,应当汇编一张全年合计的科目汇总表和棋盘式总账。

二、账簿的保管

会计账簿是会计工作的重要历史资料,也是重要的经济档案。在经营管理中具有重要作用。因此,每一个企业、单位都应按照国家有关规定,加强对会计账簿的管理,做好账簿的保管工作。

账簿的保管,应该明确责任,保证账簿的安全和会计资料的完整,防止交接手续不清和可能发生的舞弊行为。在账簿交接保管时,应将该账簿的页数、记账人员姓名、启用日期、交接日期等列表附在账簿的扉页上,并由有关方面签字盖章。账簿要定期(一般为年终)收集、审查核对、整理立卷、装订成册、专人保管,严防丢失和损坏。年度终了,会计账簿暂由本单位财务会计部门保管一年,期满后,由财务会计部门编造清册,移交本单位的档案部门保管。

账簿应按照规定期限保管,日记账、总账、明细账保管期限均为30年,固定资产卡片在固定资产报废清理后应继续保存5年。保管期满后,要按照会计档案管理办法的规定,由财会部门和档案部门共同鉴定,报经批准后进行处理。

合并、撤销单位的会计账簿,要根据不同情况,分别移交给并入单位、上级主管部门或主管部门指定的其他单位接收保管,并由交接双方在移交清册上签名盖章。账簿日常应由各自分管的记账人员专门保管,未经领导和会计负责人或有关人员批准,不允许非经管人员翻阅、查看、摘抄和复制。会计账簿除非特殊需要或司法介入要求,一般不允许携带外出。

新会计年度对更换下来的旧账簿应进行整理、分类,对有些缺少手续的账簿,应补办必要的手续,然后装订成册,并编制目录,办理移交手续,按期归档保管。对会计账簿的保管既是会计人员应尽的职责,又是会计工作的重要组成部分。

☞ 练习题

一、单项选择题

1. 下列按账簿外表形式分类的账簿是( )。
   A. 备查账簿 B. 序时账簿 C. 订本账簿 D. 分类账簿

2. 登记以经营租赁方式租入的固定资产的账簿是( )。
   A. 三栏式账簿 B. 备查账簿 C. 分类账簿 D. 序时账簿

3. 从银行提取现金时,登记库存现金日记账的依据是( )。

A. 现金收款凭证 B. 现金付款凭证
C. 银行存款收款凭证 D. 银行存款付款凭证

4. 活页式账簿主要适用于( )。

A. 特种日记账 B. 普通日记账 C. 总分类账 D. 明细分类账

5. 下列明细账,适用于三栏式账簿的是( )。

A."管理费用"明细账 B."固定资产"明细账
C."应收账款"明细账 D."主营业务收入"明细账

6. 固定资产明细账采用的一般格式是( )。

A. 订本式账簿 B. 卡片式账簿 C. 活页式账簿 D. 多栏式账簿

7. 根据记账凭证登记入账时,误将600元填写为6 600元,而记账凭证无误,应用的更正方法是( )。

A. 红字更正法 B. 补充登记法 C. 划线更正法 D. 编制相反分录冲减

8. 若记账凭证上的会计科目和应借应贷方向未错,但所记金额小于应记金额,并据以登记入账,造成账簿登记错误,应采用的更正方法是( )。

A. 划线更正法 B. 红字更正法 C. 补充登记法 D. 涂改法

二、多项选择题

1. 账簿按用途分类,可以分为( )。

A. 序时账簿 B. 订本式账簿 C. 分类账簿 D. 备查账簿

2. 账簿按外表形式分类,可以分为( )。

A. 订本式账簿 B. 三栏式账簿 C. 卡片式账簿 D. 活页式账簿

3. 每个会计主体均应该设置的账簿有( )。

A. 库存现金日记账 B. 银行存款日记账
C. 总分类账 D. 明细分类账

4. 三栏式明细账适用于( )。

A."管理费用"明细账 B."原材料"明细账
C."应收账款"明细账 D."实收资本"明细账

5. 数量金额式明细账主要适用于( )。

A."库存商品"明细账 B."制造成本"明细账
C."应付账款"明细账 D."原材料"明细账

6. 多栏式明细账主要适用于( )。

A."应收账款"明细账 B."主营业务收入"明细账
C."管理费用"明细账 D."制造费用"明细账

7. 下列情况可用红墨水登记账簿的有( )。

A. 按照红字冲账的记账凭证,冲销错误记录

B. 在不设借贷栏的多栏式账页中，登记减少金额

C. 在期末结账时，用红墨水笔划线

D. 三栏式账户的余额栏前，如未注明余额方向，在余额栏内登记负数余额

三、判断题

1. 现金日记账和银行存款日记账，必须采用订本式账簿。（　）

2. 总分类账一定采用订本式账簿。（　）

3. 多栏式明细分类账，一般适用于债权、债务账户进行明细核算。（　）

4. 各种明细账的登记依据，既可以是原始凭证，也可以是记账凭证。（　）

5. 各种明细账可以逐日逐笔登记，也可以在月末汇总一次登记。（　）

6. 登记账簿必须用蓝黑墨水笔书写，不得使用圆珠笔、铅笔书写，更不得用红色墨水笔书写。（　）

7. 某会计人员在填制记账凭证时，误将9 800元记为8 900元，并已登记入账，月终结账前发现错误，更正时应采用划线更正。（　）

8. 新的会计年度开始时，必须更换全部账簿，不得只更换总账、现金日记账和银行存款日记账。（　）

第九章 财产清查

✶ 内容提要

本章介绍财产清查的意义、种类、财产清查的方法;重点阐述财产盘存制度和财产清查结果的账务处理。

第一节 财产清查的意义和种类

一、财产清查的意义

(一)财产清查的概念

企业依照前面各章所讲的各种会计核算方法,将一定会计期间内各项财产的变动和结存情况,通过编制会计凭证,记入有关账簿,经过检查核对,证明"账证相符,账账相符"后,可以说明会计账簿是否依据会计凭证进行了正确、系统的登记。但是仅仅账簿记录正确还不能说明账簿记录内容的真实可靠,因为有很多主客观原因致使各项财产的账面数额与实际结存数额发生差异,造成账实不符。造成账实不符的原因很多,主要包括以下几个方面:在财产收发时,由于手续不健全或制度不严密,而发生的错收错付等情况;由于计量、检验不准确而出现多收多付或少收少付等差错;在财产增减变动时没有填制凭证、登记入账;或者在填制财产收、发凭证,登记财产账目时,发生了计算上或登记上的错误;在运输、保管过程中,由于受到各种自然条件(如霉烂、干耗等)和一些其他因素(如损坏、变质或短缺等)的影响,发生了数量上或质量上的差异;由于不法分子的营私舞弊、贪污盗窃而发生财产的损失;在结算过程中,由于未达账项的存在而造成的账实不符等,这就需要进行财产清查。

财产清查,就是通过对企业的货币资金、实物财产和往来款项等的盘点或核对,查明各项财产的实存数,并与账簿结存数进行核对,确定账面结存数与实存数是否相符的一种专门方法。

(二)财产清查的意义

为及时、准确地掌握各项财产的真实情况,保证会计资料的真实性和准确性,满足经济管理对会计核算的要求,单位应全面贯彻实施《会计法》,建立财产清查制度,保证账簿记录与实物、款项相符。财产清查的意义主要表现在以下几个方面:

1. 保护企业财产的安全和完整

通过财产清查,可查明各项财产有无短缺、毁损、变质、贪污盗窃等情况。对发现的问题及时分析原因,追查责任,建立健全财产物资的岗位责任制,改进管理工作,切实保证各项财产的安全与完整。

2. 保证会计核算资料的真实性

通过财产清查,可以确定各项财产物资的实有数,查明实有数额和账面数额的差异,分析原因,采取措施,及时调整账簿记录,做到账实相符,确保会计核算资料的真实可靠。

3. 挖掘财产物资潜力,提高物资使用效率

通过财产清查,可以查明各种财产物资的储备和利用情况,有无储备不足或者积压、呆滞及不配套的财产物资,以便采取措施。对储备不足的,设法补充,保证生产需要;对积压、呆滞和不配套的及时处理,充分挖掘财产物资的潜力,加速资金周转。

4. 保证财经纪律的有效执行

通过对财产物资、货币资金及往来款项的清查,可以查明单位有关业务人员是否遵守财经纪律和结算制度,有无贪污盗窃、挪用公款的情况;查明各项资金使用是否合理,是否符合党和国家的方针政策和法规,从而使工作人员更加自觉地遵纪守法,自觉维护和遵守财经纪律。

二、财产清查的种类

对财产清查可以按清查的范围和清查的时间不同进行分类。

(一)按照清查的范围不同分类

财产清查按照清查的范围不同,可分为全面清查和局部清查。

1. 全面清查

全面清查就是对所有的财产进行全面的盘点与核对。全面清查涉及企业的全部财产,如全部固定资产、存货、货币资金、有价证券等。全面清查的范围广,时间长,工作量大,参加的人员也多,有时还会影响企业生产经营的正常进行,因而一般在以下几种情况下进行全面清查:

(1)在年终结算之前,以确保年度会计报表的真实可靠;

(2)在企业撤销、解散、合并或改变隶属关系时,以明确经济责任;

(3)开展清产核资,以准确核定资产;
(4)单位主要负责人调离工作。

2. 局部清查

局部清查是根据需要,对部分财产进行盘点与核对。由于全面清查费时费力,难以经常进行,所以企业时常进行局部清查。局部清查一般在以下几种情况下进行:

(1)流动性较大又易于损耗的物资,如材料、产成品等,除了年度清查外,应有计划地每月重点抽查,年内还要轮流盘点或重点清查;
(2)对于各种贵重物资,每月至少清查盘点一次;
(3)对于银行存款和银行借款,至少每月同银行核对一次;
(4)现金由出纳人员在每日终了时,自行清查一次;
(5)各种往来款项,每年至少要核对一至两次。

另外,对发现某种物品被盗或者由于自然力造成物品毁损,以及其他责任事故造成物品损失等,都应及时进行局部清查,以便查明原因,及时处理,并调整账簿记录。

(二)按照财产清查的时间不同分类

按照财产清查的时间不同,可分为定期清查和不定期清查。

1. 定期清查

定期清查是指根据预先计划安排的时间对财产所进行的清查。这种清查一般在财产管理制度中予以规定,通常在年末、季末或月末结账前进行。例如,每日结账时,要对现金进行账实核对;每月结账时,要对银行存款日记账进行对账。

2. 不定期清查

不定期清查是指事前不规定清查日期而临时进行的财产清查,也称临时清查。不定期清查通常在以下几种情况下进行:

(1)更换财产物资保管员和现金出纳员时,为分清经济责任,需要对有关人员所保管的财产物资和现金进行清查;
(2)发生非常灾害和意外损失时,要对受灾损失的财产进行清查,以查明损失情况;
(3)上级主管部门、财政和审计部门,要对本单位进行会计检查时,应按检查要求及范围进行清查,以验证会计资料的真实可靠;
(4)按照有关规定,进行临时性的清产核资工作,以摸清企业的家底。

定期清查和不定期清查的范围,可以是全部清查也可以是局部清查,应根据实际需要而定。

第二节 财产物资的盘存制度

财产清查的重要环节是盘点财产物资的实存数量。为使盘点工作顺利进行,企业应建立科学而适用的盘存制度。财产物资的盘存制度一般有永续盘存制和实地盘存制两种。在财产物资的清查中,存货的清查较为复杂,在此以存货为例,说明这两种盘存制度的特点。

一、永续盘存制

(一)永续盘存制的概念

永续盘存制又称账面盘存制,是指通过设置各种财产明细账,逐笔登记其收入数和发出数,并能随时结出账面结存数的一种盘存制度。从永续盘存制的含义可以看出,这种盘存制度要求财产的收入和发出都要有严密的手续,对财产的收入和发出都要在有关账簿中进行连续的登记,且可随时结出账面结存数。尽管如此,由于各种原因,账面结存数与实存数之间仍有不符的可能。因而,采用永续盘存制仍需定期或不定期地、全部或局部地对财产进行实地盘点,且至少每年实地盘点一次,以验证账实是否相符。

(二)永续盘存制的优缺点

永续盘存制的优点:可以通过存货的明细账记录,随时反映某一存货在一定会计期间内收入、发出及结存的详细情况,有利于加强对存货的管理与控制;明细账的结存数量可以与实际盘存数随时进行核对,如发生存货短缺或溢余,均可查明原因,及时纠正,并采取相应的对策;明细账上的结存数可以随时与预定的最高和最低存货限额进行比较,获取存货不足或积压的信息,以便于及时采取相应对策。

永续盘存制的缺点:在存货的明细分类核算工作中工作量较大,需要花费较多的人力、物力和财力,尤其是月末一次结转销售成本或耗用成本时,存货结存成本及销售或耗用成本的计算工作比较集中,有时也有可能发生账实不符的现象。但因其在控制和保护财产物资安全完整方面具有明显的优势,所以除少数特殊情况外一般都采用永续盘存制。

二、实地盘存制

(一)实地盘存制的概念

实地盘存制是指平时在有关存货明细账中只登记增加数,不登记减少数,期末通过盘点实物,来确定存货的期末结存数量,并据以计算出期末存货成本和本期发出存货成本的一种盘存制度。实地盘存制又称"盘存计耗制"或"以存计耗制"。在通过实地盘点确定了期末结存存货数量的基础上,本期发出存货成本的计算公式如下:

期末结存存货成本 = $\sum$ 期末各批存货盘点数量 × 相应批别存货单价

本期发出存货成本 = 期初账面结存成本 + 本期收入存货成本 − 期末结存存货成本

(二)实地盘存制的优缺点

实地盘存制的优点:平时只记录增加成本,不记录发出的数量和金额,可以简化存货的核算工作,工作量小;期末存货成本的账面记录是根据实地盘点的结果入账,保证了期末账实相符。

实地盘存制的缺点:由于各项财产的减少数没有严密的手续加以控制和监督,倒挤出的各项财产的减少数中成分复杂,除了正常耗用外,一切由于收发错误、物质毁损、被盗、丢失、造假等原因而形成的存货短缺都可能隐藏在本期发出存货的价值之中,倒挤出的发出存货成本不一定与事实相符。因而,它的适用范围很小,局限于品种多、价值低、交易频繁的存货,以及数量不稳定、损耗大且难以控制的鲜活商品等,工业企业的财产中,很少采用这种盘存制度。

第三节 财产清查的方法

由于财产的种类较多,且各有特点,为了保证财产清查的工作质量,提高工作效率,在财产清查时应针对不同的清查内容采用不同的方法。

一、财产清查前的准备工作

财产清查工作涉及面广、工作量大、复杂而细致,为保证财产清查的质量,使它发挥应有的积极作用,清查前应做好包括组织上和业务上的准备。

(一)组织上的准备

财产清查不仅是会计部门的一项重要任务,而且是各个财产物资管理部门的一项重要职责。由于清查工作涉及面较广、工作量较大,为了妥善地做好财产清查工作,必须在清查前,协调各方面力量,成立清查组织,具体负责财产清查的组织和管理。清查组织应由会计、业务、仓储等相关业务部门的人员组成,并由相关的主管人员负责清查组织的各项工作。该清查组织的主要任务是:根据管理制度或有关部门的要求拟定财产清查工作的详细步骤,确定财产清查的对象和范围,确定参加财产清查工作的具体人员等;在财产清查过程中及时掌握工作进度;检查和督促财产清查工作,及时解决财产清查工作中出现的问题;在财产清查工作结束后,写出财产清查工作的总结性书面报告,对财产清查的结果提出处理意见。

(二)业务上的准备

业务准备是做好财产清查工作至关重要的前提条件。会计部门及相关业务部门应在清查组织的指导下,做好各项相关的业务准备工作,重点是做好以下三个方面的工作:

1. 会计部门和人员的准备

会计部门要在财产清查之前将截至清查日止的全部交易或事项登记入账,结算出总账和明细账的余额,并相互核对,做到账证相符和账账相符,保证账簿记录正确,为财产清查提供可靠的依据。

2. 财产物资保管部门和人员的准备

将截至财产清查日为止的各项财产物资的收入与发出办好凭证手续,全部登记入账,结出各科目余额,并与会计部门的有关财产物资的总分类账、明细分类账核对相符。同时,物资保管部门应将准备清查的各种财产分类整理清楚、排列整齐,并分别悬挂标签,详细标明实物的编号、名称、规格、结存数量等,以便盘点核对。

3.财产清查组织工作人员的准备

财产清查组织的工作人员对需要使用的度量衡器,要提前校验正确,保证计量准确。对应用的所有表册,都要准备妥当。

二、财产清查的方法

(一)货币资金的清查

货币资金的清查包括对库存现金的清查、银行存款的清查和其他货币资金的清查。

1.库存现金的清查

库存现金清查的基本方法是实地盘点法。即通过对库存现金的实有数进行突击盘点,查明实存数,进而与现金日记账的余额进行核对,来查明账实是否相符的方法。

库存现金的清查可分为以下两种情况:

(1)出纳员自查。在日常的工作中,出纳员每日清点库存现金实有数额,并及时与现金日记账的余额相核对。这种清查实际上是现金出纳员的岗位职责。

(2)专门人员清查。专门清查人员要认真审核收付凭证和账簿记录,检查交易或事项的合理性和合法性,以及是否存在以白条或借据充抵库存现金的现象等。库存现金的盘点,除了要清查库存现金的数额外,还需要检查库存数是否超过银行核定的限额。为了明确经济责任,专门人员清查时,出纳员必须在场,如果发现长款、短款,必须会同出纳员当场核实。

现金盘点结束后,应根据盘点的结果,填制"库存现金盘点报告表"。它是反映现金实存额,用以调整账簿记录的重要原始凭证。"库存现金盘点报告表"填制完毕,应由盘点人和出纳员共同签字或盖章方能生效。"库存现金盘点报告表"的格式见表9–1。

表9–1 库存现金盘点报告表

单位名称　　　　　　　　　　　年　月　日

实存金额	账存金额	实存与账存对比		备注
		盘盈	盘亏	

盘点人签章: 　　　　　　　　　　　　　　　　出纳员签章:

2.银行存款的清查

银行存款的清查方法是采用与开户银行核对账目的方法进行的,即将从开户银行取得的"对账单"与企业开设的"银行存款日记账"逐笔进行核对,以查明账实是否相符。企业按月接到银行的对账单时,应当与企业的会计记录(如银行存款日记账、解款回单、支票存根等)相核对。从理论上说,除非记账或计算上有误,这两方面的余额应当彼此相等。但在实际上常常由于出现"未达账项",使双方账面余额不相符。

所谓未达账项是指在企业和银行之间,由于凭证的传递时间不同,而导致双方记账时间不一致,即一方已接到有关结算凭证登记入账,而另一方由于尚未接到有关结算凭证尚未登记入账的款项。未达账项总的来说有两大类型:一是企业已经入账而银行尚未入账的款项;二是银行已经入账而企业尚未入账的款项。具体来讲有以下四种情况:

(1)企业已收款入账而银行未收款入账的款项。如企业销售商品收到现金支票,送存银行后可根据银行盖章并退回的"进账单"回单联登记银行存款的增加,而银行则需在款项收妥后才可入账。

(2)企业已付款入账而银行未付款入账的款项。如企业购买原材料开出转账支票,企业根据支票存根、发票及收料单等凭证登记银行存款日记账存款的减少,由于持票人尚未到银行办理转账手续,从而银行尚未登记企业存款的减少。

(3)银行已收款入账而企业未收款入账的款项。如企业委托银行向外地客户收取销货款,银行已经收款并登记企业存款的增加,而企业由于尚未接到银行收款通知没有登记银行存款日记账。

(4)银行已付款入账而企业未付款入账的款项。如银行代企业缴纳水电费,付款后银行登记企业存款减少,而企业由于尚未接到银行的付款通知单没有登记银行存款日记账。

上述任何一种未达账项存在,都会使企业银行存款日记账余额与银行转来的对账单的余额不符。在与银行对账时,应首先查明有无未达账项,如果存在未达账项,可编制"银行存款余额调节表"。"银行存款余额调节表"的编制应在企业银行存款日记账余额和银行对账单余额的基础上,分别加减未达账项,调整后的双方余额应该相符,并且是企业当时实际可以动用的款项。其计算公式如下:

企业银行存款日记账余额 + 银行已收企业未收款项 - 银行已付企业未付款项 = 银行对账单余额 + 企业已收银行未收款项 - 企业已付银行未付款项

现举例说明"银行存款余额调节表"的具体编制方法。

【例9-1】泰山公司20××年12月31日银行存款日记账的余额为4 400 000元,银行转来对账单的余额为7 300 000元。经逐笔核对,发现以下未达账项:

(1)企业送存转账支票6 000 000元,并已登记银行存款增加,但银行尚未记账。

(2)企业开出转账支票4 500 000元,但持票单位尚未到银行办理转账,银行尚未记账。

(3)企业委托银行代收某公司购货款4 800 000元,银行已收妥并登记入账,但企业尚未收到收款通知,尚未记账。

(4)银行代企业支付电话费400 000元,银行已登记企业银行存款减少,但企业未收到银行付款通知,尚未记账。

计算结果见表9-2。

表9-2　　　　　　　　　　　**银行存款余额调节表**　　　　　　　　　　单位:元

20××年12月31日

项　目	金　额	项　目	金　额
企业银行存款日记账余额	4 400 000	银行对账单余额	7 300 000
加:银行已收,企业未收款	4 800 000	加:企业已收,银行未收款	6 000 000
减:银行已付,企业未付款	400 000	减:企业已付,银行未付款	4 500 000
调节后的余额	8 800 000	调节后的余额	8 800 000

从表9-2可以看出,表中左右两方调节后的金额相等,这说明该公司的银行存款日记账记账过程基本正确(但这不是绝对的),如果调节后的余额仍不相等,则说明有记账错误存在,应进一步查明原因,采取相应的方法进行更正。

此外,应当指出的是,经过调节后重新求得的余额,既不等于本单位账面余额,也不等于银行账面余额,而是企业可以动用存款的最高数额。"银行存款余额调节表"是一种对账记录或对账工具,并不是会计凭证,不能作为调整账面记录的依据,即不能根据银行存款余额调节表中的未达账项来调整银行存款账面记录,未达账项只有在接到银行有关收、付款结算凭证后才能进行有关账务处理。对于长期悬置的未达账项,应及时查明原因,进行处理。

上述银行存款的清查方法也适用于其他货币资金的清查。

(二)实物财产的清查

实物财产清查是指对原材料、在产品、库存商品、固定资产等实物资产的清查,主要确定各项实物财产的数量和质量。

1.实物财产的清查方法

各项实物财产的实物形态、体积、存储状态等各不相同,故对不同的清查对象选择不同的清查方法。常用的实物财产的清查方法包括以下几种:

(1)实地盘点法。实地盘点法是指到实物财产的存放现场逐一清点或用计量器(过磅、量尺等)确定其实存数的一种方法。其适用范围较广,大多数财产物资的清查都可以采用这种方法。这种方法一般适用于机器设备、包装好的原材料、产成品和库存商品等的清查。

(2)技术推算法。技术推算法是利用技术方法推算出实物财产的实存数量的方法。常适用于价值较小、数量较多又难以一一清点的实物资产,如成堆的煤炭、矿石等。

(3)抽样盘存法。抽样盘存法是指从实物财产中抽取一定数量的样品进行盘点,进而对所有财产的实有数进行估算确定的一种方法。这种方法一般适用于数量多,重量和体积均匀的实物财产。

(4)函证核对法。函证核对法是指通过向对方单位发函的方式对本单位实物财产的实有数进行确定的一种方法。这种方法一般适用于委托外单位加工或保管的物资的清查。

2.实物财产清查使用的凭证

实物财产在清查过程中使用的凭证包括"盘存单"和"实存账存对比表"等。

为了明确经济责任,进行财产清查时,有关实物财产的保管人员必须在场,并参加盘点工作。对各项财产物资的盘点结果,应逐一如实地登记在"盘存单"上,并由盘点人和实物保管人员签字或盖章。

"盘存单"是记录财产盘点结果的书面证明,也是反映实物财产实有数额的原始凭证。"盘存单"的一般格式见表9-3。

表9-3
盘 存 单

单位名称:　　　　　盘点时间:　　　　编号:　　　　财产类别:　　　　存放地点:

序号	名称	规格型号	计量单位	实存数量	单价	金额	备注

盘点人签章:　　　　　　　　　　保管人签章:

盘点完毕,将"盘存单"中所记录的实存数与账面结存数余额相核对,如发现实物盘点结果与账面结存结果不相符,应根据"盘存单"和有关账簿记录,填制"实存账存对比表",以确定实物财产的盘盈数或盘亏数。

"实存账存对比表"是记录财产清查结果的重要的原始凭证,也是分析盈亏原因,明确经济责任的重要依据。"实存账存对比表"的格式见表9-4。

实存账存对比表

表9-4　　　　　　　　　　单位名称:　　　　　　　　　　　年 月 日

实存数		账存数		实存与账存对比				备注
				盘盈		盘亏		
数量	金额	数量	金额	数量	金额	数量	金额	

盘点人签章：　　　　　　　　　保管人签章：

在实际工作中，为了简化编表工作，"实存账存对比表"中可只填列账实不符的实物财产，对于账实完全相符的可不予填列。这样，"实存账存对比表"主要是反映实物财产的盘盈、盘亏情况，因此该表又称为"盘盈盘亏报告表"。

对于委托外单位加工、保管的实物资产，可以去人或去函调查，并与本单位账存数相核对，如有不符，应查明原因，按规定及时处理。

(三) 往来款项的清查

往来款项的清查，包括各种应收款、应付款、预收款、预付款的清查。往来款项的清查通常采取"函证核对法"，即同对方核对账目的方法。清查时，首先将各项应收、应付等往来款项正确、完整地登记入账。然后，编制一式两联的"往来款项对账单"，寄发或派人送交对方单位进行核对。现以应收账款为例，说明"往来款项对账单"的格式和内容。

往来款项对账单

_____单位：

你单位20××年8月25日购入我单位A产品500件，已付货款8 000元，尚有22 000元货款未付，请核对后将回联单寄回。

清查单位：(盖章)
20××年9月3日

沿此虚线裁开，将以下回联单寄回！
....

往来款项对账单（回联）

_____清查单位：

你单位寄来的"往来款项对账单"已经收到，经核对相符无误。

××单位(盖章)
20××年9月12日

若对方单位核对有误，应在回单上注明不符原因后退回，发出单位收到对方的回单后，对错误的账目应及时查明原因，并按规定的手续和方法加以更正。对债权债务的清查，除了查对账实是否相符外，还应注意债权债务的账龄，从而掌握逾期债权债务情况，以便重点管理，减少呆账、坏账。

第四节　财产清查结果的处理

财产清查结束后，一般会出现以下几种情况：一是账实相符，且实存的财产物资没有质量问题；二是账实相符，但实存的财产物资有质量问题，不能按正常的财产物资使用，称为毁损;三是账实不符,实存数大于账存数称为盘盈,实存数小于账存数称为盘亏。不论是毁损还是盘盈、盘亏,都需要进行相应的会计处理。

一、财产清查结果的处理步骤

对于财产清查中发现的问题必须以国家有关的政策、法令和制度为依据,严肃认真地做好清查结果的处理工作。企业对财产清查结果进行处理的主要步骤如下:

(1)核准金额,查明差异原因,提出处理意见。根据清查情况,核准货币资金、财产物资和债权债务的盈亏金额,查明各种差异的性质和原因,明确经济责任,据实提出处理意见,并按规定程序如实地将毁损、盘盈或盘亏情况及处理意见,报有关领导和部门审批。

(2)调整账簿,做到账实相符。在核准金额、查明各种差异的性质和原因的基础上,对财产清查中发现的毁损、盘盈或盘亏情况,应根据"实存账存对比表"等原始凭证填制记账凭证,并据以登记账簿,通过账簿记录的调整,做到账实相符,保证会计信息真实正确。

(3)进行审批后的账务处理。企业根据有关领导部门审批后的处理决定文件,填制有关的记账凭证,并据以登记有关账簿,及时进行批准后的账务处理。

另外,要积极处理积压物资,以提高财产物资的使用效益。对于长期不清的债权、债务和发生争执的往来款项,应指定专人负责查明原因,限期清理。通过财产清查,应认真总结财产管理和会计核算方面的经验、教训,提出整改措施,建立和健全财务管理制度。

二、财产清查结果的账务处理

(一)财产清查结果处理应设置的账户

为了反映和监督各单位在财产清查过程中查明的各种财产的盘盈、盈亏或毁损情况,及其报经批准后的转销数额,企业应设置"待处理财产损溢"账户。该账户属于资产类账户,从其所核算的内容(盘盈与盘亏)看,又具有明显的双重账户性质。其借方登记各项财产的盘亏或毁损数额和各项盘盈财产报经批准后的转销数;贷方登记各项财产的盘盈数额和各项盘亏或毁损财产报经批准后的转销数。按规定企业各种财产的损溢必须于期末结账前处理完毕,所以该账户期末无余额。"待处理财产损溢"账户的结构见图9-1。

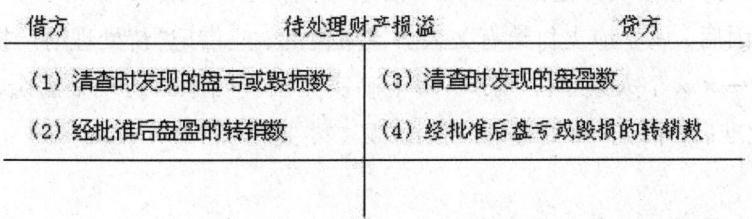

图9-1 待处理财产损溢账户结构

为了分别反映和监督企业固定资产和流动资产的盈亏情况,"待处理财产损溢"账户应设置"待处理固定资产损溢"和"待处理流动资产损溢"两个明细分类账户,进行明细分类核算。

通过前面的学习我们已经知道,企业的财产包括货币资金、原材料、半成品、在产品、库存商品、周转材料、固定资产等。其中的原材料、半成品、在产品、库存商品、周转材料等,在会计上又称为存货。因而,对于企业财产清查结果的账务处理可以划分为以下三类:库存现金清查结果的账务处理、存货清查结果的账务处理、固定资产清查结果的账务处理。财产清查的对象不一样,清查结果的账务处理也不一样。

(二)库存现金清查结果的账务处理

库存现金清查中发现库存现金短缺或溢余时,除了设法查明原因外,还应根据"库存现金盘点报告表",通过"待处理财产损溢"账户进行账务处理。待查明原因后再分别按具体情况从"待处理财产损溢"转出。

1. 现金短缺的账务处理

当发生现金短缺时,应按实际短缺的金额,借记"待处理财产损溢"账户,贷记"库存现金"账户。待查明原因后,属于应由责任人负责的部分,借记"其他应收款——××个人"账户,贷记"待处理财产损溢"账户;属于应由保险公司赔偿的部分,借记"其他应收款——应收保险赔款"账户,贷记"待处理财产损溢"账户;属于确实无法查明原因的现金短缺,根据企业内部管理权限,经批准后,借记"管理费用"账户,贷记"待处理财产损溢"账户。下面举例说明:

【例9-2】泰山公司20××年5月在库存现金清查中发现短款40元。

(1)批准前

借:待处理财产损溢——待处理流动资产损溢　　40
　　　贷:库存现金　　40

(2)经查,该短款属于出纳员王平的责任,应由出纳员赔偿:

借:其他应收款——王平　　40
　　　贷:待处理财产损溢——待处理流动资产损溢　　40

2. 现金溢余的账务处理

当发生现金溢余时,应按实际溢余的金额,借记"库存现金"账户,贷记"待处理财产损溢"账户。待查明原因后,属于应支付给有关人员或单位的,应借记"待处理财产损溢"账户,贷记"其他应付款——××个人或单位"账户;属于确实无法查明原因的现金溢余,根据企业内部管理权限,经批准后,借记"待处理财产损溢"账户,贷记"营业外收入"账户。下面举例说明:

【例9-3】泰山公司20××年6月在库存现金清查中发现库存现金溢余200元。

(1)处理前:

借:库存现金　　200

贷：待处理财产损溢——待处理流动资产损溢　　200
　（2）经反复核查，未查明原因，报经批准后转作"营业外收入"处理：
　　借：待处理财产损溢——待处理流动资产损溢　　200
　　贷：营业外收入　　200

（三）存货清查结果的账务处理

1. 存货盘盈的账务处理

企业发现存货盘盈时，在报批处理前，应根据"实存账存对比表"，将盘盈存货项目的价值借记"原材料"、"生产成本"或"库存商品"等账户，同时贷记"待处理财产损溢——待处理流动资产损溢"账户，报经批准后，贷记"管理费用"账户，以冲减管理费用。

【例9-4】泰山公司经财产清查，发现盘盈A材料3 000千克。经查明纯系收发计量上的错误所致，按每千克3元入账。其账务处理如下：

（1）批准前：
　　借：原材料——A材料　　9 000
　　贷：待处理财产损溢——待处理流动资产损溢　　9 000

（2）批准以后冲减管理费用：
　　借：待处理财产损溢——待处理流动资产损溢　　9 000
　　贷：管理费用　　9 000

2. 存货盘亏的账务处理

企业发现存货盘亏或毁损时，批准以前应借记"待处理财产损溢——待处理流动资产损溢"账户，同时贷记有关存货账户。在报经批准以后，再根据造成损耗的原因，分别按以下情况进行账务处理：

（1）属于自然损耗产生的定额内合理的损耗，经批准后借记"管理费用"账户。

（2）属于超定额短缺的，能确定过失人的应由过失人负责赔偿；属于保险责任范围的，应向保险公司索赔。对于应由保险公司和过失人支付的赔款，借记"其他应收款"账户；扣除过失人或保险公司赔款和残料价值后的余额，借记"管理费用"账户。

（3）属于非常损失所造成的存货毁损，扣除保险公司赔款和残料价值后，借记"营业外支出"账户。

【例9-5】泰山公司发生盘亏甲产品10千克，单位成本100元，经查明属于定额内合理损耗。

（1）批准前：
　　借：待处理财产损溢——待处理流动资产损溢　　1 000
　　贷：库存商品——甲产品　　1 000

（2）批准后，计入管理费用：
　　借：管理费用　　1 000

贷:待处理财产损溢——待处理流动资产损溢　　1 000

【例9-6】泰山公司盘亏B材料0.3吨,每吨10 000元。经查明,是由人为过失造成的材料毁损,应由过失人赔偿1 000元,毁损材料残值200元。其账务处理如下:

(1)批准前:

　　借:待处理财产损溢——待处理流动资产损溢　　3 000
　　　贷:原材料——B材料　　3 000

(2)批准以后,视不同情况分别处理:

①由过失人赔偿:

　　借:其他应收款——××　　1 000
　　　贷:待处理财产损溢——待处理流动资产损溢　　1 000

②残料作价入库:

　　借:原材料——B材料　　200
　　　贷:待处理财产损溢——待处理流动资产损溢　　200

③扣除过失人的赔款和残值后的盘亏数,记入管理费用:

　　借:管理费用　　1 800
　　　贷:待处理财产损溢——待处理流动资产损溢　　1 800

【例9-7】泰山公司5月发生火灾烧毁一仓库,内有C材料实际成本为7 000元(增值税率17%),根据保险责任及保险合同规定,保险公司赔偿4 000元。其账务处理如下:

　　借:待处理财产损溢——待处理流动资产损溢　　8 190
　　　贷:原材料——C材料　　7 000
　　　　　应交税费——应交增值税(进项税额转出)　　1 190

(2)批准以后,视不同情况分别处理:

①应由保险公司赔偿部分:

　　借:其他应收款——保险公司　　4 000
　　　贷:待处理财产损溢——待处理流动资产损溢　　4 000

②计入营业外支出部分:

　　借:营业外支出　　4 190
　　　贷:待处理财产损溢——待处理流动资产损溢　　4 190

(四)固定资产清查结果的账务处理

在固定资产清查过程中,如果发现盘亏的固定资产,应查明原因,填制固定资产盘亏报告表并写出书面报告,在批准前,应作为待处理财产损溢处理,报经批准后才能计入营业外支出。如果发现固定资产盘盈,按企业会计准则规定,应作为以前年度会计差错处理,通过"以前年度损益调整"账户处理。

对清查中发现的固定资产的盘亏、毁损,应按照其账面净值借记"待处理财产损溢——待处理固定资产损溢"账户,按已提折旧借记"累计折旧"账户,按其账面原值贷记"固定资产"账户。报经审批后,根据批复将盘亏或毁损的固定资产净值转入营业外支出。

【例9-8】泰山公司在财产清查过程中,发现盘亏设备一台,其原价为10 000元,已提折旧1 500元。其账务处理如下:

(1)批准前:

借:待处理财产损溢——待处理固定资产损溢　　　8 500
　　累计折旧　1 500
　　　贷:固定资产　10 000

(2)批准后:

借:营业外支出　8 500
　　　贷:待处理财产损溢——待处理固定资产损溢　　　8 500

【例9-9】泰山公司在财产清查过程中,发现盘盈仪器一台,该仪器经评估6成新,重置价值(含税价)10 000元。其账务处理如下:

借:固定资产　6 000
　　　贷:以前年度损益调整　6 000

☞ 练习题

一、单项选择题

1. 企业现金清查中,发现库存现金较账面余额短缺50元,在未查明原因之前,应借记的会计科目是(　)。

　　A. 待处理财产损溢　　　　　　B. 营业外支出
　　C. 其他应收款　　　　　　　　D. 管理费用

2. 一般而言,单位撤销、合并时,要进行(　)。

　　A. 定期清查　　B. 全面清查　　C. 局部清查　　D. 实地盘点

3. 企业现金清查中发现的无法查明原因的现金短缺,报经批准后,应该记入(　)科目。

　　A. 管理费用　　B. 营业外支出　　C. 其他应收款　　D. 其他应付款

4. 银行存款清查的方法是(　)。

　　A. 日记账与总分类账核对　　　　B. 日记账与收付款凭证核对
　　C. 日记账和对账单核对　　　　　D. 总分类账和收付款凭证核对

5. 某企业因火灾原因盘亏一批材料16 000元,该批材料的进项税为2 560元。收到各种赔款1 500元,残料入库200元。报经批准后,应计入营业外支出账户的金额为(　)元。

　　A. 16 860　　　　B. 18 620　　　　C. 14 300　　　　D. 14 400

6. 在企业与银行记账无误的情况下,造成银行对账单和银行存款日记账不一致的原因是(　)。

A.应付账款　　　　B.应收账款　　　　C.未达账项　　　　D.外埠存款

7."实存账存对比表"是调整账面记录的( )。

A.记账凭证　　　　B.转账凭证　　　　C.原始凭证　　　　D.累计凭证

8.对财产物资的收发都有严密的手续,且在账簿中有连续的记载便于确定结存数的制度是( )。

A.实地盘存制　　　B.权责发生制　　　C.永续盘存制　　　D.收付实现制

9.对于盘亏的固定资产,按规定程序报经批准后,应按盘亏固定资产的净值借记的会计科目是( )。

A.累计折旧　　　　B.营业外支出　　　C.管理费用　　　　D.待处理财产损溢

10.采用实地盘存制,平时账簿记录中不能反映( )。

A.财产物资的购进业务　　　　　　　B.财产物资的减少数额

C.财产物资的增加和减少数额　　　　D.财产物资的盘盈数额

二、多项选择题

1.下列未达账项中,会导致银行存款对账单金额小于银行存款日记账金额的有( )。

A.银行收到委托款项但尚未通知企业

B.企业已收但尚未存入银行的转账支票

C.企业已开出但银行尚未兑付的支票

D.银行划付电话费但未将通知单送达企业

2.财产物资的盘存制度有( )。

A.收付实现制　　　B.权责发生制　　　C.永续盘存制　　　D.实地盘存制

3.财产清查按照清查的时间可分为( )。

A.全面清查　　　　B.局部清查　　　　C.定期清查　　　　D.不定期清查

4.企业进行全部清查主要发生的情况有( )。

A.年终决算后　　　B.清产核资时　　　C.关停并转时　　　D.单位主要负责人调离时

5.采用实地盘点法进行清查的项目有( )。

A.固定资产　　　　B.库存商品　　　　C.银行存款　　　　D.库存现金

6.企业进行材料清查时,对于盘亏的材料,应先计入"待处理财产损溢"账户,待期末或报经批准后,根据不同的原因可分别转入( )。

A.管理费用　　　　B.资本公积　　　　C.营业外支出　　　D.其他应收款

7.下列可用作原始凭证,调整账簿记录的有( )。

A.实存账存对比表　　　　　　　　　B.未达账项登记表

C.现金盘点报告表　　　　　　　　　D.银行存款余额调节表

8."实存账存对比表"有( )。

A.财产清查的重要报表　　　　　　　B.会计账簿的重要组成部分

C. 调整账簿的原始凭证　　　　　　D. 资产负债表的附表之一

三、判断题

1. 为了反映和监督各单位在财产清查过程中查明的各种资产的盈亏及报经批准后的转销数额,应设置"待处理财产损溢账户",该账户属于负债类账户。（　）

2. 对于因未达账项而使企业银行存款日记账余额和银行对账单余额出现的差异,无须作账面调整,待结算凭证到达后再进行账务处理,登记入账。（　）

3. 在对银行存款清查时出现的未达账项,可编制银行存款余额调节表来调整,该表是调节企业账面余额的原始凭证。（　）

4. 实地盘存制是指平时根据会计凭证在账簿中登记各种财产的增加数和减少数,在期末时再通过盘点实物,来确定各种财产的数量,并据以确定账实是否相符的一种盘存制度。（　）

5. 采用永续盘存制,能在账簿中及时反映财产物资的增减变动及结存情况,因此无须对财产物资进行清查盘点。（　）

6. 盘亏的存货,按规定手续报经批准后,可以减少管理费用。（　）

四、计算分析题

某企业 7 月 31 日的银行存款日记账账面余额为 691 600 元,而银行对账单上企业存款余额为 681 600 元,经逐笔核对,发现有以下未达账项:

(1) 7 月 26 日企业开出转账支票 3 000 元,持票人尚未到银行办理转账,银行尚未登账。

(2) 7 月 28 日企业委托银行代收款项 4 000 元,银行已收款入账,但企业未接到银行的收款通知,因而未登记入账。

(3) 7 月 29 日,企业送存购货单位签发的转账支票 15 000 元,企业已登账,银行尚未登记入账。

(4) 7 月 30 日,银行代企业支付水电费 2 000 元,企业尚未接到银行的付款通知,故未登记入账。

【要求】根据以上有关内容,编制"银行存款余额调节表"。

五、实务题

【目的】通过本题的练习,掌握财产清查的会计处理。

【资料】(1) M 公司 20×× 年 5 月在库存现金清查中发现短款 1 200 元,经查,该短款中 900 元属于出纳员王×的责任,另外 300 元经反复核查,未查明原因。

(2) M 公司 20×× 年 6 月在库存现金清查中发现库存现金溢余 300 元,经反复核查,未查明原因。

(3) M 公司 12 月份经财产清查,发现盘盈 A 材料 3 200 吨。经查明是由于计量上的错误所造成的,按计划成本每吨 2 元入账。

(4) M 公司 12 月份经财产清查,发现盘亏 B 材料 100 吨,每吨单价 200 元。经查明,属于定额内合理的损耗有 5 吨,计 1 000 元;属于过失人造成的由责任人赔偿 40 吨,计 8 000

元;属于自然灾害造成的损失为 55 吨,计 11 000 元,但由保险公司赔偿 6 000 元。

(5)M 公司在财产清查中,发现盘亏机器设备一台,账面原值为 280 000 元,已提折旧额为 100 000 元。

【要求】对上述交易或事项进行相关会计处理(包括批准前和批准后的会计处理)。

第十章 财务报告

❋ 内容提要

财务报告是会计核算的最终成果,报告使用者可以通过财务报告提供的信息,分析企业的偿债能力、营运能力和盈利能力,据以进行财务报表分析和经营决策。本章主要阐述财务报告的概念、种类、格式、编制要求及其分析方法,详细介绍资产负债表和利润表的概念、结构、格式和具体编制方法、财务分析方法,简要介绍现金流量表和所有者权益变动表的概念、结构及其内容。

第一节 财务报告的意义

财务报告,是指企业对外提供的反映企业某一特定日期财务状况和某一会计期间经营成果、现金流量等会计信息的文件。它包括财务报表和附注及其他应当在财务报告中披露的相关信息和资料。其中,财务报表是财务报告的主体部分,是对企业财务状况、经营成果和现金流量的结构性表述。财务报表包括资产负债表、利润表、现金流量表和所有者权益变动表。附注是对资产负债表、利润表、现金流量表和所有者权益变动表等报表中列示项目的补充说明,以及对未能在这些报表中列示项目的说明等。

一、财务报告的意义

由于编制财务报告是会计循环的最后一个阶段,对外公布财务报告是企业向信息使用者提供信息的主要形式,所以财务报告也是会计核算的最终成果,是会计信息的主要载体。

企业平时发生的交易或事项,已经通过编制记账凭证、登记账簿等工作得到了确认、计量和记录。通过日常会计核算,虽然可以反映企业的经营活动、财务状况、经营成果和现金流量信息,但是会计凭证和会计账簿反映的会计信息比较分散,不能集中、直观和全面地反映企业交易或事项的全貌,不便于理解和利用,很难满足投资者、债权人等会计信息使用者对会计信息的需求。因此,有必要在日常会计核算的基础上,根据会计信息使用者的需要,定期对日常会计核算资料进行分析、整理,通过编制财务报告,来对分散、零碎的会计信息进行进一步浓缩。

财务报告所提供的会计信息,是企业内部管理部门、投资者、债权人、政府部门等会计信息使用者分析企业偿债能力、营运能力、盈利能力的直接依据,是有关利益团体进行筹资、投资决策和制定宏观经济政策时的主要参考指标。

二、财务报告的种类

企业的财务报告包括财务报表、附注和其他应在财务报告中披露的相关信息和资料。财务报告按照不同的标准进行分类。

(一)按照财务报告组成的经济内容分类

1. 资产负债表。该报表反映企业一定时点(月末、季末、半年末和年末)的资产、负债和所有者权益及变动状况,是反映企业财务状况及其变动的财务报表。

2. 利润表。该报表反映企业一定时期内(月内、季内、半年内和年内)的利润形成和分配情况的报表,是反映企业一定时期经营成果的财务报表。

3. 现金流量表。该报表是反映企业一定时期内经营活动、投资活动和筹资活动现金流入、流出和净流量情况的报表,是反映企业现金流量情况的财务报表。

4. 所有者权益变动表。该报表反映企业年度内所有者权益(或股东权益)增减变动情况的报表。

5. 附注。附注是财务报告不可或缺的组成部分,是对在资产负债表、利润表、现金流量表和所有者权益变动表等报表中列示项目文字描述和明细资料,以及对未能在这些报表中列示项目的说明。

(二)按照财务报告的编制时间分类

可以分为月报、季报、半年报和年报。月度、季度财务报表是指月度和季度终了提供的财务报表;半年度财务报表是指在每个会计年度的前6个月结束后对外提供的财务报表;年度财务报表是指年度终了对外提供的财务报表。其中将半年度、季度和月度财务报告统称为中期财务报告。

通常情况下,企业年度财务报告的会计期间是指公历每年的1月1日至12月31日;半年度财务报告的会计期间是指公历每年的1月1日至6月30日,或7月1日至12月31日;季度财务报告的会计期间是指公历每一季度;月度财务报告的会计期间则是指公历每月1日至最后一日。

(三)按照财务报表的编制基础分类

1. 个别财务报表

个别财务报表是以单个企业为会计主体编制的,只反映本企业财务状况、经营成果和现金流量信息的会计报表。

2. 合并财务报表

合并财务报表是由母公司编制的,在母公司与子公司个别财务报表的基础上,对企业集团内部交易进行抵消后编制的财务报表,反映企业集团财务状况、经营成果和现金流量信息的会计报表。

3. 汇总财务报表

汇总财务报表是由企业主管部门或上级机关,根据所属单位报送的个别财务报表,连同本单位财务报表简单汇总编制的财务报表。

三、财务报告的编制要求

(一)财务报告的质量要求

会计核算应当以实际发生的交易或事项为依据,如实反映企业的财务状况、经营成果和现金流量。这是对会计工作的基本要求,如果会计信息不能真实反映企业的实际情况,会计工作就失去了存在的意义,甚至会误导会计信息使用者,导致经济决策的失误。

企业应当按照《企业财务会计报告条例》的规定,编制和对外提供真实、完整的财务报告。

财务报告的真实性,是指企业财务报告要真实地反映交易或事项的实际发生情况,不能人为地扭曲,以使企业财务报告使用者通过企业财务报告了解有关单位实际的财务状况、经营成果和现金流量。财务报告的完整性,是指提供的企业财务报告要符合规定的格式和内容,不得漏报或者任意取舍,以使企业财务报告使用者全面地了解有关单位的整体情况。

(二)财务报告的时间要求

会计信息的价值在于帮助所有者或其他方面作出经济决策,如果不能及时提供会计信息,经济环境发生了变化,这些信息也就失去了应有的价值,无助于经济决策,所以企业的会计核算应当及时进行,不得提前或延后。

企业应当依照有关法律、行政法规规定的结账日进行结账。年度结账日为公历年度每年的12月31日;半年度、季度、月度结账日分别为公历年度每半年、每季、每月的最后一天。月度财务报告应当于月度终了后6天内(节假日顺延,下同)对外提供;季度财务报告应当于季度终了后15天内对外提供;半年度财务报告应当于年度中期结束后60天内(相当于两个连续的月份)对外提供;年度财务报告应当于年度终了后4个月内对外提供。

(三)财务报告的形式要求

企业对外提供的财务报告应当依次编定页数,加具封面,装订成册,加盖公章。封面上应当注明:企业名称、企业统一代码、组织形式、地址、报告所属年度或者月份、报出日期,并由企业负责人和主管会计工作的负责人、会计机构负责人签名并盖章;设置总会计师的企业,还应当由总会计师签名并盖章。

(四) 财务报告的编制要求

在编制财务报告过程中,应遵守下列关于财务报告编制的要求:

(1) 企业在编制年度财务报告前,应当全面清查资产、核实债务,包括结算款项、存货、投资、固定资产和在建工程等。在年度中间,应根据具体情况,对各项财产物资和结算款项进行重点抽查、轮流清查或者定期清查。企业清查、核实后,应当将清查、核实的结果及其处理办法向企业的董事会或者相应机构报告,并根据国家会计制度的规定进行相应的会计处理。

企业在编制财务报告前,除应当全面清查资产、核实债务外,还要做好结账和对账工作,并检查会计核算中可能存在的各种需要调整的情况。

(2) 企业在编制财务报告时,应当按照国家统一会计制度规定的会计报表的格式和内容,根据登记完整、核对无误的会计账簿记录和其他有关资料编制会计报表,做到内容完整、数字真实、计算准确,不得漏报或者任意取舍。会计报表之间、会计报表各项目之间,凡有对应关系的数字,应当相互一致;会计报表中本期与上期的有关数字应当相互衔接。会计报表附注和财务情况说明书应当对会计报表中需要说明的事项作出真实、完整、清楚的说明。

第二节 财务报告的编制

一、资产负债表的编制

(一) 资产负债表的概念与作用

资产负债表,是反映企业在某一特定日期财务状况的报表。它主要提供有关企业财务状况方面的信息,属于静态报表。它根据"资产=负债+所有者权益"的会计等式设计和编制,通过资产负债表,可以提供企业在某一特定日期资产的总额及其结构,表明企业拥有或控制的资源及其分布情况;可以提供企业在某一特定日期的负债总额及其结构,表明企业未来需要用多少资产或劳务清偿债务及清偿时间;可以反映企业所有者在某一特定日期所拥有的权益,据以判断资本保值、增值的情况及对负债的保障程度。

(二) 资产负债表的结构

资产负债表一般有表首、正表两部分。其中,表首概括地说明报表名称、编制单位、编制日期、报表编号、货币名称和计量单位等。正表则列示资产、负债、所有者权益三大会计要素的年初数和年末数,其中每一要素都按照一定的分类标准列示具体的构成项目及其金额。

在资产负债表中,资产按照其流动性,分为流动资产和非流动资产两类。流动资产又按其变现能力强弱、周转速度排列,将货币资金等流动性强的项目排在前面,将存货等流动性差的项目排在后面。负债按照其偿还期长短分类,分为流动负债和非流动负债。其中,流动负债又分为短期借款、应付账款、预收账款、应付职工薪酬和应交税费等;长期负债又分为长期借款、应付债券和长期应付款等。所有者权益按照实收资本(股本)、资本公积、盈余公积、未分配利润等项目分项列示。最后,根据"资产=负债+所有者权益"的等式来检验编制的正确性。

(三)资产负债表的格式

资产负债表一般有两种格式,即报告式和账户式。

1. 报告式资产负债表

报告式资产负债表是上下结构,上半部列示资产,下半部列示负债和所有者权益。具体排列形式又有两种:一是按"资产=负债+所有者权益"的原理排列;二是按"资产-负债=所有者权益"的原理排列。国际上,英国等一些国家主要采用报告式结构。

2. 账户式资产负债表

账户式资产负债表是左右结构,左边列示资产,右边列示负债和所有者权益。左边资产各项目的合计等于右边负债和所有者权益各项目的合计。在我国,资产负债表采用账户式。资产负债表的基本格式和内容见表10-1。

表10-1   资产负债表   会企01表

编制单位: 年 月 日   单位:元

资产	期末余额	年初余额	负债和所有者权益(或股东权益)	期末余额	年初余额
流动资产:			流动负债:		
货币资金			短期借款		
以公允价值计量且其变动计入当期损益的金融资产			以公允价值计量且其变动计入当期损益的金融负债		
衍生金融资产			衍生金融负债		
应收票据及应收账款			应付票据及应付账款		
预付账款			预收账款		
其他应收款			应付职工薪酬		
存货			应交税费		
持有待售资产			其他应付款		
一年内到期的非流动资产			持有待售负债		
其他流动资产			一年内到期的非流动负债		
流动资产合计			其他流动负债		
非流动资产:			流动负债合计		
可供出售金融资产			非流动负债:		

续表

持有至到期投资		长期借款		
长期应收款		应付债券		
长期股权投资		其中:优先股		
投资性房地产		永续债		
固定资产		长期应付款		
在建工程		预计负债		
生产性生物资产		递延收益		
油气资产		递延所得税负债		
无形资产		其他非流动负债		
开发支出		非流动负债合计		
商誉		负债合计		
长期待摊费用		所有者权益(或股东权益):		
递延所得税资产		实收资本(或股本)		
其他非流动资产		其他权益工具		
非流动资产合计		其中:优先股		
		永续债		
		资本公积		
		减:库存股		
		其他综合收益		
		盈余公积		
		未分配利润		
		所有者权益(或股东权益)合计		
资产合计		负债和所有者权益(或股东权益)总计		

(四)资产负债表的编制方法

1. 资产负债表中的"年初数"和"期末数"

《企业财务会计报告的条例》规定:年度、半年度财务报表至少应当反映两个年度或者相关两个期间的比较数据。也就是说,企业需要提供比较资产负债表,因而资产负债表各项目需要分为"年初数"和"期末数"两栏分别填列。

表中"年初数"栏内各项目数字,应根据上年年末资产负债表"期末数"栏内所列数字填列。如果本年度资产负债表规定的各个项目的名称和内容与上年度不相一致，应对上年年末资产负债表各项目的名称和数字按照本年度的规定进行调整，按调整后的数字填入本表"年初数"栏内。

"期末数"是指某一会计期末的数字，即月末、季末、半年末或年末的数字。资产负债表各项目"期末数"栏内的数字，应根据资产、负债、所有者权益各有关账户的期末余额来填列。具体来讲，可通过以下几种方式取得：

（1）根据某一总账账户余额直接填列。资产负债表中的有些项目可根据有关总分类账户的期末余额直接填列。如"短期借款"项目，应根据"短期借款"账户的贷方期末余额填列。

（2）根据相关几个总账账户的期末余额计算填列。资产负债表某些项目没有对应的总分类账户，无法直接根据有关总分类账户的期末余额直接填列，只能根据有关总分类账户的期末余额计算填列。如"货币资金"项目，应根据"库存现金""银行存款"和"其他货币资金"账户的期末余额合计数填列。

（3）根据相关总账账户所属明细账账户期末余额计算分析填列。资产负债表某些项目不能根据有关总分类账户的期末余额直接或计算填列，只能根据有关总分类账户所属的相关明细分类账户的期末余额计算填列。如"应付票据及应付账款"项目，应根据"应付票据"、"应付账款"和"预付账款"账户所属相关明细账的期末贷方余额计算填列。"应收票据及应收账款"项目，应根据"应收票据"、"应收账款"和"预收账款"账户所属的相关明细分类账户的期末借方余额计算填列。

（4）根据某一总账和其所属明细账余额分析计算填列。资产负债表某些项目不能根据有关总分类账户的期末余额直接填列或计算填列，也不能根据有关总分类账户所属的相关明细分类账户的期末余额计算填列，只能根据总分类账户和相关明细分类账户的期末余额分析计算填列。如"长期借款"项目，应根据"长期借款"总账期末余额，扣除"长期借款"总账所属明细账中反映的将于一年内到期的长期借款部分，分析计算填列。

（5）根据某一总分类账户余额减去其备抵项目后的净额填列。例如："固定资产"项目是用"固定资产"账户的期末借方余额减去"累计折旧"和"固定资产减值准备"贷方余额后的净额填列。

2. 资产负债表中各主要项目的填列方法

（1）"货币资金"项目，反映企业库存现金、银行存款、外埠存款、银行汇票存款、银行本票存款和信用证保证金存款等的合计数。本项目应根据"库存现金""银行存款"和"其他货币资金"账户的期末余额合计填列。

（2）"以公允价值计量且其变动计入当期损益的金融资产"项目，反映企业购入的各种能随时变现并准备随时变现的股票、债券和基金投资。本项目应根据"交易性金融资产"账户及其明细账户的期末余额填列。

（3）"衍生金融资产"项目，反映衍生金融工具的资产价值。本项目应根据"衍生金融资产"账户的期末余额填列。

(4)"应收票据及应收账款"项目，反映企业因销售商品、提供服务等经营活动应收取的款项，以及收到的商业汇票。该项目应根据"应收票据"账户的期末余额减去"坏账准备"账户中有关应收票据计提的坏账准备期末余额后的金额填列。本项目中应收账款应根据"应收账款"和"预收账款"账户所属各明细账账户的期末借方余额合计数，减去"坏账准备"账户中相关坏账准备期末余额后的金额填列。如"应收账款"账户所属明细账期末有贷方余额，应在本表"预收款项"项目内填列。

(5)"预付款项"项目，反映企业预付给供应单位的款项。本项目应根据"预付账款"和"应付账款"账户所属各明细账的期末借方余额合计减去"坏账准备"账户中预付账款相关的坏账准备期末余额后的金额填列。如"预付账款"账户所属有关明细账期末有贷方余额的，应在本表"应付票据及应付账款"项目内填列。

(6)"其他应收款"项目，应根据"应收利息"、"应收股利"和"其他应收款"账户的期末余额合计数，减去"坏账准备"账户中相关坏账准备期末余额后的金额填列。

(7)"存货"项目，反映企业期末库存、在途和加工中的各项存货的价值，包括各种材料、商品、在产品、半成品、周转材料等。本项目应根据"在途物资"（或"材料采购"）和"原材料""库存商品""周转材料""委托加工物资""生产成本""发出商品"等账户的期末余额合计，减去"存货跌价准备"账户期末余额后的金额填列。材料采用计划成本核算和库存商品采用计划成本核算的企业，还应按加或减材料成本差异后的金额填列。

(8)"持有待售资产"项目，反映资产负债表日划分为持有待售类别的非流动资产及划分为持有待售类别的处置组中的流动资产和非流动资产的期末账面价值。该项目应根据"持有待售资产"账户的期末余额，减去"持有待售资产减值准备"账户的期末余额后的金额填列。

(9)"一年内到期的非流动资产"项目，反映企业将于一年内到期的非流动资产项目金额。本项目应根据有关账户的期末余额分析填列。

(10)"其他流动资产"项目，反映企业除以上流动资产项目外的其他流动资产，本项目应根据有关账户的期末余额填列。其他流动资产价值较大的，应在会计报表附注中披露其内容和金额。

(11)"可供出售金融资产"项目，反映企业持有的可供出售金融资产。本项目根据"可供出售金融资产"账户期末余额减去"可供出售金融资产减值准备"账户的期末余额填列。

(12)"持有至到期的投资"项目，反映企业持有的各长期债券投资的账面价值。本项目"持有至到期投资"账户期末余额减去"持有至到期投资减值准备"账户的期末余额填列。

(13)"长期应收款"项目，反映企业融资租赁产生的应收款项和采用递延方式分期收款，实质上具有融资性质的销售商品或提供劳务等经营活动产生的应收款项。本项目根据"长期应收款"账户的期末余额减去相应的"未实现融资收益"和"坏账准备"账户所属相关明细账户期末余额后的金额填列。

(14)"长期股权投资"项目，反映企业不准备在一年内（含一年）变现的各种股权性质的投资的可收回金额。本项目应根据"长期股权投资"账户的期末余额，减去"长期股权投资减值准备"账户余额后的金额填列。

(15)"投资性房地产"项目,反映我赚取租金或资本增值或者二者兼有而持有的房地产。本项目根据"投资性房地产"账户的期末余额减去"投资性房地产累计折旧"和"投资性房地产减值准备"账户期末余额后的净额填列。

(16)"固定资产"项目,反映资产负债表日企业固定资产的期末账面价值和企业尚未清理完毕的固定资产清理净损益。该项目应根据"固定资产"账户的期末余额,减去"累计折旧"和"固定资产减值准备"账户的期末余额后的金额,以及"固定资产清理"账户的期末余额填列。

(17)"在建工程"项目,反映资产负债表日企业尚未达到预定可使用状态的在建工程的期末账面价值和企业为在建工程准备的各种物资的期末账面价值。该项目应根据"在建工程"账户的期末余额,减去"在建工程减值准备"账户的期末余额后的金额,以及"工程物资"账户的期末余额,减去"工程物资减值准备"账户的期末余额后的金额填列。

(18)"生产性生物资产"项目,反映企业持有的生产性生物资产。本项目应根据"生产性生物资产"账户的期末余额,减去"生产性生物资产累计折旧"和"生产性生物资产减值准备"账户期末余额后的金额填列。

(19)"油气资产"项目,反映企业持有的矿区权益和油气井及相关设施的原价减去累计折耗和累计减值准备后的净额。本项目应根据"油气资产"账户的期末余额,减去"累计折耗"账户期末余额和相应减值准备余额后的金额填列。

(20)"无形资产"项目,反映企业各项无形资产的期末可收回金额。本项目应根据"无形资产"账户的期末余额,减去"累计摊销"和"无形资产减值准备"账户期末余额后的金额填列。

(21)"开发支出"项目,反映企业自行研究开发无形资产过程中能够资本化形成无形资产成本的支出部分。本项目应根据"研发支出"账户下所属"资本化支出"明细账户的期末借方余额填列。

(22)"商誉"项目,反映企业在合并中形成的商誉的价值。本项目根据"商誉"账户的期末余额减去相应减值准备后的金额填列。

(23)"长期待摊费用"项目,反映企业尚未摊销的摊销期限在一年以上(不含一年)的各种费用,如租入固定资产改良支出、摊销期限在一年以上(不含一年)的其他待摊费用。本项目应根据"长期待摊费用"账户的期末余额减去一年内(含一年)摊销的数额后的金额填列。

(24)"递延所得税资产"项目,反映企业根据所得税准则确认的可抵扣暂时性差异产生的所得税资产。本项目根据"递延所得税资产"账户的期末余额填列。

(25)"其他非流动资产"项目,反映企业除以上资产以外的其他长期资产。本项目应根据有关账户的期末余额填列。其他长期资产价值较大的,应在会计报表附注中披露其内容和金额。

(26)"短期借款"项目,反映企业借入尚未归还的一年期以下(含一年)的借款。本项目应根据"短期借款"账户的期末余额填列。

(27)"以公允价值计量且其变动计入当期损益的金融负债"项目,反映企业持有的以公允价值计量且变动计入当期损益的为交易的目的所发行的金融负债。本项目应根据"交易性金融负债"账户的期末余额填列。

(28)"衍生金融负债"项目,反映衍生金融工具的负债价值。本项目应根据"衍生金融负债"账户的期末余额填列。

(29)"应付票据及应付账款"项目,反映资产负债表日企业因购买材料、商品和接受服务等经营活动应支付的款项,以及开出、承兑的商业汇票。该项目应根据"应付票据"账户的期末余额,以及"应付账款"和"预付账款"账户所属的相关明细账户的期末贷方余额合计数填列。如"应付账款"账户所属明细账期末有借方余额,应在本表"预付款项"项目内填列。

(30)"预收账款"项目,反映企业预收购买单位的账款。本项目应根据"预收账款"和"应收账款"账户所属各有关明细账户的期末贷方余额合计填列。如"预收账款"账户所属有关明细账户有借方余额的,应在本表"应收票据及应收账款"项目内填列。

(31)"应付职工薪酬"项目,反映企业应付未付的职工薪酬。应付职工薪酬包括应付职工的工资、奖金、津贴和补贴、职工福利费和医疗保险费、养老保险费等各种保险费及住房公积金等。本项目应根据"应付职工薪酬"账户期末贷方余额填列。如"应付职工薪酬"账户期末有借方余额,以"-"号填列。

(32)"应交税费"项目,反映企业期末未交、多交或未抵扣的各种税金和其他费用。本项目应根据"应交税费"账户的期末贷方余额填列;如"应交税费"账户期末为借方余额,以"-"号填列

(33)"其他应付款"项目,应根据"应付利息""应付股利"和"其他应付款"账户的期末余额合计数填列。

(34)"持有待售负债"项目,反映资产负债表日处置组中与划分为持有待售类别的资产直接相关的负债的期末账面价值。该项目应根据"持有待售负债"账户的期末余额填列。

(35)"一年内到期的非流动负债"项目,反映企业非流动负债中将于资产负债表日后一年内到期部分的金额。本项目应根据有关账户的期末余额分析填列。

(36)"其他流动负债"项目,反映企业除以上流动负债以外的其他流动负债。本项目应根据有关账户的期末余额填列。其他流动负债价值较大的,应在会计报表附注中披露其内容及金额。

(37)"长期借款"项目,反映企业借入尚未归还的一年期以上(不含一年)的借款本息。本项目应根据"长期借款"账户的期末余额扣除将在资产负债表日后一年内到期的部分后金额填列。

(38)"应付债券"项目,反映企业发行的尚未偿还的各种长期债券的本息。本项目应根据"应付债券"账户的期末余额填列。

(39)"长期应付款"项目,反映资产负债表日企业除长期借款和应付债券以外的其他各种长期应付款项的期末账面价值。该项目应根据"长期应付款"账户的期末余额,减去相关的"未确认融资费用"账户的期末余额后的金额,以及"专项应付款"账户的期末余额填列。

(40)"长期应付款"项目,反映企业除长期借款和应付债券以外的其他各种长期应付款项,本项目根据"长期应付款"账户的期末余额,减去相应的"未确认融资费用"账户的期末余额后的金额填列。

(41)"预计负债"项目,反映企业预计负债的期末余额。本项目应根据"预计负债"账户的期末余额填列。

(42)"递延收益"项目,反映尚未确认的收入或收益。本项目根据"递延收益"账户的期末余额填列。

(43)"递延所得税负债"项目,反映企业根据所得税准则确认的应纳税暂时性差异产生的所得税负债。本项目根据"递延所得税负债"账户的期末余额填列。

(44)"其他非流动负债"项目,反映企业除以上长期负债项目以外的其他长期负债。本项目应根据有关账户的期末余额填列。如其他长期负债价值较大的,应在会计报表附注中披露其内容和金额。

(45)"实收资本(或股本)"项目,反映企业各投资者实际投入的资本(或股本)总额。本项目应根据"实收资本(或股本)"账户的期末余额填列。

(46)"资本公积"项目,反映企业资本公积的期末余额。本项目应根据"资本公积"账户的期末余额填列。

(47)"其他综合收益"项目,反映企业其他综合收益的期末余额。本项目根据"其他综合收益"账户的期末余额填列。

(48)"盈余公积"项目,反映企业盈余公积的期末余额。本项目应根据"盈余公积"账户的期末余额填列。

(49)"未分配利润"项目,反映企业尚未分配的利润。本项目应根据"本年利润"账户和"利润分配"账户的余额计算填列。未弥补的亏损,在本项目内以"－"号填列。

二、利润表的编制

(一)利润表的概念与作用

利润表是反映企业在一定会计期间经营成果的报表,属于动态报表。利润表以"收入－费用＝利润"会计等式为编制依据,将一定期间的收入与同一会计期间的费用相配比,从而计算出企业一定时期的净利润或净亏损。通过利润表,使用者可以计算成本费用利润率、销售净利润率、每股收益等盈利能力指标,据以分析企业的盈利能力。另外,通过连续多期利润表的对比,也可以分析企业盈利能力的发展趋势,预测未来的盈利能力走向。

(二)利润表的结构与格式

利润表一般有表首、正表两部分。其中,表首概括地说明报表名称、编制单位、编制日期、报表编号、货币名称、计量单位等;正表反映形成经营成果的各个项目和计算过程。

利润表正表的格式一般有两种:单步式利润表和多步式利润表。

1. 单步式利润表

单步式利润表是将当期所有的收入列在一起,然后将所有的费用列在一起,两者相减得出当期净损益。

2. 多步式利润表

多步式利润表是通过对当期的收入、费用、支出项目按性质加以归类,按利润形成的主要环节列示一些中间性利润指标,如营业利润、利润总额、净利润,分步计算当期净损益。多步式利润表的优点是:能直观地反映营业收益和非营业收益对利润总额的影响和净利润的形成过程,有利于企业对利润表相应项目进行横向和纵向比较,便于企业进行盈利分析。在我国,利润表一般采用多步式。具体格式和内容见表10-2。

表10-2　　　　　　　　　　　　　　利　润　表　　　　　　　　　　　会企02表

编制单位:尤卡股份有限公司　　　　　　　　年　月　　　　　　　　　单位:元

项　目	本月金额	本年累计金额
一、营业收入		
减:营业成本		
税金及附加		
销售费用		
管理费用		
研发费用		
其中:利息费用		
利息收入		
资产减值损失		
加:其他收益		
投资收益(损失以"-"号填列)		
其中:对联营企业和合营企业的投资收益		
公允价值变动收益(损失以"-"号填列)		
资产处置收益(损失以"-"号填列)		
二、营业利润(亏损以"-"号填列)		
加:营业外收入		
减:营业外支出		
三、利润总额(亏损总额以"-"号填列)		
减:所得税费用		

续表

四、净利润(净亏损以"-"号填列)		
五、其他综合收益的税后净额		
六、综合收益总额		
七、每股收益:		
（一）基本每股收益		
（二）稀释每股收益		

(三) 利润表的编制方法

1. 利润表中的"本月金额"与"本年累计金额"

利润表各项目需要分为"本月金额"和"本年累计金额"两栏分别填列。"本月金额"栏反映各项目的本月实际发生数，应根据收入类、费用类账户的本月实际净发生额填列。在编制中期财务报告时，填列上年同期累计实际发生数；在编制年度财务报告时，填列上年全年累计实际发生数。如果上年度利润表与本年度利润表的项目名称和内容不一致，应对上年度利润表项目的名称和数字按本年度的规定进行调整，填入本表"上年金额"栏。在编制中期和年度财务报告时，应将"本月金额"栏改为"上年金额"栏。

利润表中"本年累计金额"栏反映各项目自年初起至报告期末止的累计实际发生金额。

2. 利润表中各项目的填列方法

利润表中各项目的金额，一般是根据有关账户的本期发生额来填列的。"本期金额"栏内各项数字，根据以下方法填列：

（1）"营业收入"项目，反映企业经营业务所取得的收入总额。本项目应根据"主营业务收入"账户和"其他业务收入"账户的贷方发生额扣除借方发生额后的收入净额合计填列。

（2）"营业成本"项目，反映企业经营业务发生的实际成本。本项目应根据"主营业务成本"账户和"其他业务成本"账户的借方发生额扣除贷方发生额后的净额合计填列。

（3）"税金及附加"项目，反映企业经营业务应负担的消费税、城市维护建设税、资源税、土地增值税和教育费附加等。本项目应根据"税金及附加"账户的发生额分析填列。

（4）"销售费用"项目，反映企业在销售商品过程中发生的费用。本项目应根据"销售费用"账户的发生额分析填列。

（5）"管理费用"项目，反映企业发生的管理费用。本项目应根据"管理费用"账户的发生额分析填列。

（6）"研发费用"项目，反映企业进行研究与开发过程中发生的费用化支出。该项目应根据"管理费用"账户下的"研发费用"明细账户的发生额分析填列。

（7）"财务费用"项目，反映企业发生的财务费用。本项目应根据"财务费用"账户的发生额分析填列。

"其中:利息费用"项目,反映企业为筹集生产经营所需资金等而发生的应予费用化的利息支出。该项目应根据"财务费用"账户的相关明细账户的发生额分析填列。"利息收入"项目,反映企业确认的利息收入。该项目应根据"财务费用"账户的相关明细账户的发生额分析填列。

(8)"资产减值损失"项目,反映企业因资产减值而发生的损失。本项目应根据"资产减值损失"账户的发生额分析填列。

(9)"其他收益"行项目,反映计入营业利润的政府补助等。该项目应根据"其他收益"账户的发生额分析填列。

(10)"投资收益"项目,反映企业以各种方式对外投资所取得的收益。本项目应根据"投资收益"账户的发生额分析填列,如为投资损失,以"-"号填列。

(11)"公允价值变动收益"项目,反映企业资产因公允价值变动而发生的损益。本项目应根据"公允价值变动损益"账户的发生额分析填列。

(12)"资产处置收益"项目,反映企业出售划分为持有待售的非流动资产或处置组时确认的处置利得或损失,以及处置未划分为持有待售的固定资产、在建工程、生产性生物资产及无形资产而产生的处置利得或损失。该项目应根据"资产处置损益"账户的发生额分析填列;如为处置损失,以"-"号填列。

(15)"营业外收入"行项目,反映企业发生的除营业利润以外的收益,主要包括债务重组利得、与企业日常活动无关的政府补助、盘盈利得、捐赠利得等。该项目应根据"营业外收入"账户的发生额分析填列。

(16)"营业外支出"行项目,反映企业发生的除营业利润以外的支出,主要包括债务重组损失、公益性捐赠支出、非常损失、盘亏损失、非流动资产毁损报废损失等。该项目应根据"营业外支出"账户的发生额分析填列。

(17)"所得税费用"项目,反映企业按规定从本期利润总额中减去的所得税。本项目应根据"所得税费用"账户的发生额分析填列。

(18)"净利润"项目,反映企业实现的净利润。如为净亏损,以"-"号填列。

【例10-1】泰山公司20××年12月份的有关收入、费用类账户的发生额资料如下:

主营业务收入(贷方)	2 400 000元
主营业务成本(借方)	1 360 000元
营业税金及附加(借方)	80 000元
管理费用(借方)	192 000元
财务费用(借方)	48 000元
销售费用(借方)	120 000元
投资收益(贷方)	160 000元
营业外收入(贷方)	30 000元

营业外支出(借方)　　　　　　　　　　　19 000 元
其他业务收入(贷方)　　　　　　　　　180 000 元
其他业务成本(借方)　　　　　　　　　100 000 元
所得税费用(借方)　　　　　　　　　　280 830 元

该公司截至20××年11月份的利润表中的有关数据见表10-3。

表10-3　　　　　　　泰山公司20××年11月份利润表有关数据

项目	本月金额	本年累计金额
一、营业收入	略	21 500 000
减：营业成本	略	9 400 000
税金及附加	略	1 500 000
销售费用	略	1 300 000
管理费用	略	1 540 000
研发费用	略	
财务费用	略	860 000
其中：利息费用	略	860 000
利息收入	略	
资产减值损失	略	
加：其他收益	略	
投资收益	略	1 200 000
公允价值变动收益	略	
资产处置收益	略	
二、营业利润	略	8 100 000
加：营业外收入	略	450 000
减：营业外支出	略	145 000
三、利润总额	略	8 405 000
减：所得税费用	略	2 773 650
四、净利润（略）	略	5 631 350

根据上述20××年11月份利润表及12月份有关资料，编制20××年12月份利润表，见表10-4。

表10-4 利 润 表 会企02表
编制单位：泰山公司　　　　　　　　20××年12月　　　　　　　　单位：元

项 目	本月金额	本年累计金额
一、营业收入	2 580 000	24 080 000
减：营业成本	1 460 000	10 860 000
税金及附加	80 000	1 580 000
销售费用	120 000	1 420 000
管理费用	192 000	1 732 000
财务费用	48 000	908 000
其中：利息费用	48 000	908 000
利息收入	0	0
资产减值损失	0	0
加：其他收益	0	0
投资收益	160 000	1 360 000
公允价值变动收益	0	0
资产处置收益	0	0
二、营业利润	840 000	8 940 000
加：营业外收入	30 000	480 000
减：营业外支出	19 000	164 000
三、利润总额	851 000	9 256 000
减：所得税费用	280 830	3 054 480
四、净利润	570 170	6 201 520

三、现金流量表的编制

（一）现金流量表的定义及作用

现金流量表，是反映企业一定会计期间现金和现金等价物流入和流出情况的报表。企业编制现金流量表的主要目的是为财务报表使用者提供企业一定会计期间内现金和现金等价物流入、流出的信息，以便于财务报表使用者了解和评价企业获取现金和现金等价物的能力。现金流量表在评价企业经营业绩、衡量企业财务资源和财务风险及预测企业未来前景方面，有着十分重要的作用。具体表现为：有助于评价企业支付能力、偿债能力和周转能力；有助于预测企业未来现金流量；有助于分析企业收益质量及影响现金净流量的因素。

（二）现金流量表的编制基础

现金流量表是以现金及现金等价物为基础编制的，这里的现金包括库存现金、可以随时用于支付的存款和其他货币资金。具体包括以下内容：

1. 库存现金

库存现金，是指企业持有的、可随时用于支付的现金。

2. 银行存款

银行存款，是指企业存在金融企业、随时可以用于支付的存款，它与银行存款账户核算的银行存款基本一致，主要的区别是编制现金流量表所指的银行存款是可以随时用于支付的银行存款，如结算户存款、通知存款等。企业不能随时支取的定期存款，不作为现金流量表中的现金，但提前通知金融企业便可支取的定期存款，则包括在现金流量表中的现金范围内。

3. 其他货币资金

其他货币资金，是指企业存在金融企业有特定用途的资金，也就是"其他货币资金"账户核算的银行存款，如外埠存款、银行汇票存款、银行本票存款、在途货币资金等。

4. 现金等价物

现金等价物，是指企业持有的期限短、流动性强、易于转换为已知金额的现金、价值变动风险很小的投资。现金等价物虽然不是现金，但其支付能力与现金的差别不大，相当于现金，故可视为现金。典型的现金等价物通常指企业持有的，自购买之日起3个月内到期的短期债券投资。

（三）现金流量的分类

现金流量指现金和现金等价物的流入和流出。它产生于不同的来源，也有不同的用途。现金流入和现金流出的差额称为现金净流量，它可能是正数，也可能是负数。正数代表净流入，反映了现金流量的积极现象和趋势；负数代表净流出，反映了企业资金紧缺的现象和程度。企业通常按照业务发生的性质将现金流量分为三类：经营活动产生的现金流量、投资活动产生的现金流量和筹资活动产生的现金流量。

1. 经营活动产生的现金流量

经营活动是指企业投资活动和筹资活动以外的所有交易或事项。即除投资活动和筹资活动以外的所有交易或事项，都可归属于经营活动。主要包括：销售商品、提供劳务、购买商品、接受劳务、支付税费等。

通常情况下，经营活动产生的现金流入项目主要有：销售商品、提供劳务收到的现金；收到的税费返还；收到的其他与经营活动有关的现金。经营活动产生的现金流出项目主要有：购买商品、接受劳务支付的现金；支付给职工及为职工支付的现金；支付的各项税费；支付的其他与经营活动有关的现金。

2. 投资活动产生的现金流量

投资活动是指企业长期资产的购建和不包括在现金等价物范围内的投资及其处置活动。

通常情况下,投资活动产生的现金流入项目主要有:收回投资所收到的现金;取得投资收益所收到的现金;处置固定资产、无形资产和其他长期资产所收回的现金净额;收到的其他与投资活动有关的现金。投资活动产生的现金流出项目主要有:购建固定资产、无形资产和其他长期资产所支付的现金;投资所支付的现金;支付的其他与投资活动有关的现金。

3. 筹资活动产生的现金流量

筹资活动是指导致企业资本及债务规模和构成发生变化的活动。

通常情况下,筹资活动产生的现金流入项目主要有:吸收投资所收到的现金;取得借款所收到的现金;收到的其他与筹资活动有关的现金。筹资活动产生的现金流出项目主要有:偿还债务所支付的现金;分配股利、利润或偿付利息所支付的现金;支付的其他与筹资活动有关的现金。

需要注意的是,对于企业日常活动之外的、不经常发生的特殊项目,如自然灾害损失、保险赔款、捐赠等,企业应当将其归并到相关类别中单独反映。

(四)现金流量表的格式

现金流量表分为两部分:第一部分为表首,第二部分为正表。

表首概括地说明报表名称、编制单位、编制日期、报表编号、货币名称和计量单位等。

正表反映现金流量表的各个项目内容。正表有五项:一是经营活动产生的现金流量;二是投资活动产生的现金流量;三是筹资活动产生的现金流量;四是汇率变动对现金的影响;五是现金及现金等价物净增加额。其中,经营活动产生的现金流量,是按直接法编制的。

现金流量表的基本格式见表10-5。

表10-5 现金流量表 会企03表

编制单位: 年 月 单位:元

项目	行次	本期金额	上期金额
一、经营活动产生的现金流量:			
销售商品、提供劳务收到的现金	1		
收到的税费返还	3		
收到的其他与经营活动有关的现金	8		
经营活动现金流入小计	9		
购买商品、接受劳务支付的现金	10		
支付给职工以及为职工支付的现金	12		
支付的各项税费	13		
支付的其他与经营活动有关的现金	18		
经营活动现金流出小计	20		

续表

经营活动产生的现金流量净额	21		
二、投资活动产生的现金流量：			
收回投资所收到的现金	22		
取得投资收益所收到的现金	23		
处置固定资产、无形资产和其他长期资产所收回的现金净额	25		
处置子公司及其他营业单位收到的现金净额			
收到的其他与投资活动有关的现金	28		
投资活动现金流入小计	29		
购建固定资产、无形资产和其他长期资产所支付现金	30		
投资所支付的现金	31		
取得子公司及其他营业单位支付的现金净额			
支付的其他与投资活动有关的现金	35		
投资活动现金流出小计			
投资活动产生的现金流量净额			
三、筹资活动产生的现金流量：			
吸收投资所收到的现金			
取得借款所收到的现金			
收到的其他与筹资活动有关的现金			
筹资活动现金流入小计			
偿还债务所支付的现金			
分配股利、利润和偿付利息所支付的现金			
支付的其他与筹资活动有关的现金			
筹资活动现金流出小计			
筹资活动产生的现金流量净额			
四、汇率变动对现金及现金等价物的影响			
五、现金及现金等价物净增加额			
加：期初现金及现金等价物余额			

四、所有者权益（或股东权益）变动表的编制

所有者权益（或股东权益）变动表是反映企业年度内所有者权益（或股东权益）增减变动情况的报表。通过该表，可以了解企业某一会计年度所有者权益（或股东权益）的各项目实收

资本(或股本)、资本公积、盈余公积和未分配利润等的增加、减少及其余额的情况,分析其变动原因及预测未来的变动趋势。

按照《企业会计准则——财务报表列报》的规定,所有者权益(或股东权益)变动表至少应当单独列示下列信息的项目:(1)净利润;(2)直接计入所有者权益的利得和损失项目及其总额;(3)会计政策变更和差错更正的累计影响金额;(4)所有者投入资本和向所有者分配利润等;(5)按照规定提取的盈余公积;(6)实收资本(或股本)、资本公积、盈余公积、未分配利润的期初和期末余额及其调节情况。所有者权益(股东权益)变动表的格式见表10-6。

表10-6　　　　　　　　　**所有者权益(股东权益)变动表**　　　　　　会企:04表

编制单位:　　　　　　　　　　　——年度　　　　　　　　　　　　　单位:元

项目	行次	本年金额						上年金额
		实收资本(或股本)	资本公积	盈余公积	未分配利润	库存股(减项)	所有者权益合计	
一、上年年末余额								
加:会计政策变更								
前期差错更正								
二、本年年初余额								
三、本年增减变动金额(减少以"-"号填列)								
(一)净利润								
(二)直接计入所有者权益的利得和损失								
1.可供出售金融资产公允价值变动净额								
2.权益法下被投资单位其他所有者权益变动的影响								
3.与计入所有者权益项目相关的所得税影响								
4.其他								
上述(一)和(二)小计								
(三)所有者投入和减少资本								
1.所有者投入资本								
2.股份支付计入所有者权益的金额								

续表

3.其他							
(四)利润分配							
1.提取盈余公积							
2.对所有者(或股东)的分配							
3.其他							
(五)所有者权益内部结转							
1.资本公积转增资本(或股本)							
2.盈余公积转增资本(或股本)							
3.盈余公积弥补亏损							
4.其他							
四、本年年末余额							

五、财务报表附注的列报

(一)财务报表附注的意义

会计报表附注是对在资产负债表、利润表、所有者权益变动表和现金流量表等报表中列示项目的文字描述或明细资料,以及对未能在这些报表中列示项目的说明等。附注应当披露财务报表的编制基础,相关信息应当与资产负债表、利润表、所有者权益变动表、现金流量表等报表中列示的项目相互参照。

(二)财务报表附注的内容

按照《企业会计准则——财务报表列报》的规定,会计报表附注一般应当按照下列顺序披露:(1)财务报表的编制基础;(2)遵循企业会计准则的声明;(3)重要会计政策的说明,包括财务报表项目的计量基础和会计政策的确定依据等;(4)重要会计估计的说明,包括下一会计期间内很可能导致资产、负债账面价值重大调整的会计估计的确定依据等;(5)会计政策和会计估计变更及差错更正的说明;(6)对已在资产负债表、利润表、现金流量表和所有者权益变动表中列示的重要项目的进一步说明,包括终止经营税后利润的金额及其构成情况等;(7)或有和承诺事项、资产负债表日后非调整事项、关联方关系及其交易等需要说明的事项。

企业应当在附注中披露在资产负债表日后、财务报表批准报出日前提议或宣布发放的股利总额和每股股利金额(或向投资者分配的利润总额)。

准则还规定,如果下列各项没有在与财务报表一起公布的其他信息中披露的,企业应当在附注中披露:(1)企业注册地、组织形式和总部地址;(2)企业的业务性质和主要经营活动;(3)母公司及集团最终母公司的名称。

练习题

一、单项选择题

1. 资产负债表"期末余额"栏的编制依据为( )。
   A. 有关账户的期末余额　　　　B. 有关账户的本期借方发生额
   C. 有关账户的期初余额　　　　D. 有关账户的本期贷方发生额

2. 利润表"本期金额"栏的编制依据为( )。
   A. 有关账户的期初余额　　　　B. 有关账户的期末余额
   C. 本月数与上月累计数之和　　D. 有关账户的本期净发生额

3. 资产负债表反映的经济内容为( )。
   A. 经营成果　　B. 现金流量　　C. 财务状况　　D. 经营活动

4. 我国利润表的格式为( )。
   A. 单步式　　　B. 多步式　　　C. 报告式　　　D. 账户式

5. 企业对外部提供会计信息的形式是( )。
   A. 记账凭证　　B. 原始凭证　　C. 会计账簿　　D. 会计报表

6. "预付账款"科目明细账中若有贷方余额,应将其计入资产负债表中的( )项目。
   A. 应收账款　　B. 预收账款　　C. 应付账款　　D. 其他应付款

7. "应收账款"科目明细账中若有贷方余额,应将其计入资产负债表中的( )项目。
   A. 应收账款　　B. 预收账款　　C. 应付账款　　D. 其他应付款

8. 资产负债表中的"未分配利润"项目,应根据( )填列。
   A. "利润分配"科目余额　　　　B. "本年利润"科目余额
   C. "本年利润"和"利润分配"科目的余额计算后
   D. "盈余公积"科目余额

9. 某企业"应付账款"科目月末贷方余额40 000元,其中:"应付甲公司账款"明细科目贷方余额35 000元,"应付乙公司账款"明细科目贷方余额5 000元。"预付账款"科目月末贷方余额30 000元,其中:"预付A工厂账款"明细科目贷方余额50 000元,"预付B工厂账款"明细科目借方余额20 000元。该企业月末资产负债表中"应付票据及应付账款"项目中应付账款的计算金额为( )元。
   A. 90 000　　　B. 30 000　　　C. 40 000　　　D. 70 000

10. 某企业"应收账款"总账科目月末借方余额400万元,其中:"应收甲公司账款"明细科目借方余额350万元,"应收乙公司账款"明细科目借方余额50万元。"预收账款"科目月末贷方余额300万元,其中:"预收A工厂账款"明细科目贷方余额500万元,"预收B工厂账款"明细科目借方余额 200 万元。与应收账款有关的"坏账准备"明细科目贷方余额为 10 万元。与其他应收款有关的"坏账准备"明细科目贷方余额为 5 万元。该企业月末资产负债表中"应收票据及应收账款"项目中应收账款的计算金额为( )万元。

A. 400　　　　　　B. 600　　　　　　C. 590　　　　　　D. 585

二、多项选择题

1. 下列报表中，属于动态报表的有( )。

A. 现金流量表　　　　　　　　B. 利润表

C. 资产负债表　　　　　　　　D. 所有者权益(股东权益)变动表

2. 资产负债表中"货币资金"项目编制的依据有( )。

A. 库存现金　　B. 银行存款　　C. 其他货币资金　　D. 应收票据

3. 现金流量表中的现金包括( )。

A. 库存现金　　　　　　　　　B. 银行存款

C. 其他货币资金　　　　　　　D. 3 个月以内到期的短期债券投资

4. 现金流量表中的现金流量包括( )。

A. 筹资活动的现金流量　　　　B. 投资活动的现金流量

C. 经营活动的现金流量　　　　D. 分配活动的现金流量

5. 按照现行会计制度的规定，在资产负债表中应作为"存货"项目列示的有( )。

A. 生产成本　　B. 管理费用　　C. 未确认融资费用　　D. 发出商品

6. ( )统称为中期报表。

A. 月度报表　　B. 季度报表　　C. 半年度报表　　D. 年度报表

三、判断题

1. 资产负债表反映的是时点数，所以属于静态报表。( )

2. 利润表和现金流量表都属于动态报表。( )

3. 利润表中的"本期金额"栏应根据有关账户的期末余额编制。( )

4. 资产负债表中各项目的"期末数"，都可以根据总账账户和有关明细账户的期末余额直接填列。( )

5. 资产负债表中的"应收账款"项目应根据"应收账款"和"预收账款"账户所属各明细账户的期末借方余额合计数填列。( )

四、实务题

习题一

【资料】泰山公司20××年11月30日部分账户余额,见表10-7。

表10-7　　　　　　　　泰山公司20××年11月30日部分账户余额

账户名称	余额 借或贷	余额 金额	账户名称	余额 借或贷	余额 金额
现金	借	1 200	累计折旧	贷	983 000
银行存款	借	124 900	固定资产减值准备	贷	95 000
其他货币资金	借	11 900			
应收账款	借	32 800	无形资产	借	186 000
其中:甲公司	借	35 600	无形资产减值准备	贷	32 000
乙公司	贷	2 800	长期待摊费用	借	96 000
预付账款	借	22 300	其中:一年内摊销部分	借	48 000
其中:A公司	借	30 000			
B公司	贷	7 700	应交税费	借	12 000
材料采购	借	11 500	应付账款	贷	141 600
原材料	借	123 000	其中:丙公司	贷	150 000
材料成本差异	贷	3 200	丁公司	借	8 400
生产成本	借	156 000	预收账款	贷	132 000
库存商品	借	127 000	其中:C公司	贷	100 000
分期收款发出商品	借	80 000	D公司	贷	35 000
存货跌价准备	贷	11 000	E公司	借	3 000
			本年利润	贷	258 000
固定资产	借	2 830 000	利润分配	借	100 000

【要求】根据表10-7资料列式计算泰山公司20××年11月30日资产负债表中下列项目的期末数:

(1)货币资金=

(2)应收票据及应收账款=

(3)预付款项=

(4)存货=

(5)固定资产净值=

(6)无形资产=

(7) 应付票据及应付账款 =

(8) 预收款项 =

(9) 未分配利润 =

习题二

【资料】泰山公司20××年2、3月份有关发生额，见表10-8。

表10-8　　　　　　　　　　泰山公司20××年2、3月份有关发生额

项目	2月末累计发生额	3月份发生额
营业收入	160 000	65 000
营业成本	65 000	34 000
税金及附加	3 900	1 200
销售费用	18 000	5 800
管理费用	6 200	2 500
投资收益	18 000	8 700
营业外收入	12 600	6 600
营业外支出	8 500	4 500

【要求】请编制泰山公司20××年3月份的利润表。

第十一章 会计核算程序

11

✲内容提要

本章介绍了会计核算程序的概念、意义和种类，详细论述了记账凭证核算程序、汇总记账凭证核算程序、科目汇总表核算程序的概念、特点、账簿组织和记账程序。分析了各种会计核算程序的优缺点及适用范围，比较了各种核算程序的差异和关系。

第一节　会计核算程序的意义

一、会计核算程序的意义

单位的会计核算是一项复杂而细致的工作，需要由多名会计人员利用各种会计方法相互配合，相互协作共同完成。为了科学地组织会计工作，提高会计核算的效率，各单位都应按会计制度和会计工作规范的要求，结合本单位的实际情况和具体条件，建立适合本单位的会计核算程序。

会计核算程序也称会计核算组织程序或账务处理程序，是指会计凭证、会计账簿、会计报表有机结合的方式和步骤。包括会计凭证和账簿的种类、格式，会计凭证与账簿之间的相互联系，由原始凭证到编制记账凭证、登记明细分类账和总分类账、编制会计报表的工作程序和方法等。

科学、合理地选择适用于本单位的会计核算程序，对于有效地组织会计核算，保证会计信息处理过程科学、有序地进行，提高会计信息质量都有着重要意义。

(1)科学合理的会计核算程序有利于会计工作程序的规范化，从而保证会计信息加工过程的严密性，提高会计信息的质量。

(2)科学合理的会计核算程序有利于保证会计记录的完整性、正确性。通过凭证、账簿及报表之间的牵制作用，增强会计信息的可靠性。

(3)科学合理的会计核算程序有利于提高会计工作效率，保证会计信息的及时性。

二、会计核算程序设计的基本要求

在会计工作中，不同单位的业务性质、规模大小、管理要求各不相同，其对会计核算程序的要求也不完全一样，但科学、合理的会计核算程序均应符合下列基本要求：

(1)要结合本单位实际，适合本单位特点，满足本单位组织会计核算的要求。

(2)要有利于及时、准确反映本单位经济活动情况，提供高质量的会计核算信息，满足国家宏观管理部门、投资人和债权人等各方面的需要。

(3)要有利于简化会计核算手续，提高会计工作效率，节约人力、物力、财力。

三、会计核算程序的种类

根据上述会计核算程序设计的基本要求，结合我国会计工作实际，目前，各单位采用的会计核算程序主要有以下三种：

(1)记账凭证会计核算程序；

(2)汇总记账凭证会计核算程序；

(3)科目汇总表会计核算程序。

另外，还有多栏式日记账核算程序和日记总账核算程序，由于这两种核算程序实际工作中并不常用，本书重点介绍三种常用的会计核算程序。

在各种会计核算程序中，记账凭证会计核算程序是最基本的会计核算程序，是其他会计核算程序的基础。

第二节 记账凭证会计核算程序

一、记账凭证会计核算程序的定义

记账凭证会计核算程序是指对发生的交易或事项，根据原始凭证或汇总原始凭证编制记账凭证，然后直接根据记账凭证逐笔登记总分类账的一种会计核算程序。

记账凭证会计核算程序的特征是：直接根据记账凭证逐笔登记总分类账。它是最基本的会计核算程序，其他各种会计核算程序都是在此基础上，根据会计核算的需要发展形成的。

二、记账凭证会计核算程序下的账簿组织

在记账凭证会计核算程序下，记账凭证应设收款凭证、付款凭证和转账凭证三种。在账

簿方面，应设置"三栏式"现金日记账、"三栏式"银行存款日记账和"三栏式"总分类账，并根据管理的要求，设置"三栏式""多栏式""数量金额式"等明细分类账。

三、记账凭证会计核算程序的工作步骤

记账凭证会计核算程序的工作步骤一般包括以下七步：

（1）根据原始凭证编制汇总原始凭证；
（2）根据原始凭证或汇总原始凭证，编制记账凭证；
（3）根据收款凭证和付款凭证逐笔登记现金日记账和银行存款日记账；
（4）根据原始凭证、汇总原始凭证和记账凭证登记各种明细分类账；
（5）根据记账凭证逐笔登记总分类账；
（6）期末，按对账要求，将现金日记账、银行存款日记账、各种明细分类账及总分类账核对相符；
（7）根据总分类账和明细分类账的记录编制会计报表。

记账凭证会计核算程序的工作步骤见图11-1。

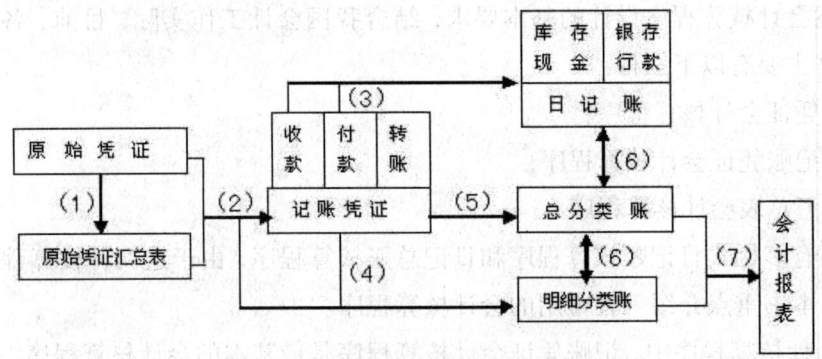

图11-1 记账凭证会计核算程序的工作步骤

现举例说明记账凭证会计核算程序下的账务处理：

【例11-1】资料：

（1）泰山公司20××年7月1日各有关总分类账户的余额见表11-1。

表11-1

会计科目	期初余额	
	借方	贷方
固定资产	240 000	
原材料	80 000	
生产成本	20 000	
库存商品	19 000	
应收账款	25 000	

续表

库存现金	300	
银行存款	35 700	
实收资本		300 000
累计折旧		50 000
短期借款		40 000
应付账款		20 000
本年利润		10 000
合　计	420 000	420 000

（2）泰山公司20××年7月1日有关明细分类账户的余额如下：

原材料：甲材料200吨，单价300元，金额60 000元；乙材料1 000千克，单价20元，金额20 000元。

应付账款：欠红星工厂18 000元；欠东风工厂2 000元。

（3）该厂20××年7月份发生的交易或事项如下：

①1日，收回八一厂前欠货款22 000元，存入银行。

②5日，以银行存款40 000元归还银行短期借款。

③6日，基本生产车间加工产品领用甲材料50吨，计15 000元。

④10日，泰山公司投资转入全新机器设备一台，计28 000元。

⑤10日，出售产品一批，售价60 000元，增值税10 200元，货款收到存入银行。

⑥12日，向东风工厂购进甲材料100吨，单价300元，计30 000元，增值税5 100元，货款尚未支付，材料已验收入库。

⑦15日，以银行存款归还前欠红星工厂货款15 000元。

⑧15日，出售一批产品给八一工厂，售价40 000元，增值税6 800元，货款尚未收到。

⑨16日，车间生产产品领用甲材料100吨，计30 000元，乙材料200千克，计4 000元。

⑩18日，向银行借入短期借款20 000元，存入银行。

⑪20日，向红星工厂购进乙材料1 500千克，单价20元，计30 000元，增值税5 100元，货款尚未支付，材料已验收入库。

⑫22日，以银行存款归还前欠东风工厂货款12 000元。

⑬25日，生产产品领用甲材料80吨，计24 000元，领用乙材料1 000千克，计20 000元。

⑭25日，外商投入货币资金30 000元，存入银行。

⑮27日，以银行存款购进甲材料50吨，单价300元，计15 000元，乙材料1 200千克，单价20元，计24 000元，增值税6 630元，材料已验收入库，结转其成本。

⑯28 日,以银行存款归还欠红星工厂货款 30 000 元。

⑰31 日,结转已完工入库产品的制造成本 100 000 元。

⑱31 日,结转本月销售产品的实际制造成本 91 000 元,并转入"本年利润"账户。

⑲按销售收入的 5% 计算应交消费税 5 000 元,并转入"本年利润"账户。

⑳结转本月销售产品的销售收入。

按记账凭证会计核算程序进行账务处理如下:

(1)根据以上交易或事项(代原始凭证)编制记账凭证。本例中前三笔交易或事项编制的记账凭证见表 11-2、表 11-3 和表 11-4,为了简化举例,其余交易或事项编制的记账凭证以表 11-5 代替。

表 11-2   收 款 凭 证

借方科目:银行存款   20××年7月1日   收字第1号

摘要	贷方科目		账页	金额														附件2张
				总账科目							明细科目							
	总账科目	明细科目		十	万	仟	佰	十	元	角	分	十	万	仟	佰	十	元	角	分	
收回	应收账款		√		2	2	0	0	0	0	0									
贷款		八一工厂	√										2	2	0	0	0	0	0	
合计			√		2	2	0	0	0	0	0									

会计主管:丁锋   记账:曲英   出纳:冯艳   复核:潘娜   制证:李兵

表 11-3   付 款 凭 证

贷方科目:银行存款   20××年7月5日   付字第1号

摘要	借方科目		账页	金额														附件2张
				总账科目							明细科目							
	总账科目	明细科目		十	万	仟	佰	十	元	角	分	十	万	仟	佰	十	元	角	分	
借还银行	短期借款		√			4	0	0	0	0	0									
借款			√																	
合计			√			4	0	0	0	0	0									

会计主管:丁锋   记账:曲英   出纳:冯艳   复核:潘娜   制证:李兵

表 11-4

转 账 凭 证

20××年7月6日　　　　　　　　　　　　　　　　　　　转字第 1 号

摘要	总账科目	明细科目	账页	借方金额 千百十万千百十元角分	贷方金额 千百十万千百十元角分	
产品生产用料	生产成本		√	1 5 0 0 0 0 0		附件2张
	原材料		√		1 5 0 0 0 0 0	
		甲材料	√		1 5 0 0 0 0 0	
合计				¥1 5 0 0 0 0 0	¥1 5 0 0 0 0 0	

会计主管：丁锋　　　　记账：曲英　　　　复核：潘娜　　　　制证：李兵

表 11-5　　　　　　　　　　　　　**简化记账凭证**

20××年 月	20××年 日	凭证号	摘要	借或贷	会计科目	明细科目	金额
7	10	转2	收到投资转入设备	借	固定资产		28 000
				贷	实收资本		28 000
7	10	收2	销售产品	借	银行存款		70 200
				贷	主营业务收入		60 000
				贷	应交税费	增值税	10 200
7	12	转3	购入材料	借	原材料	甲材料	30 000
				借	应交税费	东风厂	5 100
				贷	应付账款	增值税	35 100
7	15	付2	偿还欠红星厂贷款	借	应付账款	红星厂	15 000
				贷	银行存款		15 000
7	15	转4	售出产品	借	应收账款	八一厂	46 800
				贷	主营业务收入		40 000
				贷	应交税费	增值税	6 800
7	16	转5	生产领用材料（甲材料100吨，乙材料200千克）	借	生产成本		34 000
				贷	原材料	甲材料	30 000
				贷		乙材料	4 000
7	18	收3	取得短期借款	借	银行存款		20 000
				贷	短期借款		20 000

续表

7	20	转6	购入材料	借贷	原材料	乙材料	30 000
					应交税费	增值税	5 100
					应付账款	红星厂	35 100
7	22	付3	偿还欠东风厂货款	借贷	应付账款	东风厂	12 000
					银行存款		12 000
7	25	转7	生产领用材料（甲材料80吨，乙材料1 000千克）	借贷	生产成本		44 000
					原材料	甲材料	24 000
						乙材料	20 000
7	25	收4	收到外单位投资	借贷	银行存款		30 000
					实收资本		30 000
7	27	付4	购入材料	借贷	原材料	甲材料	15 000
						乙材料	24 000
					应交税费	增值税	6 630
					银行存款		45 630
7	28	付5	偿还前欠货款	借贷	应付账款	红星厂	30 000
					银行存款		30 000
7	31	转8	结转入库产品成本	借贷	库存商品		100 000
					生产成本		100 000
7	31	转9	转转已售产品销售成本	借贷	主营业务成本		91 000
					库存商品		91 000
7	31	转10	将销售成本转入"本年利润"	借贷	本年利润		91 000
					主营业务成本		91 000
7	31	转11	计算结转消费税	借	税金及附加		5 000
					应交税费	消费税	5 000
7	31	转12	将消费税转入"本年利润"	借贷	本年利润		5 000
					税金及附加		5 000
7	31	转13	将产品销售收入转入"本年利润"	借贷	主营业务收入		100 000
					本年利润		100 000

（2）根据收款凭证、付款凭证逐日、逐笔登记现金日记账（略）和银行存款日记账，银行存款日记账见表11-6。

表 11-6 银行存款日记账

20××年		凭证		对方科目	摘要	借(收)方	贷(付)方	借或贷	余额
月	日	种类	号数			亿千百十万千百十元角分	亿千百十万千百十元角分		亿千百十万千百十元角分
7	1				期初余额			借	3 5 7 0 0 0 0
	3	收	1		收回八一厂欠款	2 2 0 0 0 0 0		借	5 7 7 0 0 0 0
	5	付	1		归还银行借款		4 0 0 0 0 0 0	借	1 7 7 0 0 0 0
	10	收	2		销售产品	7 0 2 0 0 0 0		借	8 7 9 0 0 0 0
	15	付	2	(略)	偿还前欠款		1 5 0 0 0 0 0	借	7 2 9 0 0 0 0
	18	收	3		取得借款	2 0 0 0 0 0 0		借	9 2 9 0 0 0 0
	22	付	3		偿还欠款		1 2 0 0 0 0 0	借	8 0 9 0 0 0 0
	25	收	4		收到投资	3 0 0 0 0 0 0		借	1 1 0 9 0 0 0 0
	27	付	4		支付购料款		4 5 6 3 0 0 0	借	6 5 2 7 0 0 0
	28	付	5		偿还欠款		3 0 0 0 0 0 0	借	3 5 2 7 0 0 0
	31				本月合计	1 4 2 2 0 0 0 0	1 4 2 6 3 0 0 0	借	3 5 2 7 0 0 0

(3)月终将现金、银行存款日记账和各种明细分类账的余额与有关总分类账的余额核对相符。总分类账及有关明细分类账的本期发生额及余额对照表见表11-7至表11-10。

表11-7 原材料明细分类账

总账账户 原材料　　　　　　　　　　　　　　　　　　　　　　第　　页
明细账户 甲材料　　类别____产地____名称____单位____　　　编号____
　　　　　　　　　　　　　　　　　　　　　　　　　　　　　　规格____

20××年		凭证		摘要	借(收)方			贷(付)方			余额		
月	日	字	号		数量	单价	金额 百十万千百十元角分	数量	单价	金额 百十万千百十元角分	数量	单价	金额 百十万千百十元角分
7	1			期初余额							200	300	6 0 0 0 0 0 0
	6	转	1	生产领料				50	300	1 5 0 0 0 0 0	150	300	4 5 0 0 0 0 0
	12	转	3	材料入库	100	300	3 0 0 0 0 0 0				250	300	7 5 0 0 0 0 0
	16	转	5	生产领料				100	300	3 0 0 0 0 0 0	150	300	4 5 0 0 0 0 0
	25	转	7	生产领料				80	300	2 4 0 0 0 0 0	70	300	2 1 0 0 0 0 0
	27	付	4	材料入库	50	300	1 5 0 0 0 0 0				120	300	3 6 0 0 0 0 0

表11-8 原材料明细分类账

总账账户 原材料　　　　　　　　　　　　　　　　　　　　　　第　　页
明细账户 甲材料　　类别____产地____名称____单位_千克_　　　编号____
　　　　　　　　　　　　　　　　　　　　　　　　　　　　　　规格____

20××年		凭证		摘要	借(收)方			贷(付)方			余额		
月	日	字	号		数量	单价	金额 百十万千百十元角分	数量	单价	金额 百十万千百十元角分	数量	单价	金额 百十万千百十元角分
7	1			期初余额							1 000	20	2 0 0 0 0 0 0
	16	转	5	生产领料				200	20	4 0 0 0 0 0	800	20	1 6 0 0 0 0 0
	20	转	6	材料入库	1 500	20	3 0 0 0 0 0 0				2 300	20	4 6 0 0 0 0 0
	25	转	7	生产领料				1 000	20	2 0 0 0 0 0 0	1 300	20	2 6 0 0 0 0 0
	27	付	4	生产领料	1 200	20	2 4 0 0 0 0 0				2 500	20	5 0 0 0 0 0 0

表 11-9　　　　　　　　　　　　　　　应付账款明细账

第　页

一　级　科　目	应付账款
二级科目或明细科目	红星厂

20××年		记账凭证		摘要	借（ ）方	贷（ ）方	借或贷	余　额
月	日	种类	号数		亿千百十万千百十元角分	亿千百十万千百十元角分		亿千百十万千百十元角分
7	1			期初余额			贷	1 8 0 0 0 0 0
	15	付	2	偿还前欠款	1 5 0 0 0 0 0		贷	3 0 0 0 0 0
	20	转	6	购入材料		3 5 1 0 0 0 0	贷	3 8 1 0 0 0 0
	28	付	5	偿还前欠货款	3 0 0 0 0 0 0		贷	8 1 0 0 0 0

表 11-10　　　　　　　　　　　　　　应付账款明细账

第　页

一　级　科　目	应付账款
二级科目或明细科目	东风厂

20××年		记账凭证		摘要	借（ ）方	贷（ ）方	借或贷	余　额
月	日	种类	号数		亿千百十万千百十元角分	亿千百十万千百十元角分		亿千百十万千百十元角分
7	1			期初余额			贷	2 0 0 0 0 0
	12	转	3	购入材料款暂欠		3 5 1 0 0 0 0	贷	3 7 1 0 0 0 0
	22	付	3	偿还前欠货款	1 2 0 0 0 0 0		贷	2 5 1 0 0 0 0

（4）直接根据记账凭证逐笔登记总分类账。本例中有关总分类账的登记见表 11－11 至 11－26.

表 11-11　　　　　　　　　　　　　　　总　账
科目名称：银行存款

20××年		凭证		摘要	目页	借（ ）方	贷（ ）方	借或贷	余　额
月	日	种类	号数			亿千百十万千百十元角分	亿千百十万千百十元角分		亿千百十万千百十元角分
7	1			期初余额				借	3 5 7 0 0 0 0
	1	收	1	收回八一厂欠款		2 2 0 0 0 0 0		借	5 7 7 0 0 0 0
	5	付	1	归还短期借款			4 0 0 0 0 0 0	借	1 7 7 0 0 0 0
	10	收	2	销售产品		7 0 2 0 0 0 0		借	8 7 9 0 0 0 0
	15	付	2	偿还前欠货款			1 5 0 0 0 0 0	借	7 2 9 0 0 0 0
	18	收	3	取得短期借款		2 0 0 0 0 0 0		借	9 2 9 0 0 0 0
	22	付	3	偿还前欠货款			1 2 0 0 0 0 0	借	8 0 9 0 0 0 0
	25	收	4	收到外单位投资		3 0 0 0 0 0 0		借	1 1 0 9 0 0 0 0
	27	付	4	购买材料			4 5 6 3 0 0 0	借	6 5 2 7 0 0 0
	28	付	5	偿还前欠货款			3 0 0 0 0 0 0	借	3 5 2 7 0 0 0

表 11-12
科目名称：库存现金

总 账

20××年		凭证		摘要	日页	借( )方 亿千百十万千百十元角分	贷( )方 亿千百十万千百十元角分	借或贷	余 额 亿千百十万千百十元角分
月	日	种类	号数						
7	1			期初余额				借	3 0 0 0 0

表 11-13
科目名称：应收账款

总 账

20××年		凭证		摘要	日页	借( )方 亿千百十万千百十元角分	贷( )方 亿千百十万千百十元角分	借或贷	余 额 亿千百十万千百十元角分
月	日	种类	号数						
7	1			期初余额				借	2 5 0 0 0 0 0
	1	收	1	收回八一厂欠款			2 2 0 0 0 0 0	借	3 0 0 0 0 0
	15	转	5	售出产品		4 6 8 0 0 0 0		借	4 9 8 0 0 0 0

表 11-14
科目名称：原材料

总 账

20××年		凭证		摘要	日页	借( )方 亿千百十万千百十元角分	贷( )方 亿千百十万千百十元角分	借或贷	余 额 亿千百十万千百十元角分
月	日	种类	号数						
7	1			期初余额				借	8 0 0 0 0 0 0
	6	转	1	生产领料			1 5 0 0 0 0 0	借	6 5 0 0 0 0 0
	12	转	3	材料入库		3 0 0 0 0 0 0		借	9 5 0 0 0 0 0
	16	转	5	生产领料			3 4 0 0 0 0 0	借	6 1 0 0 0 0 0
	20	转	6	材料入库		3 0 0 0 0 0 0		借	9 1 0 0 0 0 0
	25	转	7	生产领料			4 4 0 0 0 0 0	借	4 7 0 0 0 0 0
	27	付	4	材料入库		3 9 0 0 0 0 0		借	8 6 0 0 0 0 0

表 11-15
科目名称：生产成本

总 账

20××年		凭证		摘要	日页	借( )方 亿千百十万千百十元角分	贷( )方 亿千百十万千百十元角分	借或贷	余 额 亿千百十万千百十元角分
月	日	种类	号数						
7	1			期初余额				借	2 0 0 0 0 0 0
	6	转	1	生产领料		1 5 0 0 0 0 0		借	3 5 0 0 0 0 0
	16	转	5	生产领料		3 4 0 0 0 0 0		借	6 9 0 0 0 0 0
	25	转	7	生产领料		4 4 0 0 0 0 0		借	1 1 3 0 0 0 0 0
	31	转	11	结转入库产品成本			1 0 0 0 0 0 0 0	借	1 3 0 0 0 0 0

表 11-16
科目名称：固定资产

总 账

20××年		凭证		摘要	日页	借( )方 亿千百十万千百十元角分	贷( )方 亿千百十万千百十元角分	借或贷	余额 亿千百十万千百十元角分
月	日	种类	号数						
7	1			期初余额				借	2 4 0 0 0 0 0 0
	10	转	2	收到投资转入设备		2 8 0 0 0 0 0		借	2 6 8 0 0 0 0 0

表 11-17
科目名称：累计折旧

总 账

20××年		凭证		摘要	日页	借( )方 亿千百十万千百十元角分	贷( )方 亿千百十万千百十元角分	借或贷	余额 亿千百十万千百十元角分
月	日	种类	号数						
7	1			期初余额				借	5 0 0 0 0 0 0

表 11-18
科目名称：库存商品

总 账

20××年		凭证		摘要	日页	借( )方 亿千百十万千百十元角分	贷( )方 亿千百十万千百十元角分	借或贷	余额 亿千百十万千百十元角分
月	日	种类	号数						
7	1			期初余额				借	1 9 0 0 0 0 0
	31	转	11	结转入库产品成本		1 0 0 0 0 0 0 0		借	1 1 9 0 0 0 0 0
	31	转	12	结转销售成本			9 1 0 0 0 0 0	借	2 8 0 0 0 0 0

表 11-19
科目名称：实收资本

总 账

20××年		凭证		摘要	日页	借( )方 亿千百十万千百十元角分	贷( )方 亿千百十万千百十元角分	借或贷	余额 亿千百十万千百十元角分
月	日	种类	号数						
7	1			期初余额				贷	3 0 0 0 0 0 0 0
	10	转	2	收到投资转入设备			2 8 0 0 0 0 0	贷	3 2 8 0 0 0 0 0
	25	收	4	收到投资			3 0 0 0 0 0 0	贷	3 5 8 0 0 0 0 0

表 11-20　　　　　　　　　　　　　　　总　账
科目名称:短期借款

20××年		凭证		摘要	日页	借( )方 亿千百十万千百十元角分	贷( )方 亿千百十万千百十元角分	借或贷	余额 亿千百十万千百十元角分
月	日	种类	号数						
7	1			期初余额				贷	4 0 0 0 0 0 0
	5	付	1	归还银行借款		4 0 0 0 0 0 0		平	0
	18	收	3	取得短期借款			2 0 0 0 0 0 0	贷	2 0 0 0 0 0 0

表 11-21　　　　　　　　　　　　　　　总　账
科目名称:应付账款

20××年		凭证		摘要	日页	借( )方 亿千百十万千百十元角分	贷( )方 亿千百十万千百十元角分	借或贷	余额 亿千百十万千百十元角分
月	日	种类	号数						
7	1			期初余额				贷	2 0 0 0 0 0 0
	12	转	3	购入材料			3 5 1 0 0 0 0	贷	5 5 1 0 0 0 0
	15	付	2	偿还前欠货款		1 5 0 0 0 0 0		贷	4 0 1 0 0 0 0
	20	转	6	购入资料			3 5 1 0 0 0 0	贷	7 5 2 0 0 0 0
	22	付	3	偿还前欠货款		1 2 0 0 0 0 0		贷	6 3 2 0 0 0 0
	28	付	5	偿还前欠货款		3 0 0 0 0 0 0		贷	3 3 2 0 0 0 0

表 11-22　　　　　　　　　　　　　　　总　账
科目名称:应交税费

20××年		凭证		摘要	日页	借( )方 亿千百十万千百十元角分	贷( )方 亿千百十万千百十元角分	借或贷	余额 亿千百十万千百十元角分
月	日	种类	号数						
7	10	收	2	销售产品			1 0 2 0 0 0 0	贷	1 0 2 0 0 0 0
	12	转	3	购入材料		5 1 0 0 0 0		贷	5 1 0 0 0 0
	15	转	5	售出产品			6 8 0 0 0 0	贷	1 1 9 0 0 0 0
	20	转	6	购进材料		5 1 0 0 0 0		贷	6 8 0 0 0 0
	27	付	4	购入材料		6 6 3 0 0 0		贷	1 7 0 0 0
	31	转	11	计算结转消费税			5 0 0 0 0 0	贷	5 1 7 0 0 0

表11-23
科目名称：主营业务成本

总账

20××年		凭证		摘要	日页	借方	贷方	借或贷	余额
月	日	种类	号数						
7	31	转	19	结转产品销售成本		91000 00		借	91000 00
	31	转	10	将销售成本转入利润			91000 00	平	0

表11-24
科目名称：营业税金及附加

总账

20××年		凭证		摘要	日页	借方	贷方	借或贷	余额
月	日	种类	号数						
7	31	转	11	计算结转消费税		5000 00		借	5000 00
	31	转	12	将消费税转入利润			5000 00	平	0

表11-25
科目名称：主营业务收入

总账

20××年		凭证		摘要	日页	借方	贷方	借或贷	余额
月	日	种类	号数						
7	1	收	2	销售产品			60000 00	贷	60000 00
	15	转	4	销售产品			40000 00	贷	100000 00
	31	转	13	将收入转入利润		100000 00		平	0

表11-26
科目名称：本年利润

总账

20××年		凭证		摘要	日页	借方	贷方	借或贷	余额
月	日	种类	号数						
7	1			期初余额				贷	10000 0
	31	转	10	将销售成本转入本年利润		91000 00		贷	
	31	转	12	将消费税转入本年利润		5000 00		贷	
	31	转	13	将收入转入利润			100000 00	贷	14000 00

（5）月终将现金、银行存款日记账和各种明细分类账的余额与有关总分类账的余额核对相符。总分类账及有关明细分类账的本期发生额及余额对照表见表11-27至11-29.

表 11-27

试算平衡表

20××年7月

会计科目	期初余额		本期发生额		期末余额	
	借方	贷方	借方	贷方	借方	贷方
库存现金	300				300	
银行存款	35 700		142 200	142 630	35 270	
应收账款	25 000		46 800	22 000	49 800	
原材料	80 000		99 000	93 000	86 000	
生产成本	20 000		93 000	100 000	13 000	
库存商品	19 000		100 000	91 000	28 000	
固定资产	240 000		28 000		268 000	
累计折旧		50 000				50 000
实收资本		300 000		58 000		358 000
短期借款		40 000	40 000	20 000		20 000
应付账款		20 000	57 000	70 200		33 200
应交税费			16 830	22 000		5 170
主营业务成本			91 000	91 000		
营业税金及附加			5 000	5 000		
主营业务收入			100 000	100 000		
本年利润		10 000	96 000	100 000		14 000
合 计	420 000	420 000	914 830	914 830	480 370	480 370

表 11-28

原材料明细账本期发生额及余额对照表

20××年7月

明细账户	计量单位	单价	期初余额		本期发生额				期末余额	
					收入		发出			
			数量	金额	数量	金额	数量	金额	数量	金额
甲材料	吨	300	200	60 000	150	45 000	230	69 000	120	36 000
乙材料	千克	20	1 000	20 000	2 700	54 000	1 200	24 000	2 500	50 000
合 计				80 000		99 000		93 000		86 000

表 11-29　　　　　应付账款明细账本期发生额和余额对照表

20××年7月

明细账户	期初余额		本期发生额		期末余额	
	借方	贷方	借方	贷方	借方	贷方
红星工厂		18 000	45 000	35 100		8 100
东风工厂		2 000	12 000	35 100		25 100
合　计		20 000	57 000	70 200		33 200

(6)月终根据总分类账及有关明细分类账编制会计报表(略)。

四、记账凭证会计核算程序的优缺点及适用范围

记账凭证会计核算程序的优点是:(1)会计核算程序简单明了,易于理解。(2)总分类账直接根据记账凭证逐笔登记,因而总分类账可以较详细地反映交易或事项的发生情况,便于查账、对账。其缺点是:登记总分类账的工作量较大。所以,记账凭证会计核算程序一般只适用于规模小、业务量少的单位。在使用时,应尽量将原始凭证进行汇总,编制成汇总原始凭证,再根据汇总原始凭证编制记账凭证。

第三节　汇总记账凭证会计核算程序

一、汇总记账凭证会计核算程序的定义

汇总记账凭证会计核算程序是根据原始凭证或汇总原始凭证编制记账凭证,定期根据记账凭证分类编制汇总收款凭证、汇总付款凭证和汇总转账凭证,再根据汇总记账凭证登记总分类账的一种会计核算程序。

汇总记账凭证会计核算程序的特点是:先将记账凭证编制成汇总记账凭证,然后根据汇总记账凭证汇总登记总分类账。它是为克服记账凭证核算程序的不足,在记账凭证会计核算程序的基础上发展而来的。

二、汇总记账凭证会计核算程序下的账簿组织

在记账凭证方面:除设收款凭证、付款凭证和转账凭证三种记账凭证外,还应增设汇总收款凭证、汇总付款凭证和汇总转账凭证。其格式见表11-10、表11-11和表11-12。账簿方面同前两种程序一样,设"三栏式"现金、银行存款日记账,"三栏式"总分类账及各种格式的明细分类账。

三、汇总记账凭证的编制方法

汇总记账凭证的编制方法概括起来是:先将各种记账凭证定期(一般为5天,最长不超过10天)在汇总记账凭证中汇总一次,月终计算出合计数,每月编制一张。以下介绍其具体编制方法。

(一)汇总收款凭证的编制

汇总收款凭证应分别按"库存现金""银行存款"账户的借方设置,定期按贷方科目分别归类、汇总,一个月编制一张,月终结出合计数据以登记总分类账。仍以【例11-1】为例,将泰山公司银行存款收款凭证按10天一次汇总,见表11-30。

表11-30　　　　　　　　　　汇总收款凭证

借方科目:银行存款　　　　　　20××年7月31日

贷方金额	金额				总账账页
	1-10日收字 第1号至2号	11-20日收字 第3号至　号	21-31日收字 第4号至　号	合计	
应收账款	22 000			22 000	
主营业务收入	60 000			60 000	
短期借款		20 000		20 000	
实收资本			30 000	30 000	
应交税费	10 200			10 200	
合计	92 200	20 000	30 000	142 200	

(二)汇总付款凭证的编制

汇总付款凭证的编制方法是:分别按库存现金、银行存款的贷方科目设置,定期按借方科目归类、汇总,一个月编制一张,月终结出合计数并据以登记总分类账。以【例11-1】为例,将泰山公司银行存款付款凭证10天汇总一次,见表11-31。

表11-31　　　　　　　　　　汇 总 付 款 凭 证

贷方科目:银行存款　　　　　　20××年7月31日　　　　　　汇付字第1号

借方科目	金额				总账账页
	1-10日付字 第1号至　号	11-20日付字 第2号至　号	21-31日付字 第3号至5号	合计	
短期借款	40 000			40 000	
应付账款		15 000	42 000	57 000	
原材料			39 000	39 000	
应交税费			6 630	6 630	
合计	40 000	15 000	87 630	142 630	

(三) 汇总转账凭证的编制

汇总转账凭证的编制方法是:按每一贷方科目设置,按转账凭证的借方归类、汇总编制,月终结出合计数并据以登记总账。按贷方科目设置,按借方汇总,能够减少汇总工作量。由于是按贷方科目设置,为便于汇总,所有转账凭证可以是"一借一贷"的会计分录或"一贷多借"的会计分录。不得编制"一借多贷"或"多借多贷"的会计分录,若遇"一借多贷"或"多借多贷"的会计分录,需分解为简单分录。仍以泰山公司为例,编制"原材料"科目的汇总转账凭证,见表11-32。

表11-32   **汇总转账凭证**

贷方科目:原材料　　　　　　　　　　20××年7月31日　　　　　　　　　　汇转字1号

借方科目	金额				总账账页
	1-10日凭证 1号至　号	11-20日凭证 6号至　号	21-31日凭证 9号至　号	合计	
生产成本	15 000	34 000	44 000	93 000	
合计	15 000	34 000	44 000	93 000	

四、汇总记账凭证会计核算程序的工作步骤

(1)根据原始凭证编制汇总原始凭证;
(2)根据原始凭证或汇总原始凭证,编制记账凭证;
(3)根据收款凭证、付款凭证逐笔登记现金日记账和银行存款日记账;
(4)根据原始凭证或汇总原始凭证和记账凭证登记各种明细分类账;
(5)根据各种记账凭证编制有关汇总记账凭证;
(6)根据各种汇总记账凭证汇总登记总分类账;
(7)期末将现金日记账、银行存款日记账和明细分类账的余额与有关总分类账的余额核对相符;
(8)根据总分类账及有关明细分类账的记录,编制会计报表。

汇总记账凭证会计核算程序的工作步骤见图11-2。

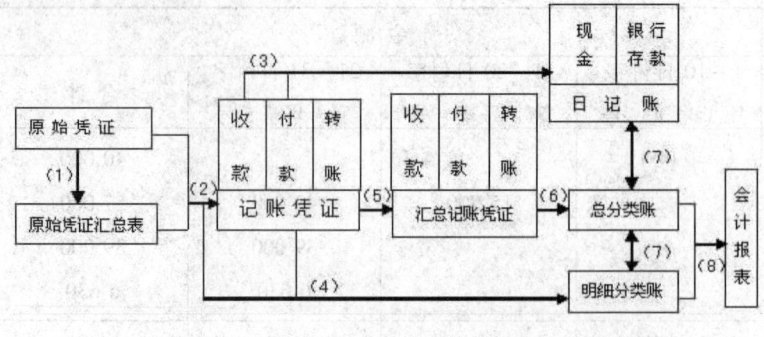

图11-2　汇总记账凭证会计核算程序的工作步骤

五、汇总记账凭证会计核算程序的优缺点及适用范围

汇总记账凭证会计核算程序的优点是：(1) 记账凭证通过汇总记账凭证汇总后登记总分类账，减轻了登记总账的工作量。(2) 汇总记账凭证按照会计科目的对应关系编制，便于了解账户的对应关系。其缺点是：按每一贷方科目编制汇总转账凭证，不利于会计核算的日常分工，当转账凭证较多时，编制汇总转账凭证的工作量较大。因而，这种核算形式一般适用于经营规模较大，交易或事项量多的企业单位，特别是收、付业务多而转账业务较少的单位，能大大减轻总账登记工作。

第四节 科目汇总表会计核算程序

一、科目汇总表会计核算程序的定义

科目汇总表会计核算程序又称记账凭证汇总表核算程序，它根据记账凭证定期编制科目汇总表，再根据科目汇总表汇总登记总分类账的一种会计核算程序。

科目汇总表会计核算程序的特点是：先将记账凭证定期编制成科目汇总表，然后根据科目汇总表汇总登记总分类账。它是为克服记账凭证核算程序的缺点，在记账凭证会计核算程序的基础上发展演变来的。

二、科目汇总表会计核算程序下的账簿组织

科目汇总表会计核算程序下的记账凭证、账簿组织与记账凭证会计核算程序下的记账凭证、账簿组织类似。记账凭证方面，除设置收款凭证、付款凭证和转账凭证外，还应增设"科目汇总表"。账簿方面，应设置"三栏式"现金、银行存款日记账、"三栏式"总分类账，以及"三栏式""数量金额式"和"多栏式"明细分类账。

三、科目汇总表的编制方法

科目汇总表的编制方法是：将一定时期（10 天、半月或 1 个月）内的全部记账凭证，按相同的会计科目进行归类汇总编制而成。首先，根据记账凭证登记"T"形账户，将本期各会计科目的发生额过入有关"T"形账户；然后，计算各账户的本期借方发生额合计数与贷方发生额合计数；最后，将各账户的借贷方发生额合计数过入科目汇总表的有关行内。具体汇总方式又可分两类：

(1) 全部汇总。即将一定时期（10 天、半月、1 个月）的全部记账凭证汇总到一张科目汇总表内的汇总方式。其格式见表 11-13。

(2)分类汇总。即将一定时期(10天、半月、1个月)的全部记账凭证分现金收款凭证、银行存款收款凭证、现金付款凭证、银行存款付款凭证和转账凭证五类分别汇总。也可以分现金收付款凭证、银行存款收付款凭证和转账凭证三类汇总。

在实际工作中,科目汇总表可以采用不同的格式。但任何格式的科目汇总表,都只反映各个科目的本期借、贷方发生额,而反映不出各个科目之间的对应关系。

四、科目汇总表会计核算程序的工作步骤

(1)根据原始凭证编制汇总原始凭证;
(2)根据原始凭证或汇总原始凭证编制记账凭证;
(3)根据收款凭证、付款凭证逐笔登记现金日记账和银行存款日记账;
(4)根据原始凭证或汇总原始凭证和记账凭证登记各种明细分类账;
(5)根据各种记账凭证定期编制科目汇总表;
(6)根据科目汇总表汇总登记总分类账;
(7)期末将现金日记账、银行存款日记账和明细分类账的余额与有关总分类账的余额核对相符;
(8)期末,根据总分类账和明细分类账的记录,编制会计报表。

科目汇总表会计核算程序工作步骤见图11-3。

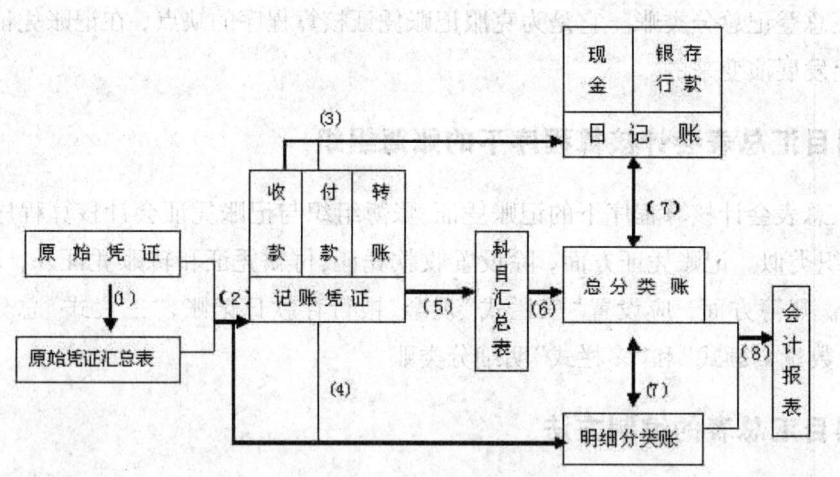

图11-3 科目汇总表会计核算程序工作步骤

现举例说明科目汇总表会计核算程序的工作步骤:

仍以泰山公司20××年7月份资料为例。第一、二、三步骤的会计处理同记账凭证会计核算程序举例,此略。

第四步,根据一定时期(7月份)的记账凭证编制科目汇总表,见表11-33。

表 11-33

科 目 汇 总 表

20××年7月31日

会计科目	账页	本期发生额		记账凭证起讫日
		借方	贷方	
银行存款		142 200	142 630	
应收账款		46 800	22 000	
原材料		99 000	93 000	
生产成本		93 000	100 000	
库存商品		100 000	91 000	
固定资产		28 000		
实收资本			58 000	
短期借款		40 000	20 000	
应付账款		57 000	70 200	
应交税费		16 830	22 000	
主营业务成本		91 000	91 000	
税金及附加		5 000	5 000	
主营业务收入		100 000	100 000	
本年利润		96 000	100 000	
合 计		914 830	914 830	

第五步，据科目汇总表登记总分类账，本例仅以"银行存款""应付账款"为例说明，其他总账登记方法与之相同，不再详细登记。举例见表 11-34 和表 11-35。

表 11-34　　　　　　　　　　　　　　　　　　总　账

科目名称：银行存款

20××年		凭证		摘要	日页	借( )方	贷( )方	借或贷	余额
月	日	种类	号数			亿千百十万千百十元角分	亿千百十万千百十元角分		亿千百十万千百十元角分
7	1			期初余额				借	3 5 7 0 0 0 0
	31	汇	701	据汇701过入		1 4 2 2 0 0 0 0	1 4 2 6 3 0 0 0	借	3 5 2 7 0 0 0

表 11-35　　　　　　　　　　　　　　　　　　总　账

科目名称：应付账款

20××年		凭证		摘要	日页	借( )方	贷( )方	借或贷	余额
月	日	种类	号数			亿千百十万千百十元角分	亿千百十万千百十元角分		亿千百十万千百十元角分
7	1			期初余额				贷	2 0 0 0 0 0 0
	31	汇	701	据汇701过入		5 7 0 0 0 0 0	7 0 2 0 0 0 0	贷	3 3 2 0 0 0 0

第六步，将现金、银行存款日记账、各明细账与总账核对相符(略)。

第七步，根据总分类账及所属明细分类账编制会计报表(略)。

五、科目汇总表会计核算程序的优缺点及适用范围

科目汇总表会计核算程序的优点是：(1)将记账凭证通过科目汇总表汇总后登记总账，大大减轻了总账的登记工作。(2)通过编制科目汇总表，可以对发生额进行试算平衡，从而及时发现错误，保证记账工作质量。(3)该种核算程序简明易懂，方便易学。其缺点是：科目汇总表不能明确反映账户之间的对应关系，不便于查对账目。这种会计核算程序，适用范围较广，特别适用于规模大、业务量多的大、中型企业。

以上简单介绍了三种会计核算程序的主要内容，这些会计核算程序虽各有特点，但又有密切联系，其主要区别是登记总账的依据和方法不同，其他内容基本相同。在实际工作中，上述各种会计核算程序往往结合运用，即某一部分会计凭证、账簿的设置登记采用这种会计核算程序，而另一部分则采用那种会计核算程序，以适合自身的业务特点和经营管理的需要。

☞ 练习题

一、单项选择题

1. 企业的会计凭证和账簿组织与账务处理过程相结合的方式称为(　)。

A.账簿组织　　　　　　　　　B.会计核算程序

C.记账工作步骤　　　　　　　D.会计组织形式

2. 记账凭证会计核算程序的主要特点是(　)。

A.根据各种记账凭证编制汇总记账凭证

B.根据各种记账凭证逐笔登记总分类账

C.根据各种记账凭证编制科目汇总表

D.根据各种汇总记账凭证登记总分类账

3. 记账凭证会计核算程序的适用范围是(　)。

A.规模较大，交易或事项量较多的单位

B.规模较小，交易或事项量较多的单位

C.规模较小，交易或事项量较少的单位

D.会计基础工作比较规范的单位

4. 各企业使用的会计核算程序虽不相同，但各种会计核算程序存在着密切的联系，都是以(　)为基础发展演变而来的。

A.记账凭证会计核算程序　　　B.科目汇总表会计核算程序

C.汇总记账凭证账务处理程序　D.日记总账会计核算程序

5.各种会计核算程序的主要区别是( )。

A.登记明细分类账的依据和方法不同

B.登记总分类账的依据和方法不同

C.总账的格式不同

D.编制会计报表的依据不同

6.直接根据记账凭证逐笔登记总分类账,这种会计核算程序是( )。

A.记账凭证会计核算程序　　　　B.科目汇总表会计核算程序

C.汇总记账凭证会计核算程序　　D.日记总账会计核算程序

7.会计凭证方面,科目汇总表会计核算程序比记账凭证会计核算程序增设了( )。

A.原始凭证汇总表　　　　　　　B.汇总原始凭证

C.科目汇总表　　　　　　　　　D.汇总记账凭证

8.既能汇总登记总分类账,减轻总账登记工作,又能明确反映账户对应关系,便于查账、对账的会计核算程序是( )。

A.科目汇总表会计核算程序　　　B.汇总记账凭证会计核算程序

C.多栏式日记账会计核算程序　　D.日记总账会计核算程序

二、多项选择题

1.记账凭证会计核算程序的优点有( )。

A.登记总分类账的工作量较小

B.会计核算程序简单明了,易于理解

C.总分类账登记详细,便于查账、对账

D.适用于规模大,业务量多的大、中型企业

2.关于科目汇总表会计核算程序,下列说法正确的有( )。

A.科目汇总表会计核算程序可以大大减轻总账的登记工作

B.科目汇总表会计核算程序可以对发生额进行试算平衡

C.科目汇总表会计核算程序下,总分类账能明确反映账户的对应关系

D.科目汇总表会计核算程序适用于规模大,业务量多的大中型企业

3.在不同会计核算程序下,下列可以作为登记总分类账依据的有( )。

A.记账凭证　　　　　　　　　　B.科目汇总表

C.汇总记账凭证　　　　　　　　D.原始凭证

4.汇总记账凭证会计核算程序,在会计凭证方面除设置收款凭证、付款凭证、转账凭证外,还应设置( )。

A.科目汇总表　　　　　　　　　B.汇总收款凭证

C.汇总付款凭证　　　　　　　　D.汇总转账凭证

5.在编制汇总转账凭证时,用于汇总的转账凭证可以是( )。

A."一借一贷"的会计分录　　　　　B."一借多贷"的会计分录
C."多借一贷"的会计分录　　　　　D."多借多贷"的会计分录

三、判断题

1. 记账凭证会计核算程序的特点是直接根据汇总记账凭证逐笔登记总分类账和明细分类账，它是最基本的会计核算程序。（　）

2. 编制财务会计报告是企业会计核算程序的组成部分。（　）

3. 根据记账凭证汇总表逐笔登记总分类账的会计核算程序是记账凭证会计核算程序。（　）

4. 汇总记账凭证与科目汇总表的汇总方法基本相同。（　）

5. 总分类账只能根据记账凭证逐笔登记。（　）

6. 科目汇总表可以采用全部汇总和分类汇总两种汇总方式，但任何格式的科目汇总表都不能反映账户之间的对应关系。（　）

四、实务题

【目的】练习汇总记账凭证和科目汇报表的编制。

【资料】见第七章练习题中习题二所编制的收、付、转记账凭证。

【要求】（1）编制东岳公司汇总收款凭证和汇总付款凭证。

（2）编制东岳公司的科目汇总表（月终一次全部汇总）。

第十二章 会计管理

✻ 内容提要

本章阐述了会计法规、会计职业道德、会计岗位责任制、会计工作交接、会计机构和会计人员、会计档案管理等多项内容,重点介绍会计法规体系和会计工作组织与管理的有关问题。

第一节 会计法规体系

一、会计法规体系概述

(一)会计法规的意义

1. 会计法规的定义

会计法规是一种标准,是开展各种会计管理的依据。其作用主要是在会计领域内对会计确认、计量、记录、报告等会计行为进行规范,其内容包括所有对会计的记录、确认、计量和报告具有制约、限制和引导作用的法律、法规、原则、准则、制度等。

2. 会计法规的必要性

会计是信息的生产者,信息是一种产品或资源,任何信息使用者都期望自己所得到的是对自己决策有效的信息,而信息的使用者很多,包括投资者、债权人、企业经营管理者、政府管理部门等,不同的信息使用者对信息的数量、质量、形式等的需求是不同的,而且外界的信息使用者与企业存在着信息不对称的问题,这将危害在信息占有上处于劣势的一方,以致违反公平原则。无论在何种经济条件下,会计主要是为信息使用者提供信息的,而提供会计信息就必须要规范信息提供者的行为。因此,会计法规的主要作用是实现会计信息生产的标准化。

(二)会计法规体系的特征

1. 权威性

会计法规作为评价会计行为合理、合法的有效标准,必然具有充分的影响力和威望,能够让会计人员信服,而不管这种承认是自发的还是强制的,也不管这种规范是成文的还是惯例性的,通过这种标准,使会计人员明白哪些行为是符合规范的,哪些行为是不符合规范的。权威性可以来自于会计法规的制定机关(如国家立法机关和行政机关),也可以来自社会的广泛支持。

2. 统一性

会计法规体系在一定范围之内是统一的,适用的对象不是针对具体和特定的某一单位、某一企业,而是广泛适用于全国范围内的企事业单位;不是针对某一具体和特定的业务,而是适用于任何会计行为。当然,具体会计法规的适用也有一定的范围限制,如地方性会计法规只能适用于本地区;企业内部的会计管理制度在本企业才具有较强的约束力。

3. 科学性

会计是一门科学,会计法规体系更是需要有科学合理的特征。科学性是指会计法规体系能够体现会计工作的内在规律和要求。毋庸置疑,会计规律与会计所处的客观环境条件要实现有机结合,体现高度科学性。

4. 相对稳定性

会计法规体系在一定时期、一定客观环境下是相对稳定的,但并非一成不变。随着社会政治、经济条件的发展变化,一些会计法规可能不再适用,或已经过时,应予以修正甚至放弃,而一些新的会计法规逐渐被建立,被接受。因此,会计法规体系的建立和发展是一个动态的演进过程。

二、我国会计法规体系的内容

(一)我国会计法规体系的构成

按照我国的国情(主要是经济环境),考虑大多数人的传统观念与认识,我国应该选择广义的会计法规体系概念,即凡是对会计进行制约、限制和引导的规范都应作为会计法规体系的组成部分。鉴于此,我国会计法规体系的构成见图12-1。

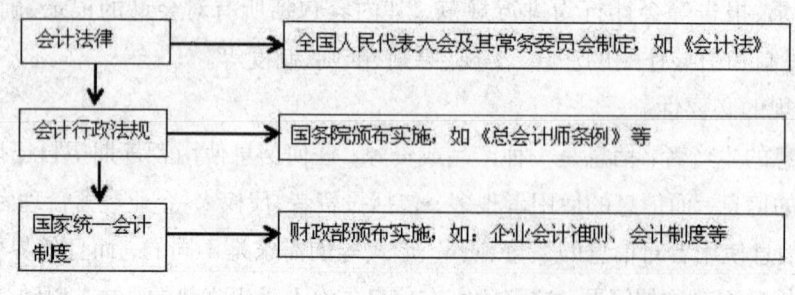

图12-1 我国会计法规体系示意图

从图 12-1 可以看出，我国会计法规体系由三个层次构成，按照法规的强制力排列。其中，会计法律由全国人民代表大会及其常务委员会制定、国家主席签署颁布；行政法规是由我国最高行政机关——国务院颁布的；国家统一会计制度主要是指国务院财政部门根据法律、法规的规定发布的指导会计工作的具体规定。

(二) 会计法律

法律是由国家最高权力机关——全国人民代表大会及其常务委员会制定的。在会计领域中，属于法律层次的规范主要指《中华人民共和国会计法》(简称《会计法》)和《中华人民共和国注册会计师法》(简称《注册会计师法》)，它们是会计法规体系中最具权威性、最具法律效力的规范，是制定其他各层次会计法规的依据，是会计工作的基本大法。

1.《会计法》

我国的《会计法》经历了多次修订。最早的《会计法》是1985年1月21日经第六届全国人民代表大会常务委员会第九次会议通过，并于1985年5月1日实施的。此后，在1993年12月29日第八届全国人民代表大会常务委员会第五次会议上，对其进行了第一次修订。1999年10月31日召开的第九届全国人民代表大会常务委员会第十二次会议对《会计法》进行了第二次修订，随着社会的发展和经济环境的变化，2017年11月4日第十二届全国人民代表大会常务委员会第三十次会议进行了修正，自2017年11月5日起施行，也就是现行的《会计法》。

《会计法》共分7章52条，主要内容包括：

第一章总则，共8条。主要规定了《会计法》的基本问题：(1)《会计法》的立法宗旨是规范会计行为，保证会计资料真实、完整，加强经济管理和财务管理，提供经济效益，维护社会主义市场经济秩序。(2)《会计法》的适用范围：规定国家机关、社会团体、公司、企业、事业单位和其他组织必须依照《会计法》办理会计事务。(3)对各单位设置会计账簿的要求：各单位必须依法设置会计账簿，并保证其真实、完整。(4)单位负责人的职责是对本单位的会计工作和会计资料的真实性、完整性负责。(5)会计机构、会计人员的职权是依法进行会计核算，实行会计监督，其权利得到法律保障。(6)对会计人员的奖励规定。(7)会计工作的管理部门：国务院财政部门主管全国的会计工作；县级以上地方各级人民政府财政部门管理本行政区域内的会计工作。(8)会计制度的制定权限：国家统一的会计制度由国务院财政部门根据《会计法》制定并公布。

第二章会计核算，共15条。具体阐述了会计核算的基本要求和内容、会计年度和记账本位币、会计资料、会计记录的文字和会计档案的管理等方面的规定。

第三章公司、企业会计核算的特别规定，共3条。规定只适用于公司、企业所进行的会计核算。公司、企业会计核算的特点表现在它们必须根据实际发生的交易或事项，按照国家统一的会计制度的规定确认、计量和记录资产、负债、所有者权益、收入、费用、成本和利润。

第四章会计监督，共9条。具体规定会计监督的类型：外部监督、内部监督，而外部监督又分为国家监督和社会监督。其主要内容包括：各单位应当建立、健全内部会计监督制度；凡规定须经注册会计师进行审计的单位，应当向受委托的会计师事务所如实提供会计资料；财政、审计、税务、银行等部门可以依法对有关单位的会计资料实施检查监督,并负有保密义务。

第五章会计机构和会计人员,共6条。就会计机构和会计人员的设置、会计机构的制度建设及会计人员的任职要求等内容作了详细规定。

第六章法律责任,共8条。主要规定了违反《会计法》的行为所应承担的法律责任,包括行政责任和刑事责任。

第七章附则,共3条。解释了"单位负责人""国家统一的会计制度"的含义,并对个体工商户会计管理、《会计法》的施行日期等作了规定。

《会计法》的制定与实施,以法律形式确定了会计工作的地位、作用;确立了会计工作的管理体制是统一领导、分级管理;规定了会计机构和会计人员的主要职责是进行会计核算和实行会计监督,并对会计核算和会计监督的内容、原则和程序,以及与此相联系的会计机构设置、会计人员的配备和要求作了比较具体的规定;明确了会计人员的职权和行使职权的法律保障。保障会计人员依法行使职权,使会计工作能够按照规定程序进行,发挥会计工作在维护社会主义市场经济秩序、加强经济管理、提高经济效益中的重要作用。

2.《注册会计师法》

《注册会计师法》于1993年10月31日经第八届全国人民代表大会常务委员会第四次会议通过,并于1994年1月1日施行。该法共7章46条。第一章总则;第二章考试和注册;第三章业务范围和规则;第四章会计师事务所;第五章注册会计师协会;第六章法律责任;第七章附则。

(三)行政法规

行政法规是由国家最高行政机关——国务院制定的。会计行政法规根据会计法律制定,是对会计法律的具体化或对某个方面的补充,一般称为条例。

在我国的会计法规体系中,属于会计行政法规的有《企业财务会计报告条例》《总会计师条例》等。

1.《企业财务会计报告条例》

《企业财务会计报告条例》是国务院于2000年6月21日发布的,自2001年1月1日起实施。它共分6章46条,包括:第一章总则;第二章财务会计报告的构成;第三章财务会计报告的编制;第四章财务会计报告的对外提供;第五章法律责任;第六章附则。

该条例主要规定如下:

(1)企业应当按本条例的规定编制和对外提供财务会计报告,不得编制和对外提供虚假的或者隐瞒重要事实的财务会计报告,其真实性、完整性由企业负责人负责。

(2)财务会计报告由会计报表、会计报表附注和财务情况说明书组成,分为年度、半年度、季度和月度财务会计报告。

(3)财务会计报告应当根据真实的交易、事项及完整、准确的账簿记录并按照国家统一规定编制,包括要素确认与计量、结账日、财产清查等方面的规定。

(4)财务会计报告应按规定的期限及时向相关报告使用者提供,须经注册会计师审计的,应将注册会计师及其会计师事务所出具的审计报告随同财务会计报告一并对外提供。

(5)违反本条例规定,随意改变财务会计报告编制的原则与方法,编制或对外提供虚假的财务会计报告的,要承担行政责任或刑事责任。

2.《总会计师条例》

《总会计师条例》是国务院于1990年12月31日发布的,并自发布之日起施行。它共分5章23条,包括:第一章总则;第二章总会计师的职责;第三章总会计师的权限;第四章任免与奖惩;第五章附则。

(四)国家统一会计制度

国家统一会计制度是指由国家主管会计工作的行政部门——财政部及其他部委制定的会计方面的规范。制定会计部门规章必须依据会计法律和会计行政法规的规定。

我国现行的会计法律中将国务院财政部门制定的会计部门规章称为"国家统一的会计制度"。《会计法》第8条明确规定:"国家实行统一的会计制度。国家统一的会计制度由国务院财政部门根据本法制定并公布。"会计制度有广义、狭义之分。广义的会计制度指国家统一的会计制度,包括国务院财政部门依据《会计法》制定的关于会计核算、会计监督、会计机构和会计人员及会计工作管理的准则、制度和办法等。人们常说的会计制度是指狭义的会计制度,仅为会计核算制度,包括会计科目表及使用说明、会计报表格式及编制说明以及分录举例等,这都是基层会计人员急需的会计基础工作规范和会计事务处理指南。本处所指的国家统一的会计制度包括国家统一的会计核算制度和国家统一的会计监督制度、国家统一的会计机构和会计人员制度、国家统一的会计工作管理制度等。

1.会计核算制度

国家统一的会计核算制度指的是狭义的会计制度。它包括会计准则和会计制度两个层次。会计准则一般按会计对象要素、交易或事项的特点或会计报表的种类分别制定,主要规范会计要素的确认、计量与报告,会计准则中一般不涉及会计科目及其主要账务处理列示。会计制度和会计准则作为会计法规形式,关键在于确认、计量、报告的标准、方式和内容是否适应本国的社会和经济环境,是否趋同国际惯例和便于国际交流。

我国现行的会计核算制度的具体内容见图12-2。

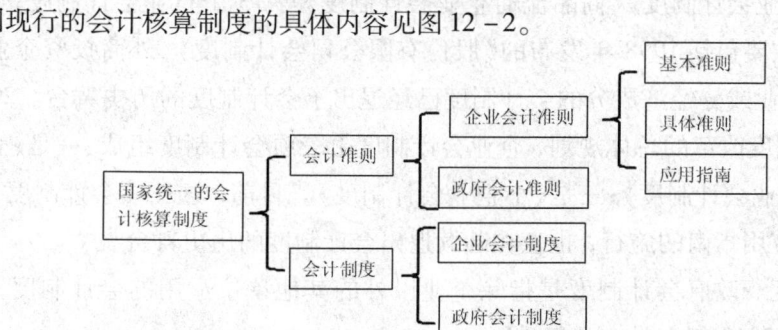

图12-2 会计核算制度构成示意图

(1)会计准则。会计准则是对会计实践活动的规律性总结,是进行会计工作的标准和指导思想,是一个包括普遍性指导意义和具体指导会计业务处理意义在内的具有一定层次结构的会计法规。会计准则包括企业会计准则和行政事业单位会计准则两个方面。

①企业会计准则。企业会计准则是规范企业会计确认、计量、报告的会计准则。它包括基本准则、具体准则和应用指南三个层次。

基本准则是进行会计核算工作必须共同遵循的基本规范和要求。我国现行的基本准则是2006年由财政部发布并于2007年1月1日开始执行的。该准则主要就会计目标、会计核算的基本假设、会计信息质量要求、会计要素的确认与计量、财务报告体系等作了规定。

具体准则是根据基本准则的要求,对共性的交易或事项和特殊行业、特殊交易或事项的会计处理所作出的具体规定。从具体准则所规范的交易或事项的内容来看,大体上可以分为三类:第一类是共性或通用的准则,即用来规范所有企业都可能发生的交易或事项,如存货准则、固定资产准则、中期财务报告准则、现金流量表准则等;第二类是特殊业务的准则,用来规范不是所有企业都会发生、有一定特殊性的交易或事项,如租赁准则、建造合同准则等;第三类是特殊行业的准则,即对一些业务活动中具有特殊性的行业加以规范,如石油天然气会计准则、银行业务会计准则、保险公司会计准则等。截至目前,已经发布的企业会计具体会计准则共有42项,另外,还发布了一项《小企业会计准则》。

应用指南主要包括具体会计准则解释和会计科目及主要账务处理等,为企业执行会计准则提供操作性规范。

②行政事业单位会计准则。财政部于1998年发布实施了《行政单位会计准则》,于2012年发布修订了《事业单位会计准则》。

(2)会计制度。

①企业会计制度。企业会计制度是关于企业会计核算的制度规范。关于企业会计制度的演变,我国经历了一个较长的历史时期。我国历来重视会计制度建设,近十年来,企业会计制度的改革与发展也折射出我国会计经济环境的变化对会计改革的影响。2000年之前的企业会计制度,包括分行业的企业会计制度、分经济成分的企业会计制度。分行业的企业会计制度主要有《工业企业会计制度》《商品流通企业会计制度》等13个行业会计制度;分经济成分的企业会计制度主要包括1998年发布的《股份有限公司会计制度》《外商投资企业会计制度》等。但这些分行业或分经济成分的会计制度已经退出了会计制度的历史舞台。2000年之后,根据我国会计制度改革的总体规划,企业会计制度由三项会计制度组成:一是《企业会计制度》;二是《金融企业会计制度》;三是《小企业会计制度》。目前,这三项会计制度,随着新企业会计准则及其应用指南的施行,也正在陆续退出会计制度的历史舞台。

②政府会计制度。政府会计制度是指除企业以外的其他单位适用的会计制度,2017年10月24日发布,自2019年1月1日起施行。

除了上述会计准则和会计制度之外,财政部还根据会计实务的需要,对会计准则和会计制度中没有规定或者虽有规定但已经不能适应新情况的会计问题,作出了暂行规定或补充规定,它们也属于国家统一的会计核算制度的范畴。

2. 会计监督制度

作为会计两大基本职能之一的会计监督,在我国会计法规体系中占有重要的地位。在会计法规体系的第一层次《会计法》中,专门有一章来规定"会计监督"。该章第二十七条明确规定:"各单位应当建立、健全本单位内部会计监督制度。"其他各条分别就会计监督的基本要求、内容、方式、责任等作了规定。

财政部根据《会计法》的规定,制定了《会计基础工作规范》。在规范中,要求各单位的会计机构、会计人员对本单位的经济活动进行会计监督。其主要内容有:

(1)会计监督的依据:

①财经法律、法规和规章;

②会计法律、法规和国家统一的会计制度;

③各省、自治区、直辖市财政厅(局)和国务院业务主管部门根据《会计法》和国家统一会计制度制定的具体实施办法或者补充规定;

④各单位根据《会计法》和国家统一的会计制度制定的单位内部会计管理制度;

⑤各单位内部的财务预算、经济计划、业务计划等。

(2)会计监督的内容:

①对原始凭证进行审核和监督;

②对会计账簿进行监督,对伪造、变造、故意毁灭会计账簿或者账外设账的行为,应当制止和纠正,若无效,应向上级主管单位报告;

③对实物、款项进行监督,督促建立并严格执行财产清查制度;

④对财务报告的编制进行监督,对指使、强令编造、篡改财务报告等行为,应制止和纠正,若无效,应向上级主管单位报告;

⑤对财务收支进行监督,主要监督审批手续不全的财务收支,违反规定不纳入单位统一会计核算的财务收支,违反国家统一的财政、财务、会计制度规定的财务收支等;

⑥对单位制定的预算、财务计划、经济计划、业务计划的执行情况进行监督等。

除了规定内部会计监督外,财政部于2001年2月20日还发布了《财政部门实施会计监督办法》,主要就会计监督检查的内容、形式和程序,违规违法行为的处理、行政处罚等的种类和适用范围,行政处罚的程序等作了具体规定。

3. 会计机构和会计人员管理制度

如《会计人员继续教育规定》,《会计人员继续教育规定》分总则、管理体制、内容与形式、学分管理、机构管理、师资与教材、监督与检查、附则8章38条,自2013年10月1日起施行。

4. 会计工作管理制度

现行的国家统一的会计管理制度主要包括:

(1)《会计档案管理办法》。《会计档案管理办法》是1998年8月21日由财政部、国家档案局联合发布,自1999年1月1日起执行。2015年12月11日,该办法经中华人民共和国财政部、国家档案局令第79号发布修订,自2016年1月1日起施行。办法主要就会计档案的内容与种类,会计档案管理的基本要求,会计档案的归档、保管、销毁、交接,会计档案的保管期限等作了明确规定。

(2)《企业会计信息化工作规范》。2013年12月6日,财政部以财会〔2013〕20号印发。该《规范》第49条决定,废止1994年6月30日财政部发布的《会计电算化管理办法》(财会字〔1994〕27号)。

第二节 会计管理

一、会计管理概述

(一)会计管理的意义

会计管理是指会计机构和会计人员按照一定的目标,为满足国家宏观调控、企业所有权人及企业管理当局的需要,对企事业单位的资金运动过程及结果进行控制、决策、计划、考核、分析等的总称。

会计是一项复杂、细致的综合性经济管理活动,会计工作又是一项系统的工作,需要按照系统管理原则,对系统的各个组成部分进行科学、有效的组织和管理,使系统中的各个部分互相协调、合理有序,才能保证系统的正常运行。科学地组织好会计工作,建立健全会计管理制度,对于顺利完成会计的各项任务,保证实现会计目标,充分发挥会计的职能作用,促进国民经济健康、有序发展等都具有重要的意义。

(二)会计工作管理体制

我国实行"统一领导、分级管理"的会计工作管理体制。《会计法》第七条规定:"国务院财政部门主管全国的会计工作。县级以上地方各级人民政府财政部门管理本行政区域内的会计工作。"为此,财政部设立会计司,主管全国的会计工作。其主要职责是在财政部的领导下,拟定全国性的会计法令,研究、制定改进会计工作的措施和总体规划,颁布会计工作的各项规章制度,会同有关部门制定并实施全国会计人员专业技术职称考评制度等。

地方财政部门、企业主管部门一般设财务会计局、处等,主管本地区或本系统所属企业的会计工作。其主要职责是:根据财政部的统一规定,制定适合本地区、本系统的会计规章制度;负责组织、领导和监督所属企业的会计工作;审核、分析、批复所属企业的财务会计报告,并编制本地区、本系统的汇总会计报表;了解和检查所属企业的会计工作情况;负责本地区、本系统会计人员的业务培训,以及会同有关部门评聘会计人员技术职称等。同时,基层企、事业单位的主管部门在会计业务上受同级财政部门的指导和监督。

(三)会计工作监督体制

为了加强会计监督,《会计法》确立了三位一体的会计监督体制。我国的会计监督体系是由单位内部监督、社会监督和国家监督三方面组成。单位内部监督是由各单位的会计机构和会计人员对本单位的原始凭证、会计账簿、实物资产增减等财务收支及其他经济活动等进行的检查监督;社会监督是由社会中介机构(会计师事务所)依法进行的审计监督;国家监督是由国家政府部门,如财政、税务、审计等依法进行的监督。

二、加强会计职业道德建设

会计行业作为市场经济活动的一个重要领域,主要为社会提供会计信息或鉴证服务,其服务质量的好坏直接影响经营者、投资人和社会公众的利益,进而影响整个社会的经济秩序。会计工作者在提供信息或鉴证服务的过程中,除了必须将本职工作置于法律、法规的约束和规范之下外,还必须具备与其职能相适应的职业道德水准。市场经济越发展,对会计工作的职业道德水准要求就越高。正确认识和分析我国会计职业道德现状,建立健全会计职业道德规范体系,全面提高会计职业素养和执业质量,是新时期会计工作发展的需要。

(一)会计职业道德的含义

道德是一定社会调节人际关系的行为规范的总和。职业道德是指人们在职业生活中应遵循的基本道德,是职业品德、职业纪律、专业胜任能力、职业责任等的总称,属于自律范畴,它通过公约、守则等对职业生活中的某些方面加以规范。职业道德既是本行业人员在职业活动中的行为规范,又是行业对社会所负的道德责任和义务。

社会生产力的不断发展,丰富了会计职业活动的内容,使会计职业关系日趋复杂,人们对会计职业行为的要求也不断更新,从而推动着会计职业道德的不断发展和完善。国外一些经济发达国家和国际组织先后对会计职业道德提出了明确的要求,如1980年7月,国际会计师联合会职业道德委员会拟定并经国际会计师联合会理事会批准,公布了《国际会计职业道德准则》,规定了正直、客观、独立、保密、技术标准、业务能力和道德自律七个方面的职业道德内容。会计职业道德规范来源不同,其约束机制也必然有所差别。职业主义特色较浓的国家,职业道德准则的制定和颁布机构就是会计职业团体,其制约能力很大程度上也来源于职业团体,属于行业自律型。这样的制约机制在问题的处理过程中灵活、独立性强,很少受其他组织的影响,便于适应不同情况的发生。但是,在约束力、惩治力方面略显不足。而法律控制特色较浓的国家,职业道德起源于法律规定,其制约力也会在很大程度上依靠法律,属于政府管理型,我国即属于该类型。这样的制约机构惩罚力度大,约束力比较强,只是不利于职业团体发挥其职能和作用。我国的《会计法》《会计基础工作规范》及中国注册会计师协会颁布的《中国注册会计师职业道德守则》(1-4号)、《中国注册会计师职业道德规范指导意见》(2002年6月)、《中国注册会计师协会会员职业道德守则(征求意见稿)》(2008年12月)等都对会计职业道德提出了若干明确要求。

会计职业作为社会经济活动中的一种特殊职业，其职业道德与其他职业道德相比具有自身的特征：一是具有一定的强制性。如为了强化会计职业道德的调整职能，我国会计职业道德中的许多内容都直接纳入了会计法律制度之中；二是较多关注公众利益。会计职业的社会公众利益性，要求会计人员客观公正，在会计职业活动中，发生道德冲突时要坚持准则，把社会公众利益放在第一位。

（二）会计职业道德的基本内容

会计职业道德规范是指在一定的社会经济条件下，对会计职业行为及职业活动的系统要求或明文规定，是职业道德在会计职业行为和会计职业活动中的具体体现。尽管不同的国家因经济发展程度不同，社会制度和经济体制各异，其会计职业道德有一定的差异，但也有许多共同点，只是实施和管理方式不同而已。根据我国会计工作和会计人员的实际情况，结合国际上对会计职业道德的一般要求，我国会计人员职业道德的内容可以概括为爱岗敬业、诚实守信、廉洁自律、客观公正、坚持准则、提高技能、参与管理和强化服务八个方面。

1. 爱岗敬业

爱岗敬业包含"爱岗"和"敬业"两方面的要求。爱岗就是热爱自己的工作岗位，热爱本职工作。爱岗是对人们工作态度的一种普遍要求。会计职业道德中的敬业，要求从事会计职业的人员应充分认识到会计工作在国民经济中的地位和作用，以从事会计工作为荣，敬重会计工作，具有献身于会计工作的决心。

爱岗与敬业是相互联系的。爱岗是敬业的基础，敬业是爱岗的具体表现。爱岗敬业是会计人员干好本职工作的基础和条件，是其应具备的基本道德素质。爱岗敬业要求会计人员热爱会计工作，安心本职岗位，忠于职守，尽心尽力，尽职尽责。

2. 诚实守信

诚实守信就是忠诚老实、信守诺言，是为人处世的一种美德。所谓诚实，就是忠诚老实，不讲假话。所谓守信，就是信守诺言、说话算数，讲信誉、重信用，履行自己应承担的义务。诚实和守信两者意思是相通的，是互相联系在一起的。诚实是守信的基础，守信是诚实的具体表现。诚实侧重于对客观事实的反映是真实的，对自己内心的思想、情感的表达是真实的。守信侧重于对自己应承担、履行的责任和义务的忠实，毫无保留地实践自己的诺言。市场经济越发达，职业越社会化，道德信誉就越重要。市场经济是"信用经济""契约经济"，注重的就是"诚实守信"。可以说，信用是维护市场经济步入良性发展轨道的前提和基础，是市场经济社会赖以生存的基石。

诚实守信要求会计人员言行一致、表里如一、光明正大。首先，要求会计人员说老实话，如实反映和披露单位交易或事项；要求会计人员办老实事，工作踏踏实实，不弄虚作假，不欺上瞒下。其次，执业谨慎，信誉至上。最后，保密守信，不为利益所诱惑。

3. 廉洁自律

廉洁自律是会计职业道德规范的重要内容之一。在会计职业中，廉洁要求会计从业人员公私分明、不贪不占、遵纪守法,不贪污挪用、不监守自盗。所谓自律是指会计人员以一定的具体标准作为具体行为或言行的参照物,进行自我约束、自我控制,使具体的行为或言论达到至善至美的过程。自律包括两层意思:一是会计行业自律,是会计职业组织对整个会计职业的会计行为进行自我约束、自我控制的过程;二是会计从业人员的自我约束,会计从业人员的自我约束是靠其科学的价值观和正确的人生观来实现的,每个会计从业人员的自律性强,则整个会计行业的自律性也强。

廉洁自律的基本要求可以概述如下:第一,公私分明、不贪不占;第二,遵纪守法,抵制行业不正之风;第三,重视会计职业声望。

4. 客观公正

客观是指按事物的本来面目去反映,不掺杂个人的主观意愿,也不为他人意见所左右,既不夸大,也不缩小。公正就是公平正直,没有偏失,但不是中庸。在会计职业中,客观公正是会计人员必须具备的行为品德,是会计职业道德规范的灵魂。客观要求会计人员在处理交易或事项时必须以实际发生的交易或事项为依据,如实反映企业的财务状况、经营成果和现金流量情况。公正要求会计人员不偏不倚、一视同仁,会计人员在履行会计职能时,不偏不倚地对待有关利益各方。客观公正,不只是一种工作态度,更是会计人员追求的一种职业境界。

客观公正的基本要求是:端正态度,依法办事,实事求是,不偏不倚,保持独立。即保持会计人员从业的独立性,独立性有实质上的独立性和形式上的独立性;保持客观公正的从业心态。

5. 坚持准则

会计人员在处理业务过程中,严格按照会计法律制度办事,不为主观或他人意志左右。这里所指的"准则"不仅指会计准则,而且包括会计法律、会计行政法规、国家统一的会计制度和与会计工作相关的法律制度。

坚持准则的基本要求是:(1)熟悉准则。只有熟悉准则,才能按准则办事,才能保证会计信息的真实性和完整性。(2)坚持准则。会计人员坚持准则,不仅是对法律负责,对国家、社会公众负责,也是对单位负责人负责。

6. 提高技能

会计是一门不断发展变化、专业性很强的学科,它与经济发展有密切的联系。近年来,随着市场经济体制的日益完善和经济全球化进程的加快,需要会计人员提供会计服务的领域越来越广泛,对专业化、国际化服务的要求越来越高,会计专业性和技术性日趋复杂,对会计人员所应具备的职业技能要求也越来越高。会计职业技能的内容主要包括:一是会计专业基础知识;二是会计理论、专业操作的创新能力;三是组织协调能力;四是主动更新知识的能力;五是提供会计信息的能力等。提高技能,是指会计人员通过学习、培训等手段提高职业技能,以达到足够的专业胜任能力的活动。

提高技能的基本要求是：(1)增强提高专业技能的自觉性和紧迫感。(2)勤学苦练、刻苦钻研，不断地学习与探索。

7. 参与管理

参与管理，就是为管理者当参谋，为管理活动服务。会计工作或会计人员与管理决策者在管理活动中分别扮演着参谋人员和决策者的角色，承担着不同的职责和义务。会计人员只参与管理过程，并不直接从事管理活动，只是尽职尽责地履行会计职责，间接地从事管理活动或者说参与管理活动。

会计人员要树立参与管理的意识，积极主动地做好参谋。具体来说，应积极主动做好以下两方面的工作：(1)在做好本职工作的同时，努力钻研相关业务；(2)全面熟悉本单位经营活动和业务流程，主动提出合理化建议，协助领导进行决策，积极参与管理。

8. 强化服务

强化服务是现代经济社会对劳动者所从事职业的更高层次的要求，它表现为人们在参与对外工作交往和组织内部协调运作过程中，人际关系的融洽程度和与之相对应的工作态度。强化服务要求会计人员树立服务意识、提高服务质量、努力维护和提升会计职业的良好社会形象。

强化服务的基本要求是：(1)树立服务意识。会计人员要树立服务意识，不论是为经济主体服务，还是为社会公众服务，都要摆正自己的工作位置。(2)提高服务质量，在坚持原则、坚持会计准则的基础上尽量满足用户或服务主体的需要。(3)努力维护和提升会计职业的良好社会形象。提高会计职业的信誉，维护和提升会计职业的良好社会形象，增强会计职业的生命力。

三、建立会计岗位责任制

(一)会计岗位责任制的含义

会计岗位责任制，是指在财务会计机构内部按照会计工作的内容和会计人员的配备情况，进行合理的分工，使每项会计工作都有专人负责，每位会计人员都能明确自己的职责的一种管理制度。

《会计基础工作规范》第八十七条规定"各单位应当建立会计人员岗位责任制度。其主要内容包括：会计人员的岗位设置；各会计工作岗位的职责和标准；各会计工作岗位的人员和具体分工；会计工作岗位轮换办法；对各会计工作岗位的考核办法。"为了科学地组织会计工作，应建立健全会计部门内部的岗位责任制，将会计部门的工作划分为若干个工作岗位，并根据分工情况为每个岗位规定其各自的职责和要求。分工可以一岗多人、一岗一人，也可以一人多岗。各个岗位的会计人员，既要认真履行本岗位职责，又要从企业全局出发，相互协作，共同做好会计工作。

（二）会计岗位责任制的具体内容

不同的企业单位，可以根据自身管理的需要、业务的内容及会计人员配备情况，确定各自的岗位分布。《会计基础工作规范》第十一条规定："会计工作岗位一般可分为：会计机构负责人或者会计主管人员，出纳，财产物资核算，工资核算，成本费用核算，财务成果核算，资金核算，往来结算，总账报表，稽核，档案管理等。"

1. 会计机构负责人工作岗位

会计机构负责人负责组织领导本单位的财务会计工作，完成各项工作任务，对本单位的财务会计工作负全面责任；组织学习和贯彻党的经济工作的方针、政策、法令和制度，并根据本单位的具体情况，制定本单位的各项财务会计制度、办法，组织实施；组织编制本单位的财务成本计划、单位预算，并检查其执行情况；组织编制财务会计报表和有关报告；负责财会人员的思想政治工作；组织财会人员学习政治理论和业务知识；负责对财会人员的工作考核等。

2. 出纳工作岗位

负责办理现金收付和银行结算业务；登记现金、银行存款日记账；保管库存现金和各种有价证券；保管有关印章、空白收据和空白支票。

3. 财产物资核算工作岗位

按财务会计有关法规的要求，会同有关部门制定本企业材料物资核算与管理办法；负责审查材料物资供应计划和供货合同，并监督其执行情况。会同有关部门制定和落实储备资金定额，办理材料物资的清款和报销业务，计算确定材料物资采购成本。严格审查、核对材料物资入库、出库凭证，进行材料物资明细核算，参与库存材料、物资的清查盘点工作。对于固定资产的核算，负责审核，办理有关固定资产的购建、调拨、内部转移、盘盈、盘亏、报废等会计手续，配合固定资产的管理部门和使用部门建立固定资产管理制度。进行固定资产的明细核算，参与固定资产清查，按规定正确计算提取固定资产折旧，以真实地体现固定资产价值。制订固定资产重置、修理计划，指导和监督有关部门管好、用好固定资产。

4. 工资核算工作岗位

负责计算职工的各种工资和奖金，办理职工的工资结算，并进行有关的明细核算，分析工资总额计划的执行情况，控制工资总额支出；参与制订工资总额计划。在由各车间、部门的工资员分散计算和发放工资的组织方式下，还应协助企业劳动工资部门负责指导和监督各车间、部门的工资计算和发放工作。

5. 成本费用核算工作岗位

负责编制成本、费用计划，并将其指标分解落实到有关责任单位和个人。会同有关部门拟订成本费用管理与核算办法，建立健全各项原始记录和定额资料，遵守国家的成本开支范围和开支标准，正确地归集和分配费用，计算产品成本、登记费用成本明细账，并编制有关的会计报表，分析成本计划的执行情况。

6. 财务成果核算工作岗位

负责编制收入、利润计划，并组织实施。随时掌握销售状况，预测销售前景，及时督促销售部门完成销售计划，组织好销售货款的回收工作，正确地计算并及时地解缴有关税利。负责收入、应收款和利润的明细核算，编制有关收入、利润方面的会计报表，并对其进行分析和利用。

7. 资金工作岗位

负责资金的筹集、使用和调度。资金岗位的人员应随时了解、掌握资金市场的动态，为企业筹集生产经营所需资金并满足需要，同时应合理安排调度使用资金，本着节约的原则运用好资金，以尽可能低的资金耗费取得尽可能好的效果。

8. 往来结算工作岗位

负责办理其他应收、应付款项的往来结算业务，对于各种应收、应付、暂收、暂付等往来款项，要随时清理结算，应收的抓紧催收，应付的及时偿付，暂收暂付款项要督促清算；负责备用金的管理和核算，负责其他应收款、应付款和备用金的明细核算；管理其他应收、应付款项的凭证、账册和资料等。

9. 总账报表工作岗位

负责总账的登记与核对，并与有关的日记账和明细账相核对，依据账簿记录编制有关会计报表和报表附注等相关内容，负责财务状况和经营成果的综合分析，搜集、整理各方经济信息以便进行财务预测，制订或参与制订财务计划，参与企业的生产经营决策等。

10. 档案管理工作岗位

负责制定会计档案的立卷、归档、保管、查阅和销毁等管理制度，保证会计档案的妥善保管、有序存放、方便查阅，严防毁损、散失和泄密。

11. 稽核工作岗位

负责确立稽核工作的组织形式和具体分工，明确稽核工作的职责、权限，审核会计凭证和复核会计账簿、报表。

上述会计工作岗位的设置并非是固定模式，企业单位可以根据自身的需要合并或重新分设。总而言之，应做到各项会计工作有岗有责，各司其职，必要时可以将各岗位人员进行适当的轮换，以提高会计人员的综合能力，也有利于各岗位之间的相互协调与配合。

四、做好会计工作交接

会计工作交接，是会计工作中的一项重要内容，办好会计工作交接，有利于保持会计工作的连续性，有利于明确各自的责任。

会计人员调动工作或者离职时，与接替人员办清交接手续，可以使会计工作前后紧密衔接，保证会计工作连续进行，防止因会计人员的更换而出现会计核算混乱的现象，同时可以分清移交人员和接替人员的责任。关于会计工作交接问题，有关的会计法规都作了明确的规定。《会计法》第41条规定，会计人员调动工作或者离职，必须与接管人员办清交接手续。《会计基础工作规范》也有相关的规定。

（一）会计工作交接的要求

《会计工作基础规范》对会计工作交接作了比较具体的规定，其内容包括：

（1）会计人员工作调动或因故离职，必须与接替人员办理交接手续，并将本人所经管的会计工作，在规定期限内移交清楚。会计人员临时离职或因事、因病不能到职工作的，会计机构负责人、会计主管人员或单位领导必须指定人员接替或代理。没有办清交接手续的，不得调动或者离职。

（2）接替人员应认真接管移交的工作，并继续办理移交的未了事项。移交后，如果发现原经管的会计业务有违反财会制度和财经纪律等问题，仍由原移交人负责。接替的会计人员应继续使用移交的账簿，不得自行另立新账，以保持会计记录的连续性。

（3）交接完毕后，交接双方和监交人要在移交清册上签名或者盖章，并应在移交清册上注明单位名称、交接日期、交接双方和监交人的职务与姓名，以及移交清册页数、需要说明的问题和意见等。移交清册一般应填制一式三份，交接双方各执一份，存档一份。

（4）单位撤销时，必须留有必要的会计人员，会同有关人员办理清理工作，编制决算，未移交前，不得离职。接收单位和移交日期由主管部门确定。

（二）会计工作交接的程序

1. 移交前的准备工作

会计人员办理移交手续前，必须做好以下各项准备工作：

（1）对已经受理的交易或事项，应全部填制会计凭证。

（2）尚未登记的账目，应登记完毕，并在最后一笔余额后加盖经办人员印章。

（3）整理应移交的各项资料，对未了事项写出书面材料。

（4）编制移交清册，列明移交的凭证、账表、公章、现金、有价证券、支票簿、发票、文件、其他会计资料和物品等内容。

2. 移交

移交人员按移交清册逐项移交，接替人员逐项核对点收，具体内容包括：

（1）现金、有价证券等要根据账簿余额进行点交。库存现金、有价证券必须与账簿余额一致，不一致时，移交人应在规定期限内负责查清处理。

（2）会计凭证、账簿、报表和其他会计资料必须完整无缺，不得遗漏。如果有短缺，要查明原因，并在移交清册中注明，由移交人负责。银行存款账户余额要与银行对账单核对相符；各种财产和债权、债务的明细账余额，要与总账有关账户的余额核对相符；必要时，可抽查个别账户余额，与实物核对相符或与往来单位、个人核对清楚。

（3）移交人经管的公章和其他实物，也必须交接清楚。

（4）会计机构负责人、会计主管人员移交时，除按移交清册逐项移交外，还应将全部财务会计工作、重大的财务收支和会计人员的情况等向接管人员详细介绍,并对需要移交的遗留问题写出书面材料。

3. 监交

会计人员办理交接手续,必须由监交人负责监交。其中,一般会计人员办理交接手续,由会计机构负责人(会计主管人员)监交;会计机构负责人(会计主管人员)办理交接手续,由单位负责人监交,必要时主管单位可以派人会同监交。通过监交,保证双方都按照国家有关规定认真办理交接手续,防止流于形式,保证会计工作不因人员变动而受影响,保证交接双方处在平等的法律地位上享有权利和承担义务,不允许任何一方以大压小、以强凌弱,或采取不正当乃至非法手段进行威胁。移交清册应当经过监交人员审查和签名、盖章,作为交接双方明确责任的证据。

交接工作完成后,移交人员应当对所移交的会计资料的真实性、完整性负责。

第三节　会计机构和会计人员

一、会计机构的设置

建立健全各单位的会计机构,配备与会计工作要求相适应的、具有一定素质和数量的会计人员,是在空间上保证会计工作正常进行,充分发挥会计管理职能作用的重要条件。《会计法》《会计基础工作规范》等会计法规对会计机构设置和会计人员配备的相关要求作了具体的规定。

所谓会计机构,是指各企事业单位内部直接从事和组织领导会计工作的职能部门。企业、行政事业单位会计机构的设置,必须符合社会经济对会计工作所提出的各项要求,并与国家的会计管理体制相适应。同时,根据设置的会计机构,制定出符合国家管理规定,适合本单位具体情况的内部会计管理制度,以最大限度地发挥会计机构及每个会计人员在经济管理过程中的应有作用。

我国基层企事业单位的会计工作,受财政部门和单位主管部门的双重领导。在每个基层单位内部,一般都需要设置从事会计工作的职能部门,以完成本单位的会计工作。《会计法》第36条规定,各单位应当根据会计业务的需要,设置会计机构,或者在有关机构中配备会计人员并指定会计主管人员;不具备设置条件的,可以委托经批准设立从事会计代理记账业务的中介机构代理记账。《会计法》的这一规定是对会计机构设置所作出的具体要求,这里包含两层含义。

其一,基层企事业单位一般应设置会计处、科、股等会计机构,在厂长、经理或单位行政领导人的直接领导下,负责组织、领导和从事会计工作。规模太小或业务量过少的单位可以不单独设置会计机构，但要配备专职会计工作人员或指定专人负责会计工作。大中型企业要设置总会计师主管本单位的经济核算和经营管理工作，直接领导本单位的财务会计工作，并且直接对厂长、经理负责。此外，单位的仓库等部门，也要根据工作的需要，设置专职的核算人员或指定专人负责业务核算工作。各部门的会计核算人员，在业务上都要接受总会计师或会计部门负责人的指导和监督。一个单位是否单独设置会计机构，往往取决于以下几个因素：一是单位规模的大小；二是交易或事项和财务收支的繁简；三是经营管理的要求。

其二，对于不具备设置会计机构条件的单位，应由代理记账业务的机构完成其会计工作，根据《代理记账管理暂行办法》的规定，在我国从事代理记账业务的机构，应至少有3名持有会计从业资格证书的专职人员，同时聘用一定数量相同条件的兼职从业人员。主管代理记账业务的负责人必须具有会计师以上专业技术资格。代理记账机构要有健全的代理记账业务规范和财务会计管理制度。代理记账业务的机构，除会计师事务所外，必须申请代理记账资格并经过县级以上财政部门审查批准，并领取由财政部统一印制的《代理记账许可证书》，才能从事代理记账业务。

由于会计工作与财务工作都是综合性的经济管理工作，二者的关系十分密切。因而，在我国的实际工作中，通常将处理财务与会计工作的职能机构合并为一个部门。这个机构的主要任务就是组织和处理本单位的财务与会计工作，如实地反映本单位的经济活动情况，以便及时地向各有关利益关系体提供他们所需要的财务会计资料，参与企业单位经济管理的预测和决策，严格执行会计法规制度，最终达到提高经济效益的目的。

二、会计人员

设置了会计机构，还必须配备相应的会计人员。会计人员通常是指在国家机关、社会团体、企业、事业单位和其他组织中从事财务会计工作的人员，包括会计机构负责人（会计主管人员）及具体从事会计工作的会计师、会计员和出纳员等。合理地配备会计人员，提高会计人员的综合素质是每个单位做好会计工作的决定性因素，对会计核算管理系统的运行起着关键的作用。可以说提高会计人员的素质是发展知识经济的需要，是中国加入WTO的需要，更是企业单位自身发展的需要。

《会计法》第38条规定："会计人员应当具备从事会计工作所需要的专业能力。担任单位会计机构负责人（会计主管人员）的，应当具备会计师以上专业技术职务资格或者从事会计工作三年以上经历。"《会计基础工作规范》第14条规定："会计人员应当具备必要的专业知识和专业技能，熟悉国家有关法律、法规、规章和国家统一会计制度，遵守职业道德。"这些都是对会计人员任职资格的具体规定。

为了充分发挥会计人员的积极性，使会计人员在工作时有明确的方向和办事准则，以便更好地完成会计的各项工作任务，应当明确会计人员的职责、权限和任免的各项规定。

（一）会计人员的主要职责

会计人员的职责也是会计机构的职责，具体包括以下几项内容：

1. 进行会计核算

会计人员应按照会计制度的规定，切实做好记账、算账、报账工作。各单位必须根据实际发生的交易或事项进行会计核算，要认真填制和审核原始凭证，编制记账凭证，登记会计账簿，正确计算各项收入、支出、成本、费用、财务成果。按期结算、核对账目，进行财产清查，在保证账证相符、账账相符、账实相符的基础上，按照手续完备、数字真实、内容完整的要求编制和报出财务会计报告。

《会计法》第10条规定，下列经济业务事项，应当办理会计手续，进行会计核算：(1)款项和有价证券的收付；(2)财务的收发、增减和使用；(3)债权债务的发生和结算；(4)资本、基金的增减；(5)收入、支出、费用、成本的计算；(6)财务成果的计算和处理；(7)需要办理会计手续、进行会计核算的其他事项。

2. 实行会计监督

实行会计监督，即通过会计工作，对本单位的各项经济业务和会计手续的合法性、合理性进行监督。对不真实、不合法的原始凭证不予受理，对账簿记录与实物、款项不符的问题，应按有关规定进行处理或及时向本单位领导人报告；对违反国家统一的财政制度、财务规定的收支不予受理。此外，各单位必须依照法律和国家有关规定，接受财政、审计、税务机关的监督，如实提供会计凭证、会计账簿、会计报表和其他会计资料及有关情况。

建立健全本单位内部会计监督制度。《会计法》第27条规定，单位内部会计监督制度应当符合下列要求：(1)记账人员与经济业务事项和会计事项的审批人员、经办人员、财务保管人员的职责权限应当明确，并相互分离、相互制约；(2)重大对外投资、资产处置、资金调度和其他交易或事项的决策应相互监督和制约；(3)财产清查的范围、期限和组织程序应当明确；(4)对会计资料定期进行内部审计的办法和程序应当明确。

3. 编制业务计划及财务预算，并考核、分析其执行情况

会计人员应根据会计资料并结合其他资料，按照国家各项政策和制度规定，认真编制并严格执行财务预算，遵照经济核算原则，定期检查和分析财务预算的执行情况。遵守各项收支制度、费用开支范围和开支标准，合理使用资金，考核资金使用效果等。

4. 制定本单位办理会计事项的具体办法

会计主管人员应根据国家的有关会计法规、准则及其他相关规定结合本单位具体情况，制定本单位办理会计事项的具体办法，包括会计人员岗位责任制度、钱账分管制度、内部稽核制度、财产清查制度、成本计算办法、会计政策的选择及会计档案的保管制度等。

（二）会计人员的主要权限

为了保障会计人员更好地履行其职责，《会计法》及其他相关法规在明确了会计人员职责的同时，也赋予了会计人员相应的权限，具体有以下三个方面的权限。

（1）会计人员有权要求本单位各有关部门及相关人员认真执行国家、上级主管部门等批准的计划和预算，严格遵守国家财经纪律、会计准则和相应会计制度。如果发现有违反上述规定的，会计人员有权拒绝付款、拒绝报销或拒绝执行，对于属于会计人员职权范围内的违规行为，在自己的职权范围内予以纠正，超出其职权范围的，应及时向有关部门及领导汇报，请求依法处理。

（2）会计人员有权履行其管理职能，也就是有权参与本单位编制计划、制定定额、签订合同，有权参加有关的生产、经营管理会议和业务会议，并以会计人员特有的专业地位就有关事项提出自己的建议和意见。

（3）会计人员有权监督、检查本单位内部各部门的财务收支、资金使用和财产保管、收发、计量、检验等情况，各部门应该大力支持和协助会计人员的工作。

会计人员在正常工作过程中的权限是受法律保护的，《会计法》第46条规定，单位负责人对依法履行职责、抵制违反本法规定行为的会计人员以降级、撤职、调离工作岗位、解聘或者开除等方式实行打击报复，构成犯罪的，依法追究刑事责任；尚不构成犯罪的，由其所在单位或者有关单位依法给予行政处分。对受打击报复的会计人员，应当恢复其名誉和原有职务、级别。由此可见，任何人干扰、阻碍会计人员依法行使其正当权利，都会受到法律的追究和制裁。

（三）总会计师制度

我国在20世纪60年代初期开始在规模较大的企业中试行总会计师制度，而真正确立这项制度是在20世纪70年代末期。1978年，国务院颁发施行了《会计人员职权条例》，其中就规定了企业应建立总会计师经济责任制。1984年10月中共十二届三中全会通过的《关于经济体制改革若干问题的决定》中再一次强调了企业应设置总工程师、总经济师和总会计师，并对其职责也作了相应的规定。1990年国务院发布的《总会计师条例》发布实施，并于2011年进行了修订，总会计师条例明确了总会计师制度的相关内容：全民所有制大中型企业设置总会计师；事业单位和业务主管部门根据需要，经批准可以设置总会计师。《会计法》第36条规定：国有的和国有资产占控股地位或者主导的大中型企业必须设置总会计师。总会计师的任职资格、任免程序、职责权限由国务院规定。为了更好地领导和组织企业的各项会计工作，大中型企业应设置总会计师职务，小型企业应指定一名副厂长（或相应级别）行使总会计师的职权。总会计师是企业厂级行政领导人员，《总会计师条例》规定总会计师的主要职责如下：

（1）负责组织本单位的下列工作：编制和组织预算、财务收支计划、信贷计划，拟订资金筹措和使用方案，开辟财源，有效地使用资金；进行成本费用预测、计划、控制、预算、分析和考核，督促本单位有关部门降低消耗、节约费用、提高经济效益；建立健全经济核算制度；承办单位主要领导人交办的其他工作。

（2）负责对本单位财会机构的设置和会计人员的配备、会计专业职务的设置和聘用提出方案；组织会计人员的业务培训和考核，支持会计人员依法行使职权。

(3) 领导企业财务与会计工作，组织资金、成本、利润等的归口分级管理，对企业财务负责；审查和监督企业各项计划和经济合同的签订和执行。

(4) 协同单位的主要行政领导人制定企业生产经营的方针、战略目标和有关决策，提高企业的经济效益；参与新产品开发、技术改造、科技研究、商品（劳务）价格和工资奖金等方案的制订等。

一般来说，总会计师应由具有会计师、高级会计师技术职称的人员担任。

（四）会计人员的任免

会计工作者既要为本单位经营管理服务，维护本单位的合法经济利益，又要执行国家的财政、财务制度和财经纪律，维护国家的整体利益，同各种本位主义行为、违法乱纪行为作斗争。针对会计的这一工作特点，国家对会计人员，特别是对会计机构负责人和会计主管人员的任免，在《会计法》和其他相关法规中作了若干特殊的规定，其主要内容包括：

(1) 在国有企、事业单位中任用会计人员应实行回避制度。《会计基础工作规范》第16条规定："单位领导人的直系亲属不得担任本单位的会计机构负责人，会计机构负责人会计主管人员的直系亲属也不得在本单位会计机构中担任出纳工作。"

(2) 企业单位的会计机构负责人、会计主管人员的任免，应当经过上级主管单位同意，不得任意调动或撤换。也就是说，各单位应该按照干部管理权限任命会计机构负责人和会计主管人员，在任命这些人员时应先由本单位行政领导人提名报主管单位，上级主管单位的人事和会计部门对提名进行协商、考核，并经行政领导人同意后，即可通知上报单位按规定程序任免。

(3) 会计人员在工作过程中忠于职守、坚持原则，如果受到错误处理的，上级主管单位应当责成所在单位予以纠正。会计人员在工作过程中玩忽职守、丧失原则，不宜担任会计工作的，上级主管单位应责成所在单位予以撤换。对于认真执行《会计法》及其他相关会计法规，忠于职守，作出显著成绩的会计人员，应给予精神的或物质的奖励。

三、会计工作的组织形式

前文已经对会计机构的设置及会计人员的配备问题作了相应介绍，与其相关的一个问题就是会计工作组织形式的确立。为了科学地组织会计工作，就必须根据企业规模的大小、业务的繁简及企业内部其他各组织机构的设置情况，确定企业会计工作组织形式。会计工作组织形式一般包括集中核算和非集中核算两种。

（一）集中核算形式

集中核算，就是在厂部一级设置专业的会计机构，企业单位的主要会计核算工作都集中在单位的会计部门，单位内各部门一般不单独核算。只是对发生的经济业务进行原始记录，编制原始凭证并进行适当汇总，定期把原始凭证和汇总原始凭证送到会计部门，由会计部门进行总分类核算和明细分类核算。采用集中核算形式，由于核算工作集中在会计部门进行，便于会计人员进行合理的分工,并采用科学的凭证整理程序,在核算过程中运用现代化手段,可以简化和加速核算工作,提高核算效率,节约核算费用,并可根据会计部门的记录随时了解企业内部各部门的生产经营活动情况。只是各部门领导不能随时利用核算资料检查和控制本部门的工作。

(二)非集中核算形式

非集中核算又称分散核算,是指企业单位内部各部门核算本身发生的经济业务,包括凭证的整理、明细账的登记、成本的核算、有关会计报表特别是内部报表的编制和分析等工作,而会计部门只是根据企业内部各部门报来的资料进行总分类核算、编报全厂综合性会计报表,并负责指导、检查和监督企业内部各部门的核算工作。采用非集中核算形式,可以使企业内部各部门随时利用有关核算资料检查本部门的工作,随时发现问题,解决问题。但这种核算组织形式对企业会计部门而言,不便于采用最合理的凭证整理办法,会计人员的合理分工会受到一定的限制,就整个企业来看,核算的工作总量有所增加,核算人员的编制加大,因而相应的核算费用也会增多。

在实行内部经济核算制的情况下,企业所属各部门和车间,特别是业务部门,都由企业拨给一定数量的资金,都有一定的业务经营和管理的权利,负有完成各项任务的责任,并可按照工作成果取得一定的物质利益。这些部门和车间为了反映和考核各自的经营成果,可以进行比较全面的核算,单独计算盈亏,按期编报会计报表。但这些部门和车间不能单独与企业外部其他单位发生经济业务往来,也不能在银行开设结算账户。

对于一个企业单位而言,采用集中核算组织形式还是非集中核算组织形式并不是绝对的,可以单一地选用集中核算或非集中核算形式,也可以二者兼而有之,即对某些业务采用集中核算而对另外的业务采用非集中核算形式。但是,无论是采取哪一种组织形式,企业采购材料物资、销售商品、结算债权债务、现金往来等对外业务都应由厂部会计部门办理。企业单位在确定应采用的会计工作组织形式时,既要考虑能正确、及时地反映企业单位的经济活动情况,又要注意简化核算手续,提高工作效率。具体来说,应注意以下几个方面的问题:

第一,考虑本单位规模大小、业务繁简及相关核算条件的要求;

第二,在保证会计核算质量的前提下,力求简化会计核算手续,及时、正确地提供会计核算资料,节约人力和物力;

第三,全面考虑企业单位会计人员的数量和业务素质的适应能力;

第四,各相关部门之间要做到相互配合,有关会计核算资料的确定应口径一致。

第四节　会计档案管理

为了规范和加强会计档案管理，财政部、国家档案局于 1984 年联合印发了《会计档案管理办法》，并于 1998 年对该办法进行了第一次修订，2015 年进行了第二次修订，新修订的办法于 2016 年 1 月 1 日正式施行。

《会计档案管理办法》第 3 条规定，会计档案是指单位在进行会计核算等过程中接收或形成的，记录和反映单位经济业务事项的，具有保存价值的文字、图表等各种形式的会计资料。包括通过计算机等电子设备形成、传输和存储的电子会计档案。由此可见，会计档案是机关团体和企事业单位在其日常经营活动的会计处理过程中形成的，并按照规定保存备查的会计信息载体，以及其他有关财务会计工作应予集中保管的财务成本计划、重要的经济合同等文件资料。

会计档案是国家经济档案的重要组成部分，是企业单位日常发生的各项经济活动的历史记录，是总结经营管理经验、进行决策所需的主要资料，也是检查各种责任事故的重要依据。各单位的会计部门对会计档案必须高度重视，严加保管。大中型企业应建立会计档案室，小型企业应有会计档案柜并指定专人负责。对会计档案应建立严密的保管制度，妥善管理，不得丢失、损坏、抽换或任意销毁。

一、会计档案的具体内容

按照《会计档案管理办法》的规定，企业单位的会计档案包括以下具体内容：
（1）会计凭证，包括原始凭证、记账凭证；
（2）会计账簿，包括总账、明细账、日记账、固定资产卡片及其他辅助性账簿；
（3）财务会计报告，包括月度、季度、半年度、年度财务会计报告；
（4）其他会计资料，包括银行存款余额调节表、银行对账单、纳税申报表、会计档案移交清册、会计档案保管清册、会计档案销毁清册、会计档案鉴定意见书及其他具有保存价值的会计资料。

二、会计档案管理的基本内容

为了加强会计档案的科学管理，统一全国会计档案管理制度，做好会计档案的管理工作，《会计档案管理办法》统一规定了会计档案的立卷、归档、保管、调阅、销毁等具体内容。

（一）会计档案的立卷

单位的会计机构或会计人员所属机构按照归档范围和归档要求，负责定期将应当归档的会计资料整理立卷，编制会计档案保管清册。

当年形成的会计档案，在会计年度终了后，可由单位会计管理机构临时保管一年，再移交单位档案管理机构保管。因工作需要确需推迟移交的，应当经单位档案管理机构同意。单位会计管理机构临时保管会计档案最长不超过三年。临时保管期间,会计档案的保管应当符合国家档案管理的有关规定,且出纳人员不得兼管会计档案。

(二)会计档案的移交归档

会计档案在单位会计管理机构临时保管期满,应向单位档案管理部门移交,在办理会计档案移交时,应当编制会计档案移交清册,并按照国家档案管理的有关规定办理移交手续。

纸质会计档案移交时应当保持原卷的封装。电子会计档案移交时应当将电子会计档案及其元数据一并移交,且文件格式应当符合国家档案管理的有关规定。特殊格式的电子会计档案应当与其读取平台一并移交。单位档案管理机构接收电子会计档案时,应当对电子会计档案的准确性、完整性、可用性、安全性进行检测,符合要求的才能接收。

归档保管的会计档案的保管期限分为永久、定期两类,定期保管期限一般分为10年和30年,会计档案的保管期限,从会计年度终了后的第一天算起。单位会计档案的具体保管期限见表12-1。

表12-1　　　　　　　　　　　会计档案保管期限表

序号	档案名称	保管期限	备注
一	会计凭证		
1	原始凭证	30年	
2	记账凭证	30年	
二	会计账簿		
3	总账	30年	
4	明细账	30年	
5	日记账	30年	
6	固定资产卡片		固定资产报废清理后保管5年
7	其他辅助性账簿	30年	
三	财务会计报告		
8	月度、季度、半年度财务会计报告	10年	
9	年度财务会计报告	永久	
四	其他会计资料		
10	银行存款余额调节表	10年	
11	银行对账单	10年	
12	纳税申报表	10年	
13	会计档案移交清册	30年	
14	会计档案保管清册	永久	
15	会计档案销毁清册	永久	
16	会计档案鉴定意见书	永久	

（三）会计档案的调阅

单位应当严格按照相关制度利用会计档案,在进行会计档案查阅、复制、借出时履行登记手续,严禁篡改和损坏。

单位保存的会计档案一般不得对外借出。确因工作需要且根据国家有关规定必须借出的,应当严格按照规定办理相关手续。会计档案借用单位应当妥善保管和利用借入的会计档案,确保借入会计档案的安全完整,并在规定时间内归还。

（四）会计档案的销毁

单位应当定期对已到保管期限的会计档案进行鉴定,并形成会计档案鉴定意见书,会计档案鉴定工作应当由单位档案管理机构牵头,组织单位会计、审计、纪检监察等机构或人员共同进行。经鉴定,仍需继续保存的会计档案,应当重新划定保管期限;对保管期满,确无保存价值的会计档案,可以销毁。

经鉴定可以销毁的会计档案,应当按照以下程序销毁：

（1）单位档案管理机构编制会计档案销毁清册,列明拟销毁会计档案的名称、卷号、册数、起止年度、档案编号、应保管期限、已保管期限和销毁时间等内容。

（2）单位负责人、档案管理机构负责人、会计管理机构负责人、档案管理机构经办人、会计管理机构经办人在会计档案销毁清册上签署意见。

（3）单位档案管理机构负责组织会计档案销毁工作,并与会计管理机构共同派员监销。监销人在会计档案销毁前,应当按照会计档案销毁清册所列内容进行清点核对;在会计档案销毁后,应当在会计档案销毁清册上签名或盖章。

电子会计档案的销毁还应当符合国家有关电子档案的规定,并由单位档案管理机构、会计管理机构和信息系统管理机构共同派员监销。

保管期满但未结清的债权债务会计凭证和涉及其他未了事项的会计凭证不得销毁,纸质会计档案应当单独抽出立卷,电子会计档案单独转存,保管到未了事项完结时为止。

单独抽出立卷或转存的会计档案,应当在会计档案鉴定意见书、会计档案销毁清册和会计档案保管清册中列明。

随着信息技术的发展,会计电算化得到广泛应用和普及,电子档案大量出现,并表现出强大生命力,需要进行规范和管理。

新修订的《会计档案管理办法》对此做出特别规定:同时满足下列条件的,单位内部形成的属于归档范围的电子会计资料可仅以电子形式保存,形成电子会计档案：

（1）形成的电子会计资料来源真实有效,由计算机等电子设备形成和传输；

（2）使用的会计核算系统能够准确、完整、有效接收和读取电子会计资料,能够输出符合国家标准归档格式的会计凭证、会计账簿、财务会计报表等会计资料,设定了经办、审核、审批等必要的审签程序；

(3)使用的电子档案管理系统能够有效接收、管理、利用电子会计档案,符合电子档案的长期保管要求,并建立了电子会计档案与相关联的其他纸质会计档案的检索关系;

(4)采取有效措施,防止电子会计档案被篡改;

(5)建立电子会计档案备份制度,能够有效防范自然灾害、意外事故和人为破坏的影响;

(6)形成的电子会计资料不属于具有永久保存价值或者其他重要保存价值的会计档案。

满足以上条件,单位从外部接收的电子会计资料附有符合《中华人民共和国电子签名法》规定的电子签名的,可仅以电子形式归档保存,形成电子会计档案。